TRANZLATY

Sprache ist für alle da

A nyelv mindenkié

Der Ruf der Wildnis

A vadon hívó szava

Jack London

Deutsch / Magyar

Copyright © 2025 Tranzlaty
All rights reserved
Published by Tranzlaty
ISBN: 978-1-80572-797-2
Original text by Jack London
The Call of the Wild
First published in 1903
www.tranzlaty.com

Ins Primitive
A primitívbe

Buck las keine Zeitungen
Buck nem olvasott újságot.
Hätte er die Zeitung gelesen, hätte er gewusst, dass Ärger im Anzug war.
Ha olvasta volna az újságokat, tudta volna, hogy baj van készülőben.
Nicht nur er selbst, sondern jeder einzelne Tidewater-Hund bekam Ärger.
Nemcsak őrá, hanem minden dagályvízi kutyára is várt a baj.
Jeder Hund mit starken Muskeln und warmem, langem Fell würde in Schwierigkeiten geraten.
Minden erős izmú és meleg, hosszú szőrű kutya bajba kerülhet.
Von Puget Bay bis San Diego konnte kein Hund dem entkommen, was auf ihn zukam.
Puget-öböltől San Diegóig egyetlen kutya sem menekülhetett a közelgő események elől.
Männer, die in der arktischen Dunkelheit herumtasteten, hatten ein gelbes Metall gefunden.
A sarkvidéki sötétségben tapogatózó férfiak sárga fémre bukkantak.
Dampfschiff- und Transportunternehmen waren auf der Jagd nach der Entdeckung.
Gőzhajózási és közlekedési vállalatok üldözték a felfedezést.
Tausende von Männern strömten ins Nordland.
Több ezer férfi rohant be Északföldre.
Diese Männer wollten Hunde, und die Hunde, die sie wollten, waren schwere Hunde.
Ezek az emberek kutyákat akartak, és a kutyák, amiket akartak, nehéz kutyák voltak.
Hunde mit starken Muskeln, die sie zum Arbeiten brauchen.
Erős izmokkal rendelkező kutyák, amelyekkel megdolgozhatnak.
Hunde mit Pelzmantel, der sie vor Frost schützt.

Szőrös bundájú kutyák, hogy megvédjék őket a fagytól.

Buck lebte in einem großen Haus im sonnenverwöhnten Santa Clara Valley.
Buck egy nagy házban lakott a napsütötte Santa Clara-völgyben.
Der Ort, an dem Richter Miller wohnte, wurde sein Haus genannt.
Miller bíró lakása, az ő házát hívták.
Sein Haus stand etwas abseits der Straße, halb zwischen den Bäumen versteckt.
A háza az úttól beljebb állt, félig elrejtve a fák között.
Man konnte einen Blick auf die breite Veranda erhaschen, die rund um das Haus verläuft.
Megpillanthatták a házat körülvevő széles verandát.
Die Zufahrt zum Haus erfolgte über geschotterte Zufahrten.
A házat kavicsos kocsifelhajtók közelítették meg.
Die Wege schlängelten sich durch weitläufige Rasenflächen.
Az ösvények széles gyepen kanyarogtak.
Über ihnen waren die ineinander verschlungenen Zweige hoher Pappeln.
Magas nyárfák összefonódó ágai hajoltak a fejük felett.
Auf der Rückseite des Hauses ging es noch geräumiger zu.
A ház hátsó részében még tágasabbak voltak a dolgok.
Es gab große Ställe, in denen ein Dutzend Stallknechte plauderten
Voltak ott nagy istállók, ahol egy tucat lovász beszélgetett
Es gab Reihen von weinbewachsenen Dienstbotenhäusern
Sorokban álltak a szőlővel befuttatott cselédkunyhók
Und es gab eine endlose und ordentliche Reihe von Toilettenhäuschen
És végtelen és rendezett sora volt a melléképületeknek
Lange Weinlauben, grüne Weiden, Obstgärten und Beerenfelder.
Hosszú szőlőlugasok, zöld legelők, gyümölcsösök és bogyóskertek.

Dann gab es noch die Pumpanlage für den artesischen Brunnen.
Aztán ott volt az artézi kút szivattyútelepe.
Und da war der große Zementtank, der mit Wasser gefüllt war.
És ott volt a nagy cementtartály, tele vízzel.
Hier nahmen die Jungs von Richter Miller ihr morgendliches Bad.
Itt tették meg reggeli csobbanásukat Miller bíró fiai.
Und auch dort kühlten sie sich am heißen Nachmittag ab.
És ott hűsöltek is a forró délutánon.
Und über dieses große Gebiet herrschte Buck über alles.
És e hatalmas birtok felett Buck uralkodott.
Buck wurde auf diesem Land geboren und lebte hier sein ganzes vierjähriges Leben.
Buck ezen a földön született, és itt élt mind a négy évében.
Es gab zwar noch andere Hunde, aber die spielten keine wirkliche Rolle.
Valóban voltak más kutyák is, de azok nem igazán számítottak.
An einem so riesigen Ort wie diesem wurden andere Hunde erwartet.
Más kutyákra is számítottak egy ekkora helyen.
Diese Hunde kamen und gingen oder lebten in den geschäftigen Zwingern.
Ezek a kutyák jöttek-mentek, vagy a forgalmas kennelekben éltek.
Manche Hunde lebten versteckt im Haus, wie Toots und Ysabel.
Néhány kutya elrejtve élt a házban, mint például Toots és Ysabel.
Toots war ein japanischer Mops, Ysabel ein mexikanischer Nackthund.
Toots egy japán mopsz, Ysabel egy mexikói szőrtelen kutya volt.
Diese seltsamen Kreaturen verließen das Haus kaum.
Ezek a különös lények ritkán léptek ki a házból.

Sie berührten weder den Boden noch schnüffelten sie draußen an der frischen Luft.
Nem érintették a földet, és nem szagolgatták a szabad levegőt sem.
Außerdem gab es Foxterrier, mindestens zwanzig an der Zahl.
Ott voltak a foxterrierek is, legalább húszan.
Diese Terrier bellten Toots und Ysabel im Haus wild an.
Ezek a terrierek vadul ugatott Tootsra és Ysabelre bent.
Toots und Ysabel blieben hinter Fenstern, in Sicherheit.
Toots és Ysabel ablakok mögött maradtak, biztonságban a bajtól.
Sie wurden von Hausmädchen mit Besen und Wischmopps bewacht.
Seprűkkel és felmosórongyokkal felfegyverzett szobalányok őrizték őket.
Aber Buck war kein Haushund und auch kein Zwingerhund.
De Buck nem volt házkutya, és nem is kennelkutya.
Das gesamte Anwesen gehörte Buck als seinem rechtmäßigen Reich.
Az egész birtok Bucké volt, mint jogos birodalma.
Buck schwamm im Becken oder ging mit den Söhnen des Richters auf die Jagd.
Buck a tartályban úszott, vagy a Bíró fiaival vadászott.
Er ging in den frühen oder späten Morgenstunden mit Mollie und Alice spazieren.
Mollie-val és Alice-szel sétált a kora reggeli vagy a késői órákban.
In kalten Nächten lag er mit dem Richter vor dem Kaminfeuer der Bibliothek.
Hideg éjszakákon a könyvtár kandallója előtt feküdt a bíróval.
Buck ließ die Enkel des Richters auf seinem starken Rücken herumreiten.
Buck erős hátán lovagolta a Bíró unokáit.
Er wälzte sich mit den Jungen im Gras und bewachte sie genau.

A fiúkkal hempergett a fűben, és szorosan őrizte őket.
Sie wagten sich bis zum Brunnen und sogar an den Beerenfeldern vorbei.
Elmerészkedtek a szökőkúthoz, sőt, még a bogyósföldek mellett is elhaladtak.
Unter den Foxterriern lief Buck immer mit königlichem Stolz.
A foxterrierek között Buck mindig királyi büszkeséggel sétált.
Er ignorierte Toots und Ysabel und behandelte sie, als wären sie Luft.
Nem törődött Tootsszal és Ysabellel, úgy kezelte őket, mintha levegő lenne.
Buck herrschte über alle Lebewesen auf Richter Millers Land.
Buck uralkodott Miller bíró földjén élő összes élőlény felett.
Er herrschte über Tiere, Insekten, Vögel und sogar Menschen
Uralkodott állatok, rovarok, madarak és még emberek felett is.
Bucks Vater Elmo war ein großer und treuer Bernhardiner gewesen.
Buck apja, Elmo egy hatalmas és hűséges bernáthegyi volt.
Elmo wich dem Richter nie von der Seite und diente ihm treu.
Elmo soha nem hagyta el a Bíró oldalát, és hűségesen szolgálta őt.
Buck schien bereit, dem edlen Beispiel seines Vaters zu folgen.
Buck láthatóan kész volt követni apja nemes példáját.
Buck war nicht ganz so groß und wog hundertvierzig Pfund.
Buck nem volt egészen olyan nagy, száznegyven fontot nyomott.
Seine Mutter Shep war eine schöne schottische Schäferhündin gewesen.
Az anyja, Shep, kiváló skót juhászkutya volt.
Aber selbst mit diesem Gewicht hatte Buck eine königliche Ausstrahlung.
De még ekkora súly mellett is Buck királyi tekintéllyel járt.

Dies kam vom guten Essen und dem Respekt, der ihm immer entgegengebracht wurde.
Ez a jó ételnek és a mindig kapott tiszteletnek volt köszönhető.
Vier Jahre lang hatte Buck wie ein verwöhnter Adliger gelebt.
Buck négy éven át úgy élt, mint egy elkényeztetett nemesember.
Er war stolz auf sich und sogar ein wenig egoistisch.
Büszke volt magára, sőt, kissé egoista is.
Diese Art von Stolz war bei den Herren abgelegener Landstriche weit verbreitet.
Az efféle büszkeség gyakori volt a távoli vidéki urak körében.
Doch Buck hat es vermieden, ein verwöhnter Haushund zu werden.
De Buck megmentette magát attól, hogy elkényeztetett házkutyává váljon.
Durch die Jagd und das Training blieb er schlank und stark.
Vadászat és testmozgás közben is karcsú és erős maradt.
Er liebte Wasser zutiefst, wie Menschen, die in kalten Seen baden.
Mélyen szerette a vizet, mint azok az emberek, akik hideg tavakban fürödnek.
Diese Liebe zum Wasser hielt Buck stark und sehr gesund.
A víz iránti szeretete erőssé és egészségessé tette Buckot.
Dies war der Hund, zu dem Buck im Herbst 1897 geworden war.
Ez volt az a kutya, amivé Buck 1897 őszén vált.
Als der Klondike-Angriff die Menschen in den eisigen Norden trieb.
Amikor a Klondike-i sztrájk a fagyos Északra húzta az embereket.
Menschen aus aller Welt strömten in das kalte Land.
Az emberek a világ minden tájáról özönlöttek a hideg vidékre.
Buck las jedoch weder die Zeitungen noch verstand er Nachrichten.
Buck azonban nem olvasott újságot, és nem értette a híreket sem.

Er wusste nicht, dass es nicht gut war, Zeit mit Manuel zu verbringen.
Nem tudta, hogy Manuel rossz ember a társasága.
Manuel, der im Garten half, hatte ein großes Problem.
Manuelnek, aki a kertben segített, komoly problémával kellett szembenéznie.
Manuel war spielsüchtig nach der chinesischen Lotterie.
Manuel rabja volt a kínai lottójátékoknak.
Er glaubte auch fest an ein festes System zum Gewinnen.
Ő is erősen hitt egy fix győzelmi rendszerben.
Dieser Glaube machte sein Scheitern sicher und unvermeidlich.
Ez a hite tette a kudarcát biztossá és elkerülhetetlenné.
Um ein System zu spielen, braucht man Geld, und das fehlte Manuel.
Egy rendszerhez pénz kell, ami Manuelnek hiányzott.
Sein Gehalt reichte kaum zum Überleben seiner Frau und seiner vielen Kinder.
A fizetéséből alig tudta eltartani feleségét és számos gyermekét.
In der Nacht, in der Manuel Buck verriet, war alles normal.
Azon az éjszakán, amikor Manuel elárulta Buckot, minden normális volt.
Der Richter war bei einem Treffen der Rosinenanbauervereinigung.
A bíró a Mazsolás Termesztők Egyesületének ülésén volt.
Die Söhne des Richters waren damals damit beschäftigt, einen Sportverein zu gründen.
A bíró fiai akkoriban egy atlétikai klub megalapításával voltak elfoglalva.
Niemand sah, wie Manuel und Buck durch den Obstgarten gingen.
Senki sem látta Manuelt és Buckot távozni a gyümölcsösön keresztül.
Buck dachte, dieser Spaziergang sei nur ein einfacher nächtlicher Spaziergang.
Buck azt hitte, hogy ez a séta csak egy egyszerű éjszakai séta.

Sie trafen nur einen Mann an der Flaggenstation im College Park.
Csak egyetlen férfival találkoztak a College Parkban lévő zászlóállomáson.
Dieser Mann sprach mit Manuel und sie tauschten Geld aus.
Az a férfi beszélt Manuellel, és pénzt váltottak.
„Verpacken Sie die Waren, bevor Sie sie ausliefern", schlug er vor
„Csomagold be az árut, mielőtt kiszállítod" – javasolta.
Die Stimme des Mannes war rau und ungeduldig, als er sprach.
A férfi hangja rekedt és türelmetlen volt, miközben beszélt.
Manuel band Buck vorsichtig ein dickes Seil um den Hals.
Manuel gondosan vastag kötelet kötött Buck nyaka köré.
„Verdreh das Seil, und du wirst ihn gründlich erwürgen"
„Csavard meg a kötelet, és alaposan megfojtod"
Der Fremde gab ein Grunzen von sich und zeigte damit, dass er gut verstanden hatte.
Az idegen felnyögött, jelezve, hogy jól érti a dolgot.
Buck nahm das Seil an diesem Tag mit ruhiger und stiller Würde an.
Buck nyugodt és csendes méltósággal fogadta el a kötelet aznap.
Es war eine ungewöhnliche Tat, aber Buck vertraute den Männern, die er kannte.
Szokatlan tett volt, de Buck megbízott az ismerőseiben.
Er glaubte, dass ihre Weisheit weit über sein eigenes Denken hinausging.
Úgy hitte, bölcsességük messze túlmutat az övéin.
Doch dann wurde das Seil in die Hände des Fremden gegeben
De aztán a kötelet az idegen kezébe adták.
Buck stieß ein leises, warnendes und zugleich bedrohliches Knurren aus.
Buck halk, fenyegető morgást hallatott.
Er war stolz und gebieterisch und wollte seinen Unmut zum Ausdruck bringen.

Büszke és parancsoló volt, és szándékosan kimutatta nemtetszését.
Buck glaubte, seine Warnung würde als Befehl verstanden werden.
Buck úgy gondolta, hogy a figyelmeztetését parancsnak fogják értelmezni.
Zu seinem Entsetzen zog sich das Seil schnell um seinen dicken Hals zusammen.
Legnagyobb meglepetésére a kötél erősen megfeszült vastag nyaka körül.
Ihm blieb die Luft weg und er begann in plötzlicher Wut zu kämpfen.
Elállt a lélegzete, és hirtelen dühében harcolni kezdett.
Er sprang auf den Mann zu, der Buck schnell mitten in der Luft traf.
Ráugrott a férfira, aki gyorsan eltalálta Buckot a levegőben.
Der Mann packte Buck am Hals und drehte ihn geschickt in der Luft.
A férfi megragadta Buck torkát, és ügyesen megcsavarta a levegőben.
Buck wurde hart zu Boden geworfen und landete flach auf dem Rücken.
Buckot keményen a földre zuhanták, és hanyatt esett.
Das Seil würgte ihn nun grausam, während er wild um sich trat.
A kötél most kegyetlenül fojtogatta, miközben vadul rúgkapált.
Seine Zunge fiel heraus, seine Brust hob und senkte sich, doch er bekam keine Luft.
Kiesett a nyelve, fel-le rándult a mellkasa, de nem kapott levegőt.
Noch nie in seinem Leben war er mit solcher Gewalt behandelt worden.
Életében nem bántak vele ilyen erőszakkal.
Auch war er noch nie zuvor von solch tiefer Wut erfüllt gewesen.
Soha ezelőtt nem töltött el ilyen mély düh.

Doch Bucks Kraft schwand und seine Augen wurden glasig.
De Buck ereje elhalványult, és tekintete üvegessé vált.
Er wurde ohnmächtig, als in der Nähe ein Zug angehalten wurde.
Épp akkor vesztette el az eszméletét, amikor egy vonatot leintettek a közelben.
Dann warfen ihn die beiden Männer schnell in den Gepäckwagen.
Aztán a két férfi gyorsan bedobta a poggyászkocsiba.
Das nächste, was Buck spürte, war ein Schmerz in seiner geschwollenen Zunge.
Buck ezután fájdalmat érzett a feldagadt nyelvében.
Er bewegte sich in einem wackelnden Wagen und war nur schwach bei Bewusstsein.
Egy remegő kocsiban mozgott, csak homályosan volt eszméleténél.
Das schrille Pfeifen eines Zuges verriet Buck seinen Standort.
Egy vonatsíp éles sivítása elárulta Bucknak a hollétét.
Er war oft mit dem Richter mitgefahren und kannte das Gefühl.
Gyakran lovagolt már a Bíróval, és ismerte az érzést.
Es war der einzigartige Schock, wieder in einem Gepäckwagen zu reisen.
Megint az a különleges rázkódtatás volt, hogy egy poggyászkocsiban utaztam.
Buck öffnete die Augen und sein Blick brannte vor Wut.
Buck kinyitotta a szemét, és tekintete dühtől égett.
Dies war der Zorn eines stolzen Königs, der vom Thron gejagt wurde.
Ez egy büszke király haragja volt, akit elmozdítottak trónjáról.
Ein Mann wollte ihn packen, doch stattdessen schlug Buck zuerst zu.
Egy férfi nyúlt, hogy megragadja, de Buck csapott le először.
Er versenkte seine Zähne in der Hand des Mannes und hielt sie fest.
A férfi kezébe mélyesztette a fogait, és szorosan megszorította.

Er ließ nicht los, bis er ein zweites Mal ohnmächtig wurde.
Nem engedte el, míg másodszor is el nem ájult.
„Ja, hat Anfälle", murmelte der Mann dem Gepäckträger zu.
– Aha, rohamai vannak – motyogta a férfi a poggyászkezelőnek.
Der Gepäckträger hatte den Kampf gehört und war näher gekommen.
A poggyászos meghallotta a dulakodást, és közelebb jött.
„Ich bringe ihn für den Chef nach Frisco", erklärte der Mann.
– Friscóba viszem a főnök miatt – magyarázta a férfi.
„Dort gibt es einen tollen Hundearzt, der sagt, er könne sie heilen."
„Van ott egy kiváló kutyadoktor, aki azt mondja, meg tudja gyógyítani őket."
Später in der Nacht gab der Mann seinen eigenen ausführlichen Bericht ab.
Később aznap este a férfi részletesen beszámolt az esetről.
Er sprach aus einem Schuppen hinter einem Saloon am Hafen.
Egy kikötői kocsma mögötti fészerből beszélt.
„Ich habe nur fünfzig Dollar bekommen", beschwerte er sich beim Wirt.
"Csak ötven dollárt kaptam" – panaszkodott a kocsmárosnak.
„Ich würde es nicht noch einmal tun, nicht einmal für tausend Dollar in bar."
"Nem tenném meg újra, még ezerért sem készpénzben."
Seine rechte Hand war fest in ein blutiges Tuch gewickelt.
Jobb kezét szorosan becsavarta egy véres kendő.
Sein Hosenbein war vom Knie bis zum Fuß weit aufgerissen.
A nadrágszára térdtől talpig teljesen szétszakadt.
„Wie viel hat der andere Trottel verdient?", fragte der Wirt.
„Mennyit fizettek a másik korsónak?" – kérdezte a kocsmáros.
„Hundert", antwortete der Mann, „einen Cent weniger würde er nicht nehmen."

– Százat – felelte a férfi –, egy centtel sem fogadna el kevesebbet.

„Das macht hundertfünfzig", sagte der Kneipenmann.

– Ez százötvenet tesz ki – mondta a kocsmáros.

„Und er ist das alles wert, sonst bin ich nicht besser als ein Dummkopf."

„És megéri az egészet, különben én sem leszek jobb egy ostobánál."

Der Mann öffnete die Verpackung, um seine Hand zu untersuchen.

A férfi kibontotta a csomagolást, hogy megvizsgálja a kezét.

Die Hand war stark zerrissen und mit getrocknetem Blut verkrustet.

A kéz csúnyán el volt szakadva és be volt száradva a vérrel.

„Wenn ich keine Tollwut bekomme …", begann er zu sagen.

„Ha nem leszek hidrofóbiás…" – kezdte mondani.

„Das liegt wohl daran, dass du zum Hängen geboren wurdest", ertönte ein Lachen.

– Azért leszel, mert arra születtél, hogy lógj – hallatszott egy nevetés.

„Komm und hilf mir, bevor du gehst", wurde er gebeten.

„Gyere, segíts, mielőtt elindulsz" – kérték fel.

Buck war von den Schmerzen in seiner Zunge und seinem Hals benommen.

Buckot teljesen elkábulta a nyelvében és a torkában érzett fájdalom.

Er war halb erwürgt und konnte kaum noch aufrecht stehen.

Félig megfojtották, és alig tudott lábra állni.

Dennoch versuchte Buck, den Männern gegenüberzutreten, die ihm so viel Leid zugefügt hatten.

Buck mégis megpróbált szembenézni azokkal az emberekkel, akik annyira megbántották.

Aber sie warfen ihn nieder und würgten ihn erneut.

De azok ismét letaszították és megfojtották:

Erst dann konnten sie sein schweres Messinghalsband absägen.

Csak ezután tudták lefűrészelni a nehéz rézgallért.

Sie entfernten das Seil und stießen ihn in eine Kiste.
Elhúzták a kötelet és egy ládába lökték.
Die Kiste war klein und hatte die Form eines groben Eisenkäfigs.
A láda kicsi volt, és egy durva vasketrec alakú.
Buck lag die ganze Nacht dort, voller Zorn und verletztem Stolz.
Buck egész éjjel ott feküdt, tele haraggal és sértett büszkeséggel.
Er konnte nicht einmal ansatzweise verstehen, was mit ihm geschah.
Fel sem foghatta, mi történik vele.
Warum hielten ihn diese fremden Männer in dieser kleinen Kiste fest?
Miért tartották őt ezek a furcsa emberek ebben a kis ládában?
Was wollten sie von ihm und warum diese grausame Gefangenschaft?
Mit akartak tőle, és miért ez a kegyetlen fogság?
Er spürte einen dunklen Druck, das Gefühl, dass das Unglück näher rückte.
Sötét nyomást érzett; a katasztrófa közeledtének érzése.
Es war eine vage Angst, die ihn jedoch schwer belastete.
Homályos félelem volt, de erősen nehezedett a lelkére.
Mehrmals sprang er auf, als die Schuppentür klapperte.
Többször is felugrott, amikor a fészer ajtaja zörgött.
Er erwartete, dass der Richter oder die Jungen erscheinen und ihn retten würden.
Azt várta, hogy a Bíró vagy a fiúk megjelennek és megmentik.
Doch jedes Mal lugte nur das dicke Gesicht des Wirts hinein.
De minden alkalommal csak a kocsmáros kövér arca kukucskált be.
Das Gesicht des Mannes wurde vom schwachen Schein einer Talgkerze erhellt.
A férfi arcát egy faggyúgyertya halvány fénye világította meg.
Jedes Mal verwandelte sich Bucks freudiges Bellen in ein leises, wütendes Knurren.

Buck örömteli ugatása minden alkalommal halk, dühös morgásba váltott.

Der Wirt ließ ihn für die Nacht allein in der Kiste zurück
A kocsmáros magára hagyta az éjszakára a ládában
Aber als er am Morgen aufwachte, kamen noch mehr Männer.
De amikor reggel felébredt, egyre több férfi jött.
Vier Männer kamen und hoben die Kiste vorsichtig und wortlos auf.
Négy férfi jött, és óvatosan, szó nélkül felkapták a ládát.
Buck wusste sofort, in welcher Situation er sich befand.
Buck azonnal tudta, milyen helyzetbe került.
Sie waren weitere Peiniger, die er bekämpfen und fürchten musste.
További kínzók voltak, akikkel harcolnia és akikkel félnie kellett.
Diese Männer sahen böse, zerlumpt und sehr ungepflegt aus.
Ezek a férfiak gonosznak, rongyosnak és nagyon rosszul ápoltnak tűntek.
Buck knurrte und stürzte sich wild durch die Gitterstäbe auf sie.
Buck vicsorgott, és vadul rájuk rontott a rácsokon keresztül.
Sie lachten nur und stießen mit langen Holzstöcken nach ihm.
Csak nevettek és hosszú fapálcákkal piszkálták.
Buck biss in die Stöcke, dann wurde ihm klar, dass es das war, was ihnen gefiel.
Buck beleharapott a botokba, aztán rájött, hogy pont ezt szeretik.
Also legte er sich ruhig hin, mürrisch und vor stiller Wut brennend.
Így hát csendben lefeküdt, mogorván és csendes dühtől égve.
Sie hoben die Kiste auf einen Wagen und fuhren mit ihm weg.
Felemelték a ládát egy szekérre, és elhajtottak vele.

Die Kiste mit Buck darin wechselte oft den Besitzer.
A láda, amiben Buck volt bezárva, gyakran cserélt gazdát.
Express-Büroangestellte übernahmen die Leitung und kümmerten sich kurz um ihn.
Az expressz irodai tisztviselők vették át az irányítást, és röviden intézkedtek.
Dann transportierte ein anderer Wagen Buck durch die laute Stadt.
Aztán egy másik szekér vitte Buckot a zajos városon át.
Ein Lastwagen brachte ihn mit Kisten und Paketen auf eine Fähre.
Egy teherautó dobozokkal és csomagokkal együtt vitte fel egy kompra.
Nach der Überquerung lud ihn der Lastwagen an einem Bahndepot ab.
Miután átkelt, a teherautó egy vasútállomáson lerakta.
Schließlich wurde Buck in einen wartenden Expresswagen gesetzt.
Vvégre Buckot betették egy várakozó expresszkocsiba.
Zwei Tage und Nächte lang zogen Züge den Schnellzug ab.
Két napon és két éjszakán át a vonatok elhúzták a gyorskocsit.
Buck hat während der gesamten schmerzhaften Reise weder gegessen noch getrunken.
Buck sem evett, sem ivott az egész fáradságos út alatt.
Als die Expressboten versuchten, sich ihm zu nähern, knurrte er.
Amikor a gyorshírnökök megpróbáltak közeledni hozzá, morgott.
Sie reagierten, indem sie ihn verspotteten und grausam hänselten.
Válaszul gúnyolták és kegyetlenül ugratták.
Buck warf sich schäumend und zitternd gegen die Gitterstäbe
Buck a rácsoknak vetette magát, habzott és remegett
Sie lachten laut und verspotteten ihn wie Schulhofschläger.
Hangosan nevettek, és úgy gúnyolódtak vele, mint az iskolai zaklatók.

Sie bellten wie falsche Hunde und wedelten mit den Armen.
Úgy ugattak, mint a műkutyák, és csapkodtak a karjukkal.
Sie krähten sogar wie Hähne, nur um ihn noch mehr aufzuregen.
Még kakasként is kukorékoltak, hogy még jobban felbosszantsák.
Es war dummes Verhalten und Buck wusste, dass es lächerlich war.
Ostoba viselkedés volt, és Buck tudta, hogy nevetséges.
Doch das verstärkte seine Empörung und Scham nur noch.
De ez csak elmélyítette benne a felháborodást és a szégyent.
Der Hunger plagte ihn während der Reise kaum.
Az út során nemigen gyötörte az éhség.
Doch der Durst brachte starke Schmerzen und unerträgliches Leiden mit sich.
De a szomjúság éles fájdalmat és elviselhetetlen szenvedést okozott.
Sein trockener, entzündeter Hals und seine Zunge brannten vor Hitze.
Száraz, gyulladt torka és nyelve égett a forróságtól.
Dieser Schmerz schürte das Fieber, das in seinem stolzen Körper aufstieg.
Ez a fájdalom táplálta a büszke testében egyre erősödő lázat.
Buck war während dieses Prozesses für eine einzige Sache dankbar.
Buck egyetlen dologért volt hálás a tárgyalás alatt.
Das Seil um seinen dicken Hals war entfernt worden.
A kötelet lehúzták vastag nyakáról.
Das Seil hatte diesen Männern einen unfairen und grausamen Vorteil verschafft.
A kötél tisztességtelen és kegyetlen előnyt biztosított azoknak az embereknek.
Jetzt war das Seil weg und Buck schwor, dass es nie wieder zurückkommen würde.
Most a kötél eltűnt, és Buck megesküdött, hogy soha többé nem tér vissza.

Er beschloss, sich nie wieder ein Seil um den Hals legen zu lassen.
Elhatározta, hogy soha többé nem tekeredik kötél a nyakába.
Zwei lange Tage und Nächte litt er ohne Essen.
Két hosszú napon és éjszakán át szenvedett étel nélkül.
Und in diesen Stunden baute sich in ihm eine enorme Wut auf.
És ezekben az órákban hatalmas dühöt halmozott fel magában.
Seine Augen wurden vor ständiger Wut blutunterlaufen und wild.
Szeme vérben forgó és vad lett az állandó dühtől.
Er war nicht mehr Buck, sondern ein Dämon mit schnappenden Kiefern.
Már nem Buck volt, hanem egy csattogó állkapcsú démon.
Nicht einmal der Richter hätte dieses verrückte Wesen erkannt.
Még a Bíró sem ismerte volna fel ezt az őrült teremtményt.
Die Expressboten atmeten erleichtert auf, als sie Seattle erreichten
A gyorshírnökök megkönnyebbülten felsóhajtottak, amikor megérkeztek Seattle-be
Vier Männer hoben die Kiste hoch und brachten sie in einen Hinterhof.
Négy férfi felemelte a ládát, és bevitték a hátsó udvarba.
Der Hof war klein und von hohen, massiven Mauern umgeben.
Az udvar kicsi volt, magas és masszív falak vették körül.
Ein großer Mann in einem ausgeleierten roten Pullover kam heraus.
Egy nagydarab férfi lépett ki egy megereszkedett piros pulóveringben.
Mit dicker, kühner Handschrift unterschrieb er das Lieferbuch.
Vastag, merész kézzel írta alá a szállítókönyvet.
Buck spürte sofort, dass dieser Mann sein nächster Peiniger war.

Buck azonnal megérezte, hogy ez a férfi a következő kínzója.
Er stürzte sich heftig auf die Gitterstäbe, die Augen rot vor Wut.
Hevesen a rácsoknak vetette magát, dühtől vörös szemekkel.
Der Mann lächelte nur finster und holte ein Beil.
A férfi csak sötéten elmosolyodott, és odament egy baltáért.
Er brachte auch eine Keule in seiner dicken und starken rechten Hand mit.
Vastag és erős jobb kezében egy botot is hozott.
„Wollen Sie ihn jetzt rausholen?", fragte der Fahrer besorgt.
„Most kiviszed?" – kérdezte a sofőr aggódva.
„Sicher", sagte der Mann und rammte das Beil als Hebel in die Kiste.
– Persze – mondta a férfi, és a baltát emelőként a ládába szegezte.
Die vier Männer stoben sofort auseinander und sprangen auf die Hofmauer.
A négy férfi azonnal szétszéledt, és felugrottak az udvar falára.
Von ihren sicheren Plätzen oben warteten sie, um das Spektakel zu beobachten.
Biztonságos helyeikről, fentről várták, hogy szemtanúi lehessenek a látványosságnak.
Buck stürzte sich auf das zersplitterte Holz, biss und zitterte heftig.
Buck a szilánkos fára vetette magát, vadul harapdálva és remegve.
Jedes Mal, wenn die Axt den Käfig traf, war Buck da, um ihn anzugreifen.
Valahányszor a baltával eltalálták a ketrecet, Buck ott volt, hogy megtámadja.
Er knurrte und schnappte vor wilder Wut und wollte unbedingt freigelassen werden.
Vad dühvel morgott és csattant, alig várta, hogy szabadulhasson.
Der Mann draußen war ruhig und gelassen und konzentrierte sich auf seine Aufgabe.

A kint álló férfi nyugodt és kiegyensúlyozott volt, elszántan végezte a feladatát.

„Also gut, du rotäugiger Teufel", sagte er, als das Loch groß war.

– Akkor hát, te vörös szemű ördög – mondta, amikor a lyuk már nagyra nyílt.

Er ließ das Beil fallen und nahm die Keule in die rechte Hand.

Eldobta a baltát, és jobb kezébe vette a botot.

Buck sah wirklich aus wie ein Teufel; seine Augen blutunterlaufen und lodernd.

Buck tényleg úgy nézett ki, mint egy ördög; vérben forgó, lángoló szemei voltak.

Sein Fell sträubte sich, Schaum stand ihm vor dem Mund, seine Augen funkelten.

Felborzolta a bundáját, hab gomolygott a szája körül, szeme csillogott.

Er spannte seine Muskeln an und sprang direkt auf den roten Pullover zu.

Megfeszítette izmait, és egyenesen a piros pulóverre vetette magát.

Hundertvierzig Pfund Wut prasselten auf den ruhigen Mann zu.

Száznegyven fontnyi düh csapott a nyugodt férfira.

Kurz bevor er die Zähne zusammenbiss, traf ihn ein schrecklicher Schlag.

Mielőtt még összeszorult volna az állkapcsa, szörnyű ütés érte.

Seine Zähne schnappten zusammen, nur Luft war im Spiel.

Fogai összecsattantak, semmi mást nem látott, csak a levegőt.

ein Schmerz durchfuhr seinen Körper

fájdalomlökés visszhangzott végig a testén

Er machte einen Überschlag in der Luft und stürzte auf dem Rücken und der Seite zu Boden.

A levegőben megpördült, és a hátára, illetve az oldalára zuhant.

Er hatte noch nie zuvor einen Knüppelschlag gespürt und konnte ihn nicht begreifen.
Még soha nem érzett botütést, és nem tudta felfogni.
Mit einem kreischenden Knurren, das teils Bellen, teils Schreien war, sprang er erneut.
Egy sikító vicsorgással, részben ugatással, részben sikolysal ismét ugrott.
Ein weiterer brutaler Schlag traf ihn und schleuderte ihn zu Boden.
Egy újabb brutális ütés érte, és a földre repítette.
Diesmal verstand Buck – es war die schwere Keule des Mannes.
Buck ezúttal megértette – a férfi nehéz bunkója volt az.
Doch die Wut machte ihn blind, und an einen Rückzug dachte er nicht.
De a düh elvakította, és esze ágában sem volt visszavonulni.
Zwölfmal stürzte er sich in die Luft, und zwölfmal fiel er.
Tizenkétszer vetette magát előre, és tizenkétszer esett el.
Der Holzknüppel traf ihn jedes Mal mit unbarmherziger, vernichtender Kraft.
A fabáb minden alkalommal könyörtelen, zúzó erővel csapott le rá.
Nach einem heftigen Schlag kam er benommen und langsam wieder auf die Beine.
Egyetlen heves ütés után kábultan és lassan talpra állt.
Blut lief aus seinem Mund, seiner Nase und sogar seinen Ohren.
Vér folyt a szájából, az orrából, sőt még a füléből is.
Sein einst so schönes Fell war mit blutigem Schaum verschmiert.
Egykor gyönyörű kabátját véres hab maszatosa volt.
Dann trat der Mann vor und versetzte ihm einen heftigen Schlag auf die Nase.
Aztán a férfi odalépett, és egy gonosz ütést mért az orrára.
Die Qualen waren schlimmer als alles, was Buck je gespürt hatte.
A fájdalom élesebb volt, mint amit Buck valaha is érzett.

Mit einem Brüllen, das eher an ein Tier als an einen Hund erinnerte, sprang er erneut zum Angriff.
Egy vadállatiasabb üvöltéssel, mint kutyaszerűséggel, ismét támadásra ugrott.
Doch der Mann packte seinen Unterkiefer und drehte ihn nach hinten.
De a férfi megragadta az alsó állkapcsát, és hátracsavarta.
Buck überschlug sich kopfüber und stürzte erneut hart auf den Boden.
Buck fejjel előre fordult, és ismét keményen a földre zuhant.
Ein letztes Mal stürmte Buck auf ihn zu, jetzt konnte er kaum noch stehen.
Buck még utoljára rárontott, alig bírva megállni a lábán.
Der Mann schlug mit perfektem Timing zu und versetzte den letzten Schlag.
A férfi szakértő időzítéssel csapott le, megadva az utolsó ütést.
Buck brach bewusstlos und regungslos zusammen.
Buck mozdulatlanul, eszméletlenül rogyott össze.
„Er ist kein Stümper im Hundezähmen, das sage ich", rief ein Mann.
„Nem hanyagolja a kutyabetörést, ezt mondom én is!" – kiáltotta egy férfi.
„Druther kann den Willen eines Hundes an jedem Tag der Woche brechen."
„Druther a hét bármely napján képes megtörni egy kutya akaratát."
„Und zweimal an einem Sonntag!", fügte der Fahrer hinzu.
„És kétszer egy vasárnap!" – tette hozzá a sofőr.
Er stieg in den Wagen und ließ die Zügel knacken, um loszufahren.
Felmászott a szekérre, és megrántotta a gyeplőt, hogy elinduljon.
Buck erlangte langsam die Kontrolle über sein Bewusstsein zurück
Buck lassan visszanyerte az öntudatát.
aber sein Körper war noch zu schwach und gebrochen, um sich zu bewegen.

de a teste még túl gyenge és törött volt a mozgáshoz.
Er blieb liegen, wo er hingefallen war, und beobachtete den Mann im roten Pullover.
Ott feküdt, ahol elesett, és a vörös pulóveres férfit figyelte.
„Er hört auf den Namen Buck", sagte der Mann und las laut vor.
– Buck nevére hallgat – mondta a férfi, miközben hangosan olvasott.
Er zitierte aus der Notiz und den Einzelheiten, die mit Bucks Kiste geschickt wurden.
Idézett a Buck ládájával és a részletekkel küldött üzenetből.
„Also, Buck, mein Junge", fuhr der Mann freundlich fort,
– Nos hát, Buck, fiam – folytatta a férfi barátságos hangon –,
„Wir hatten unseren kleinen Streit, und jetzt ist es zwischen uns vorbei."
„Levettünk egy kis veszekedést, és most vége van közöttünk."
„Sie haben Ihren Platz kennengelernt und ich habe meinen kennengelernt", fügte er hinzu.
„Megtanultad a helyed, és én is a sajátomat" – tette hozzá.
„Sei brav, dann wird alles gut und das Leben wird angenehm sein."
„Légy jó, és minden jól fog menni, és az élet kellemes lesz."
„Aber wenn du böse bist, schlage ich dir die Seele aus dem Leib, verstanden?"
„De ha rossz vagy, akkor agyonverlek, érted?"
Während er sprach, streckte er die Hand aus und tätschelte Bucks schmerzenden Kopf.
Miközben beszélt, kinyújtotta a kezét, és megsimogatta Buck fájó fejét.
Bucks Haare stellten sich bei der Berührung des Mannes auf, aber er wehrte sich nicht.
Buck haja felállt a férfi érintésére, de nem ellenkezett.
Der Mann brachte ihm Wasser, das Buck in großen Schlucken trank.
A férfi vizet hozott neki, amit Buck nagy kortyokban ivott meg.

Dann kam rohes Fleisch, das Buck Stück für Stück verschlang.
Aztán jött a nyers hús, amit Buck darabonként felfalt.
Er wusste, dass er geschlagen war, aber er wusste auch, dass er nicht gebrochen war.
Tudta, hogy megverték, de azt is tudta, hogy nincs megtörve.
Gegen einen mit einer Keule bewaffneten Mann hatte er keine Chance.
Esélye sem volt egy bunkóval felfegyverzett férfival szemben.
Er hatte die Wahrheit erfahren und diese Lektion nie vergessen.
Megtanulta az igazságot, és soha nem felejtette el ezt a leckét.
Diese Waffe war der Beginn des Gesetzes in Bucks neuer Welt.
Ez a fegyver jelentette a jog kezdetét Buck új világában.
Es war der Beginn einer harten, primitiven Ordnung, die er nicht leugnen konnte.
Ez egy kemény, primitív rend kezdete volt, amelyet nem tagadhatott.
Er akzeptierte die Wahrheit; seine wilden Instinkte waren nun erwacht.
Elfogadta az igazságot; vad ösztönei most már felébredtek.
Die Welt war härter geworden, aber Buck stellte sich ihr tapfer.
A világ egyre keményebbé vált, de Buck bátran szembenézett vele.
Er begegnete dem Leben mit neuer Vorsicht, List und stiller Stärke.
Új óvatossággal, ravaszsággal és csendes erővel fogadta az életet.
Weitere Hunde kamen an, an Seilen oder in Kisten festgebunden, so wie Buck.
Több kutya is érkezett, kötelekhez vagy ládákhoz kötözve, mint Buck.
Einige Hunde kamen ruhig, andere tobten und kämpften wie wilde Tiere.

Néhány kutya nyugodtan jött, mások dühöngtek és vadállatok módjára verekedtek.
Sie alle wurden der Herrschaft des Mannes im roten Pullover unterworfen.
Mindannyiukat a vörös pulóveres férfi uralma alá vonták.
Jedes Mal sah Buck zu und sah, wie sich ihm die gleiche Lektion erschloss.
Buck minden alkalommal ugyanazt a tanulságot látta kibontakozni.
Der Mann mit der Keule war das Gesetz, ein Herr, dem man gehorchen musste.
A bottal járó férfi maga volt a törvény; egy úr, akinek engedelmeskedni kellett.
Er musste nicht gemocht werden, aber man musste ihm gehorchen.
Nem kellett kedvelni, de engedelmeskedni kellett neki.
Buck schmeichelte oder wedelte nie mit dem Schwanz, wie es die schwächeren Hunde taten.
Buck soha nem hízelgett vagy csóválta a kezét, mint a gyengébb kutyák.
Er sah Hunde, die geschlagen wurden und trotzdem die Hand des Mannes leckten.
Látott megvert kutyákat, amelyek mégis nyalogatták a férfi kezét.
Er sah einen Hund, der überhaupt nicht gehorchte oder sich unterwarf.
Látott egy kutyát, amely egyáltalán nem engedelmeskedett, és egyáltalán nem volt hajlandó meghajolni.
Dieser Hund kämpfte, bis er im Kampf um die Kontrolle getötet wurde.
A kutya addig küzdött, amíg el nem pusztult az irányításért folytatott csatában.
Manchmal kamen Fremde, um den Mann im roten Pullover zu sehen.
Idegenek néha meglátogatták a vörös pulóveres férfit.
Sie sprachen in seltsamem Ton, flehten, feilschten und lachten.

Furcsa hangon beszéltek, könyörögtek, alkudoztak és nevetgéltek.

Als das Geld ausgetauscht wurde, gingen sie mit einem oder mehreren Hunden.

Amikor pénzt váltottak, egy vagy több kutyával távoztak.

Buck fragte sich, wohin diese Hunde gingen, denn keiner kam jemals zurück.

Buck azon tűnődött, hová tűntek ezek a kutyák, mert soha egy sem tért vissza.

Angst vor dem Unbekannten erfüllte Buck jedes Mal, wenn ein fremder Mann kam

Az ismeretlentől való félelem töltötte el Buckot minden alkalommal, amikor egy idegen férfi jött

Er war jedes Mal froh, wenn ein anderer Hund mitgenommen wurde und nicht er selbst.

Minden alkalommal örült, amikor egy másik kutyát vittek el, nem pedig őt.

Doch schließlich kam Buck an die Reihe, als ein fremder Mann eintraf.

De végül Buckra került a sor egy különös férfi érkezésével.

Er war klein, drahtig und sprach gebrochenes Englisch und fluchte.

Alacsony volt, inas, törött angolsággal és káromkodásokkal beszélt.

„Heilig!", schrie er, als er Bucks Gestalt erblickte.

„Szent isten!" – kiáltotta, amikor meglátta Buck alakját.

„Das ist aber ein verdammter Rüpel! Wie viel?", fragte er laut.

„Ez aztán egy átkozott zsarnokkutya! Hű? Mennyibe kerül?" – kérdezte hangosan.

„Dreihundert, und für diesen Preis ist er ein Geschenk."

„Háromszáz, és ennyiért igazi ajándék."

„Da es sich um staatliche Gelder handelt, sollten Sie sich nicht beschweren, Perrault."

„Mivel állami pénzről van szó, nem kell panaszkodnod, Perrault."

Perrault grinste über den Deal, den er gerade mit dem Mann gemacht hatte.
Perrault elvigyorodott az egyezségen, amit az előbb kötött a férfival.
Aufgrund der plötzlichen Nachfrage waren die Preise für Hunde in die Höhe geschossen.
A kutyák ára a hirtelen megnövekedett kereslet miatt az egekbe szökött.
Dreihundert Dollar waren für so ein tolles Tier nicht unfair.
Háromszáz dollár nem volt igazságtalan egy ilyen jószágért.
Die kanadische Regierung würde bei dem Abkommen nichts verlieren
A kanadai kormány semmit sem veszítene a megállapodással
Auch ihre offiziellen Depeschen würden während des Transports nicht verzögert.
A hivatalos küldeményeiket sem késlekednék az út során.
Perrault kannte sich gut mit Hunden aus und erkannte, dass Buck etwas Seltenes war.
Perrault jól ismerte a kutyákat, és látta rajta, hogy Buck valami különleges.
„Einer von zehntausend", dachte er, als er Bucks Körperbau betrachtete.
„Tízből egy, tízezerhez egy" – gondolta, miközben Buck testalkatát vizsgálgatta.
Buck sah, wie das Geld den Besitzer wechselte, zeigte sich jedoch nicht überrascht.
Buck látta, hogy a pénz gazdát cserél, de nem mutatott meglepetést.
Bald wurden er und Curly, ein sanfter Neufundländer, weggeführt.
Hamarosan elvezették őt és Göndört, a szelíd újfundlandit.
Sie folgten dem kleinen Mann aus dem Hof des roten Pullovers.
Követték a kis embert a piros pulóveres udvaráról.
Das war das letzte Mal, dass Buck den Mann mit der Holzkeule sah.
Buck utoljára látta a fabotos férfit.

Vom Deck der Narwhal aus beobachtete er, wie Seattle in der Ferne verschwand.
A Narvál fedélzetéről nézte, ahogy Seattle a távolba vesz.
Es war auch das letzte Mal, dass er das warme Südland sah.
Ez volt az utolsó alkalom is, hogy a meleg Délvidéket látta.
Perrault brachte sie unter Deck und ließ sie bei François zurück.
Perrault levitte őket a fedélzet alá, és François-nál hagyta.
François war ein Riese mit schwarzem Gesicht und rauen, schwieligen Händen.
François egy fekete arcú óriás volt, durva, kérges kezekkel.
Er war dunkelhäutig und hatte eine dunkle Hautfarbe, ein französisch-kanadischer Mischling.
Sötét bőrű és barna bőrű volt; egy félvér francia-kanadai.
Für Buck waren diese Männer von einer Art, die er noch nie zuvor gesehen hatte.
Buck számára ezek az emberek olyanok voltak, amilyeneket még soha nem látott.
Er würde in den kommenden Tagen viele solcher Männer kennenlernen.
Sok ilyen emberrel fog megismerkedni az elkövetkező napokban.
Er konnte sie zwar nicht lieb gewinnen, aber er begann, sie zu respektieren.
Nem szerette meg őket, de tisztelni kezdte őket.
Sie waren fair und weise und ließen sich von keinem Hund so leicht täuschen.
Szépek és bölcsek voltak, és egyetlen kutya sem könnyen becsaphatta őket.
Sie beurteilten Hunde ruhig und bestraften sie nur, wenn es angebracht war.
Nyugodtan ítélték meg a kutyákat, és csak akkor büntették meg őket, ha megérdemelték.
Im Unterdeck der Narwhal trafen Buck und Curly zwei Hunde.
A Narvál alsó fedélzetén Buck és Göndör két kutyával találkoztak.

Einer war ein großer weißer Hund aus dem fernen, eisigen Spitzbergen.
Az egyik egy nagy fehér kutya volt a távoli, jeges Spitzbergákról.
Er war einmal mit einem Walfänger gesegelt und hatte sich einer Erkundungsgruppe angeschlossen.
Egyszer vitorlázott egy bálnavadászhajóval, és csatlakozott egy felderítő csoporthoz.
Er war auf eine schlaue, hinterhältige und listige Art freundlich.
Sunyi, alattomos és ravasz módon barátságos volt.
Bei ihrer ersten Mahlzeit stahl er ein Stück Fleisch aus Bucks Pfanne.
Az első étkezésükkor ellopott egy darab húst Buck serpenyőjéből.
Buck sprang, um ihn zu bestrafen, aber François' Peitsche schlug zuerst zu.
Buck felugrott, hogy megbüntesse, de François ostora lecsapott előbb.
Der weiße Dieb schrie auf und Buck holte sich den gestohlenen Knochen zurück.
A fehér tolvaj felkiáltott, Buck pedig visszaszerezte az ellopott csontot.
Diese Fairness beeindruckte Buck und François verdiente sich seinen Respekt.
Ez a pártatlanság lenyűgözte Buckot, és François kiérdemelte a tiszteletét.
Der andere Hund grüßte nicht und wollte auch nichts zurück.
A másik kutya nem köszöntötte, és viszonzást sem várt.
Er stahl weder Essen noch beschnüffelte er die Neuankömmlinge interessiert.
Nem lopott ételt, és nem szaglászott érdeklődéssel az újonnan érkezők után.
Dieser Hund war grimmig und ruhig, düster und bewegte sich langsam.
Ez a kutya komor és csendes, komor és lassú mozgású volt.

Er warnte Curly, sich fernzuhalten, indem er sie einfach anstarrte.
Egyszerűen csak dühösen meredt rá, és figyelmeztette Göndört, hogy maradjon távol.
Seine Botschaft war klar: Lass mich in Ruhe, sonst gibt es Ärger.
Az üzenete világos volt: hagyj békén, különben baj lesz.
Er hieß Dave und nahm seine Umgebung kaum wahr.
Dave-nek hívták, és alig vette észre a környezetét.
Er schlief oft, aß ruhig und gähnte ab und zu.
Gyakran aludt, csendben evett, és időnként ásított is.

Das Schiff summte ständig, während unten der Propeller schlug.
A hajó folyamatosan zümmögött, miközben lent dübörgött a légcsavar.
Die Tage vergingen, ohne dass sich viel änderte, aber das Wetter wurde kälter.
A napok változatlanul teltek, de az idő egyre hidegebb lett.
Buck spürte es in seinen Knochen und bemerkte, dass es den anderen genauso ging.
Buck a csontjaiban érezte, és észrevette, hogy a többiek is.
Dann blieb eines Morgens der Propeller stehen und alles war still.
Aztán egy reggel megállt a légcsavar, és minden elcsendesedett.
Eine Energie durchströmte das Schiff; etwas hatte sich verändert.
Energia söpört végig a hajón; valami megváltozott.
François kam herunter, legte ihnen die Leinen an und brachte sie hoch.
François lejött, pórázt kötött rájuk, és felhozta őket.
Buck stieg aus und fand den Boden weich, weiß und kalt.
Buck kilépett, és a talajt puhának, fehérnek és hidegnek találta.
Er sprang erschrocken zurück und schnaubte völlig verwirrt.
Riadtan hátraugrott, és teljes zavarodottságában felhorkant.
Seltsames weißes Zeug fiel vom grauen Himmel.

Furcsa fehér anyag hullott a szürke égből.
Er schüttelte sich, aber die weißen Flocken landeten immer wieder auf ihm.
Megrázta magát, de a fehér pelyhek továbbra is ráhullottak.
Er roch vorsichtig an dem weißen Zeug und leckte an ein paar eisigen Stückchen.
Óvatosan megszagolta a fehér cuccot, és lenyalogatott néhány jeges darabkát.
Das Pulver brannte wie Feuer und verschwand dann einfach von seiner Zunge.
A por tűzként égett, majd eltűnt a nyelvéről.
Buck versuchte es noch einmal und war verwirrt über die seltsame, verschwindende Kälte.
Buck újra próbálkozott, zavarba ejtve a furcsa, eltűnő hidegségtől.
Die Männer um ihn herum lachten und Buck war verlegen.
A körülötte álló férfiak nevettek, Buck pedig zavarba jött.
Er wusste nicht warum, aber er schämte sich für seine Reaktion.
Nem tudta, miért, de szégyellte a reakcióját.
Es war seine erste Erfahrung mit Schnee und es verwirrte ihn.
Ez volt az első találkozása a hóval, és ez összezavarta.

Das Gesetz von Keule und Fang
A buzogány és agyar törvénye

Bucks erster Tag am Strand von Dyea fühlte sich wie ein schrecklicher Albtraum an.
Buck első napja a Dyea strandon egy szörnyű rémálomnak tűnt.
Jede Stunde brachte neue Schocks und unerwartete Veränderungen für Buck.
Minden óra új megrázkódtatásokat és váratlan változásokat hozott Buck számára.
Er war aus der Zivilisation gerissen und ins wilde Chaos gestürzt worden.
Kiragadták a civilizációból, és vad káoszba taszították.
Dies war kein sonniges, faules Leben mit Langeweile und Ruhe.
Ez nem egy napsütéses, lustálkodós élet volt unalommal és pihenéssel.
Es gab keinen Frieden, keine Ruhe und keinen Moment ohne Gefahr.
Nem volt béke, nem volt pihenés, és nem volt pillanat sem veszélytelenül.
Überall herrschte Verwirrung und die Gefahr war immer in der Nähe.
Zűrzavar uralkodott mindenen, és a veszély mindig közel leselkedett.
Buck musste wachsam bleiben, denn diese Männer und Hunde waren anders.
Bucknak ébernek kellett maradnia, mert ezek a férfiak és kutyák mások voltak.
Sie kamen nicht aus der Stadt, sie waren wild und gnadenlos.
Nem városiak voltak; vadak és könyörtelenek voltak.
Diese Männer und Hunde kannten nur das Gesetz der Keule und der Reißzähne.
Ezek a férfiak és kutyák csak a bunkó és az agyar törvényét ismerték.

Buck hatte noch nie Hunde so kämpfen sehen wie diese wilden Huskys.
Buck még soha nem látott kutyákat így verekedni, mint ezeket a vad huskykat.
Seine erste Erfahrung lehrte ihn eine Lektion, die er nie vergessen würde.
Az első élménye egy olyan leckét adott neki, amit soha nem fog elfelejteni.
Er hatte Glück, dass er es nicht war, sonst wäre auch er gestorben.
Szerencséje volt, hogy nem ő volt, különben ő is meghalt volna.
Curly war derjenige, der litt, während Buck zusah und lernte.
Göndör szenvedett, míg Buck figyelte és tanult.
Sie hatten ihr Lager in der Nähe eines aus Baumstämmen gebauten Ladens aufgeschlagen.
Egy rönkökből épült bolt közelében vertek tábort.
Curly versuchte, einem großen, wolfsähnlichen Husky gegenüber freundlich zu sein.
Göndör megpróbált barátságos lenni egy nagy, farkasszerű huskyval.
Der Husky war kleiner als Curly, sah aber wild und böse aus.
A husky kisebb volt, mint Göndör, de vadnak és gonosznak tűnt.
Ohne Vorwarnung sprang er auf und schlug ihr ins Gesicht.
Figyelmeztetés nélkül felugrott, és felhasította az arcát.
Seine Zähne schnitten in einer Bewegung von ihrem Auge bis zu ihrem Kiefer.
Fogai egyetlen mozdulattal vágtak le a szemétől az állkapcsáig.
So kämpften Wölfe: Sie schlugen schnell zu und sprangen weg.
Így harcoltak a farkasok – gyorsan csaptak és elugrottak.
Aber es gab mehr zu lernen als nur diesen einen Angriff.
De többet lehetett tanulni ebből az egyetlen támadásból.

Dutzende Huskys stürmten herein und bildeten einen stillen Kreis.
Több tucat husky rohant be, és néma kört alkottak.
Sie schauten aufmerksam zu und leckten sich hungrig die Lippen.
Figyelmesen nézték, és éhesen nyalogatták az ajkukat.
Buck verstand weder ihr Schweigen noch ihre begierigen Blicke.
Buck nem értette a hallgatásukat vagy a kíváncsi tekintetüket.
Curly stürzte sich ein zweites Mal auf den Husky, um ihn anzugreifen.
Göndör másodszor is a husky megtámadására rohant.
Mit einer kräftigen Bewegung seiner Brust warf er sie um.
Egy erős mozdulattal a mellkasával lökte fel.
Sie fiel auf die Seite und konnte nicht wieder aufstehen.
Az oldalára esett, és nem tudott felkelni.
Darauf hatten die anderen die ganze Zeit gewartet.
Erre vártak a többiek egész végig.
Die Huskies sprangen sie an und jaulten und knurrten wie wild.
A huskyk ráugrottak, őrjöngve ugattak és vicsorogtak.
Sie schrie, als sie unter einem Haufen Hunde begruben.
Felsikoltott, miközben egy kutyakupac alá temették.
Der Angriff erfolgte so schnell, dass Buck vor Schreck erstarrte.
A támadás olyan gyors volt, hogy Buck a döbbenettől megdermedt.
Er sah, wie Spitz die Zunge herausstreckte, als würde er lachen.
Látta, hogy Spitz kinyújtja a nyelvét, ami úgy hangzott, mintha nevetne.
François schnappte sich eine Axt und rannte direkt in die Hundegruppe hinein.
François megragadott egy fejszét, és egyenesen a kutyák csoportjába rohant.
Drei weitere Männer halfen mit Knüppeln, die Huskies zu vertreiben.

Három másik férfi botokkal verte el a huskykat.
In nur zwei Minuten war der Kampf vorbei und die Hunde waren verschwunden.
Alig két perc múlva vége volt a harcnak, és a kutyák eltűntek.
Curly lag tot im roten, zertrampelten Schnee, ihr Körper war zerfetzt.
Göndör holtan feküdt a vörös, letaposott hóban, teste szétszaggatva.
Ein dunkelhäutiger Mann stand über ihr und verfluchte die brutale Szene.
Egy sötét bőrű férfi állt fölötte, és átkozta a brutális jelenetet.
Die Erinnerung blieb bei Buck und verfolgte ihn nachts in seinen Träumen.
Az emlék Buckban maradt, és álmaiban kísértette éjszaka.
So war es hier: keine Fairness, keine zweite Chance.
Ez volt itt a helyzet: nincs igazságosság, nincs második esély.
Sobald ein Hund fiel, töteten die anderen ihn gnadenlos.
Ha egy kutya elesett, a többi könyörtelenül ölte.
Buck beschloss damals, dass er niemals zulassen würde, dass er fällt.
Buck ekkor eldöntötte, hogy soha többé nem engedi meg magának, hogy elessen.
Spitz streckte erneut die Zunge heraus und lachte über das Blut.
Spitz ismét kinyújtotta a nyelvét, és nevetett a véren.
Von diesem Moment an hasste Buck Spitz aus vollem Herzen.
Attól a pillanattól kezdve Buck teljes szívéből gyűlölte Spitzet.

Bevor Buck sich von Curlys Tod erholen konnte, passierte etwas Neues.
Mielőtt Buck magához térhetett volna Göndör halálából, valami új történt.
François kam herüber und schnallte etwas um Bucks Körper.
François odajött, és valamit Buck köré tekert.
Es war ein Geschirr wie das, das auf der Ranch für Pferde verwendet wurde.

Olyan hám volt, amilyet a tanyán a lovakon használnak.
Buck hatte gesehen, wie Pferde arbeiteten, und nun musste auch er arbeiten.
Ahogy Buck látta a lovakat dolgozni, most neki is dolgoznia kellett.
Er musste François auf einem Schlitten in den nahegelegenen Wald ziehen.
Szánkón kellett húznia François-t a közeli erdőbe.
Anschließend musste er eine Ladung schweres Brennholz zurückziehen.
Aztán vissza kellett húznia egy rakomány nehéz tűzifát.
Buck war stolz und deshalb tat es ihm weh, wie ein Arbeitstier behandelt zu werden.
Buck büszke volt, ezért fájt neki, hogy úgy bántak vele, mint egy munkásállattal.
Aber er war klug und versuchte nicht, gegen die neue Situation anzukämpfen.
De bölcs volt, és nem próbált megküzdeni az új helyzettel.
Er akzeptierte sein neues Leben und gab bei jeder Aufgabe sein Bestes.
Elfogadta az új életet, és minden feladatban a legjobb tudása szerint dolgozott.
Alles an der Arbeit war ihm fremd und ungewohnt.
A munkában minden furcsa és ismeretlen volt számára.
François war streng und verlangte unverzüglichen Gehorsam.
François szigorú volt, és késedelem nélkül engedelmességet követelt.
Seine Peitsche sorgte dafür, dass jeder Befehl sofort befolgt wurde.
Ostorával gondoskodott arról, hogy minden parancsot azonnal végrehajtsanak.
Dave war der Schlittenführer, der Hund, der dem Schlitten hinter Buck am nächsten war.
Dave volt a kerekes kutya, a kutya állt legközelebb a szánhoz Buck mögött.

Dave biss Buck in die Hinterbeine, wenn er einen Fehler machte.
Dave megharapta Buck hátsó lábait, ha hibázott.
Spitz war der Leithund und in dieser Rolle geschickt und erfahren.
Spitz volt a vezető kutya, képzett és tapasztalt volt a szerepben.
Spitz konnte Buck nicht leicht erreichen, korrigierte ihn aber trotzdem.
Spitz nem tudta könnyen elérni Buckot, de azért kijavította.
Er knurrte barsch oder zog den Schlitten auf eine Art, die Buck etwas beibrachte.
Keményen morgott, vagy olyan módon húzta a szánt, ami Buckot is tanította.
Durch dieses Training lernte Buck schneller, als alle erwartet hatten.
A képzés során Buck gyorsabban tanult, mint bármelyikük várta.
Er hat hart gearbeitet und sowohl von François als auch von den anderen Hunden gelernt.
Keményen dolgozott, és tanult mind François-tól, mind a többi kutyától.
Als sie zurückkamen, kannte Buck die wichtigsten Befehle bereits.
Mire visszatértek, Buck már tudta a legfontosabb parancsokat.
Von François hat er gelernt, beim Laut „ho" anzuhalten.
François-tól tanulta meg, hogy a „ho" hangjára megálljon.
Er lernte, wann er den Schlitten ziehen und rennen musste.
Megtanulta, mikor kellett húznia a szánt és futnia.
Er lernte, in den Kurven des Weges ohne Probleme weit abzubiegen.
Megtanulta, hogy gond nélkül szélesre kanyarodjon az ösvény kanyarulataiban.
Er lernte auch, Dave auszuweichen, wenn der Schlitten schnell bergab fuhr.
Azt is megtanulta, hogy kerülje el Davet, amikor a szán gyorsan gurult lefelé.

„**Das sind sehr gute Hunde**", **sagte François stolz zu Perrault.**
„Nagyon jó kutyák" – mondta François büszkén Perrault-nak.
„**Dieser Buck zieht wie der Teufel – ich bringe ihm das so schnell bei, wie ich nur kann."**
„Ez a Buck iszonyatosan jól húz – én gyorsan megtanítom."

Später am Tag kam Perrault mit zwei weiteren Huskys zurück.
Később aznap Perrault még két husky kutyával tért vissza.
Ihre Namen waren Billee und Joe und sie waren Brüder.
Billee és Joe volt a nevük, és testvérek voltak.
Sie stammten von derselben Mutter, waren sich aber überhaupt nicht ähnlich.
Ugyanattól az anyától származtak, de egyáltalán nem voltak hasonlóak.
Billee war gutmütig und zu allen sehr freundlich.
Billee kedves természetű és túlságosan barátságos volt mindenkivel.
Joe war das Gegenteil – ruhig, wütend und immer am Knurren.
Joe az ellentéte volt – csendes, dühös és mindig vicsorgó.
Buck begrüßte sie freundlich und blieb beiden gegenüber ruhig.
Buck barátságosan üdvözölte őket, és nyugodt volt mindkettőjükkel.
Dave schenkte ihnen keine Beachtung und blieb wie üblich still.
Dave nem figyelt rájuk, és szokásához híven csendben maradt.
Um seine Dominanz zu demonstrieren, griff Spitz zuerst Billee und dann Joe an.
Spitz először Billee-t, majd Joe-t támadta meg, hogy megmutassa dominanciáját.
Billee wedelte mit dem Schwanz und versuchte, freundlich zu Spitz zu sein.
Billee csóválta a farkát, és megpróbált barátságos lenni Spitzhez.

Als das nicht funktionierte, versuchte er stattdessen wegzulaufen.
Amikor ez nem sikerült, inkább megpróbált elmenekülni.
Er weinte traurig, als Spitz ihn fest in die Seite biss.
Szomorúan sírt, amikor Spitz erősen megharapta az oldalát.
Aber Joe war ganz anders und ließ sich nicht einschüchtern.
De Joe egészen más volt, és nem hagyta magát zaklatni.
Jedes Mal, wenn Spitz näher kam, drehte sich Joe schnell um, um ihm in die Augen zu sehen.
Valahányszor Spitz a közelébe ért, Joe gyorsan megfordult, hogy szembenézzen vele.
Sein Fell sträubte sich, seine Lippen kräuselten sich und seine Zähne schnappten wild.
Felborzolta a bundáját, felkunkorodott az ajka, és vadul csattogtak a fogai.
Joes Augen glänzten vor Angst und Wut und forderten Spitz heraus, zuzuschlagen.
Joe szeme félelemtől és dühtől csillogott, ahogy Spitzet lecsapásra sürgette.
Spitz gab den Kampf auf und wandte sich gedemütigt und wütend ab.
Spitz feladta a harcot, és megalázva, dühösen elfordult.
Er ließ seine Frustration an dem armen Billee aus und jagte ihn davon.
Szegény Billee-n vezette le a dühét, és elkergette.
An diesem Abend fügte Perrault dem Team einen weiteren Hund hinzu.
Azon az estén Perrault még egy kutyával bővítette a csapatot.
Dieser Hund war alt, mager und mit Kampfnarben übersät.
Ez a kutya öreg, sovány volt, és harci sebek borították.
Eines seiner Augen fehlte, doch das andere blitzte kraftvoll auf.
Az egyik szeme hiányzott, de a másik erőtől csillogott.
Der neue Hund hieß Solleks, was „der Wütende" bedeutet.
Az új kutya neve Solleks volt, ami a Mérges Embert jelentette.
Wie Dave verlangte Solleks nichts von anderen und gab nichts zurück.

Dave-hez hasonlóan Solleks sem kért semmit másoktól, és semmit sem adott cserébe.

Als Solleks langsam ins Lager ging, blieb sogar Spitz fern.
Amikor Solleks lassan bevonult a táborba, még Spitz is távol maradt.

Er hatte eine seltsame Angewohnheit, die Buck unglücklicherweise entdeckte.
Volt egy furcsa szokása, amit Buck balszerencséjére felfedezett.

Solleks hasste es, von der Seite angesprochen zu werden, auf der er blind war.
Solleks utálta, ha arról az oldalról közelítették meg, ahol vak volt.

Buck wusste das nicht und machte diesen Fehler versehentlich.
Buck ezt nem tudta, és véletlenül követte el ezt a hibát.

Solleks wirbelte herum und versetzte Buck einen schnellen, tiefen Schlag auf die Schulter.
Solleks megpördült, és mélyen, gyorsan megvágta Buck vállát.

Von diesem Moment an kam Buck nie wieder in die Nähe von Solleks' blinder Seite.
Attól a pillanattól kezdve Buck soha többé nem került Solleks szem elől.

Für den Rest ihrer gemeinsamen Zeit gab es nie wieder Probleme.
Az együtt töltött idejük hátralévő részében soha többé nem volt bajuk.

Solleks wollte nur in Ruhe gelassen werden, wie der ruhige Dave.
Solleks csak arra vágyott, hogy békén hagyják, mint a csendes Dave.

Doch Buck erfuhr später, dass jeder von ihnen ein anderes geheimes Ziel hatte.
De Buck később megtudta, hogy mindkettőjüknek volt egy másik titkos célja is.

In dieser Nacht stand Buck vor einer neuen und beunruhigenden Herausforderung: Wie sollte er schlafen?

Azon az éjszakán Buck egy új és nyugtalanító kihívással nézett szembe – hogyan aludjon el.
Das Zelt leuchtete warm im Kerzenlicht auf dem schneebedeckten Feld.
A sátor melegen világított a gyertyafényben a havas mezőn.
Buck ging hinein und dachte, er könnte sich dort wie zuvor ausruhen.
Buck belépett, és arra gondolt, hogy ott is ugyanúgy kipihenheti magát, mint azelőtt.
Aber Perrault und François schrien ihn an und warfen Pfannen.
De Perrault és François ráordítottak és serpenyőket dobáltak.
Schockiert und verwirrt rannte Buck in die eisige Kälte hinaus.
Buck megdöbbenve és zavartan kirohant a dermesztő hidegbe.
Ein bitterkalter Wind stach ihm in die verletzte Schulter und ließ seine Pfoten erfrieren.
Keserű szél csípte sebesült vállát és megdermedtették a mancsait.
Er legte sich in den Schnee und versuchte, im Freien zu schlafen.
Lefeküdt a hóba, és megpróbált kint aludni a szabadban.
Doch die Kälte zwang ihn bald, heftig zitternd wieder aufzustehen.
De a hideg hamarosan arra kényszerítette, hogy felkeljen, és erősen remegett.
Er wanderte durch das Lager und versuchte, ein wärmeres Plätzchen zu finden.
Átbotorkált a táboron, melegebb helyet keresve.
Aber jede Ecke war genauso kalt wie die vorherige.
De minden sarok ugyanolyan hideg volt, mint az előző.
Manchmal sprangen ihn wilde Hunde aus der Dunkelheit an.
Néha vad kutyák ugrottak rá a sötétségből.
Buck sträubte sein Fell, fletschte die Zähne und knurrte warnend.

Buck felborzolta a bundáját, kivillantotta a fogát, és figyelmeztetően vicsorgott.
Er lernte schnell und die anderen Hunde zogen sich schnell zurück.
Gyorsan tanult, a többi kutya pedig gyorsan hátrált.
Trotzdem hatte er keinen Platz zum Schlafen und keine Ahnung, was er tun sollte.
Mégis, nem volt hol aludnia, és fogalma sem volt, mitévő legyen.
Endlich kam ihm ein Gedanke: Er sollte nach seinen Teamkollegen sehen.
Végre eszébe jutott egy gondolat – megnézni, hogy vannak-e a csapattársai.
Er kehrte in ihre Gegend zurück und war überrascht, dass sie verschwunden waren.
Visszatért a környékükre, és meglepődve látta, hogy eltűntek.
Erneut durchsuchte er das Lager, konnte sie jedoch immer noch nicht finden.
Újra átkutatta a tábort, de még mindig nem találta őket.
Er wusste, dass sie nicht im Zelt sein durften, sonst wäre er auch dort gewesen.
Tudta, hogy nem lehetnek a sátorban, különben ő is ott lenne.
Wo also waren all die Hunde in diesem eisigen Lager geblieben?
Hová tűntek a kutyák ebben a fagyos táborban?
Buck, kalt und elend, umrundete langsam das Zelt.
Buck, fázva és nyomorultan, lassan körözött a sátor körül.
Plötzlich sanken seine Vorderbeine in den weichen Schnee und er erschrak.
Hirtelen mellső lábai a puha hóba süllyedtek, és megijesztették.
Etwas zappelte unter seinen Füßen und er sprang ängstlich zurück.
Valami megmozdult a lába alatt, és ijedtében hátraugrott.
Er knurrte und fauchte, ohne zu wissen, was sich unter dem Schnee verbarg.
Morgott és vicsorgott, fogalma sem volt, mi rejlik a hó alatt.

Dann hörte er ein freundliches kleines Bellen, das seine Angst linderte.
Aztán egy barátságos kis ugatást hallott, ami enyhítette a félelmét.
Er schnüffelte in der Luft und kam näher, um zu sehen, was verborgen war.
Beleszimatolt a levegőbe, és közelebb jött, hogy lássa, mi rejtőzik.
Unter dem Schnee lag, zu einer warmen Kugel zusammengerollt, der kleine Billee.
A hó alatt, meleg gombóccá összegömbölyödve feküdt a kis Billee.
Billee wedelte mit dem Schwanz und leckte Bucks Gesicht zur Begrüßung.
Billee farkcsóválva megnyalta Buck arcát, hogy üdvözölje.
Buck sah, wie Billee im Schnee einen Schlafplatz gebaut hatte.
Buck látta, hogyan készített Billee magának alvóhelyet a hóban.
Er hatte sich eingegraben und nutzte seine eigene Wärme, um sich warm zu halten.
Leásta magát, és a saját hőjét használta fel melegen.
Buck hatte eine weitere Lektion gelernt – so schliefen die Hunde.
Buck egy újabb leckét tanult meg – így aludtak a kutyák.
Er suchte sich eine Stelle aus und begann, sein eigenes Loch in den Schnee zu graben.
Kiválasztott egy helyet, és elkezdte ásni a saját gödrét a hóban.
Anfangs bewegte er sich zu viel und verschwendete Energie.
Először túl sokat mozgott, és ezzel energiát pazarolt.
Doch bald erwärmte sein Körper den Raum und er fühlte sich sicher.
De hamarosan a teste felmelegítette a teret, és biztonságban érezte magát.
Er rollte sich fest zusammen und schlief bald fest.
Szorosan összegömbölyödött, és nemsokára mélyen elaludt.
Der Tag war lang und hart gewesen und Buck war erschöpft.

Hosszú és nehéz nap volt, Buck pedig kimerült.
Er schlief tief und fest, obwohl seine Träume wild waren.
Mélyen és kényelmesen aludt, bár álmai vadul teltek voltak.
Er knurrte und bellte im Schlaf und wand sich im Traum.
Morgott és ugatott álmában, fészkelődve álmodás közben.

Buck wachte erst auf, als im Lager bereits Leben erwachte.
Buck csak akkor ébredt fel, amikor a tábor már életre kelt.
Zuerst wusste er nicht, wo er war oder was passiert war.
Először azt sem tudta, hol van, vagy mi történt.
Über Nacht war Schnee gefallen und hatte seinen Körper vollständig begraben.
Az éjszaka folyamán hó esett, és teljesen eltemette a testét.
Der Schnee umgab ihn von allen Seiten dicht.
A hó minden oldalról szorosan körülvette.
Plötzlich durchfuhr eine Welle der Angst Bucks ganzen Körper.
Hirtelen félelemhullám söpört végig Buck egész testén.
Es war die Angst, gefangen zu sein, eine Angst aus tiefen Instinkten.
A csapdába eséstől való félelem volt, mélyen gyökerező ösztönökből fakadó félelem.
Obwohl er noch nie eine Falle gesehen hatte, lebte die Angst in ihm.
Bár még soha nem látott csapdát, a félelem benne élt.
Er war ein zahmer Hund, aber jetzt erwachten seine alten wilden Instinkte.
Szelíd kutya volt, de most régi, vad ösztönei kezdtek felébredni.
Bucks Muskeln spannten sich an und sein Fell stellte sich auf seinem ganzen Rücken auf.
Buck izmai megfeszültek, és a hátán felállt a szőre.
Er knurrte wild und sprang senkrecht durch den Schnee nach oben.
Vadul felvicsorgott, és egyenesen felugrott a hóba.
Als er ins Tageslicht trat, flog Schnee in alle Richtungen.
Hó repült minden irányba, ahogy kitört a napfényre.

Schon vor der Landung sah Buck das Lager vor sich ausgebreitet.
Még a partraszállás előtt Buck látta maga előtt a szétterülő tábort.
Er erinnerte sich auf einmal an alles vom Vortag.
Egyszerre mindenre emlékezett az előző napról.
Er erinnerte sich daran, wie er mit Manuel spazieren gegangen war und an diesem Ort gelandet war.
Emlékezett rá, ahogy Manuellel sétáltunk, és végül itt kötöttünk ki.
Er erinnerte sich daran, wie er das Loch gegraben hatte und in der Kälte eingeschlafen war.
Emlékezett rá, hogy megásta a gödröt, és elaludt a hidegben.
Jetzt war er wach und die wilde Welt um ihn herum war klar.
Most már ébren volt, és a körülötte lévő vad világ tiszta volt.
Ein Ruf von François begrüßte Bucks plötzliches Auftauchen.
François kiáltása üdvözölte Buck hirtelen megjelenését.
„Was habe ich gesagt?", rief der Hundeführer Perrault laut zu.
– Mit mondtam? – kiáltotta hangosan Perrault-nak a kutyahajcsár.
„Dieser Buck lernt wirklich sehr schnell", fügte François hinzu.
„Az a Buck tényleg gyorsan tanul, mint bármi más" – tette hozzá François.
Perrault nickte ernst und war offensichtlich mit dem Ergebnis zufrieden.
Perrault komolyan bólintott, láthatóan elégedett volt az eredménnyel.
Als Kurier für die kanadische Regierung beförderte er Depeschen.
A kanadai kormány futárjaként küldeményeket kézbesített.
Er war bestrebt, die besten Hunde für seine wichtige Mission zu finden.

Alig várta, hogy megtalálja a legjobb kutyákat fontos küldetéséhez.
Er war besonders erfreut, dass Buck nun Teil des Teams war.
Különösen örült most, hogy Buck a csapat tagja lett.
Innerhalb einer Stunde kamen drei weitere Huskies zum Team hinzu.
Egy órán belül további három husky került a csapatba.
Damit betrug die Gesamtzahl der Hunde im Team neun.
Ezzel a csapatban lévő kutyák teljes száma kilencre emelkedett.
Innerhalb von fünfzehn Minuten lagen alle Hunde im Geschirr.
Tizenöt percen belül az összes kutya a hámjában volt.
Das Schlittenteam schwang sich den Weg hinauf in Richtung Dyea Cañon.
A szánkócsapat Dyea Cañon felé döcögött felfelé az ösvényen.
Buck war froh, gehen zu können, auch wenn die Arbeit, die vor ihm lag, hart war.
Buck örült, hogy elmehet, még ha nehéz is volt a munka.
Er stellte fest, dass er weder die Arbeit noch die Kälte besonders verabscheute.
Rájött, hogy nem utálta különösebben a munkát vagy a hideget.
Er war überrascht von der Begeisterung, die das gesamte Team erfüllte.
Meglepte a lelkesedés, ami az egész csapatot eltöltötte.
Noch überraschender war die Veränderung, die bei Dave und Solleks vor sich ging.
Még meglepőbb volt a változás, ami Dave-vel és Solleksszel történt.
Diese beiden Hunde waren völlig unterschiedlich, als sie ein Geschirr trugen.
Ez a két kutya teljesen más volt, amikor befogták őket.
Ihre Passivität und Sorglosigkeit waren völlig verschwunden.
Passzivitásuk és közönyük teljesen eltűnt.

Sie waren aufmerksam und aktiv und bestrebt, ihre Arbeit gut zu machen.
Éberek és aktívak voltak, és igyekeztek jól elvégezni a munkájukat.
Sie reagierten äußerst verärgert über alles, was zu Verzögerungen oder Verwirrung führte.
Hevesen ingerültek lettek bármitől, ami késedelmet vagy zavart okozott.
Die harte Arbeit an den Zügeln stand im Mittelpunkt ihres gesamten Wesens.
A gyeplőn végzett kemény munka volt egész lényük középpontjában.
Das Schlittenziehen schien das Einzige zu sein, was ihnen wirklich Spaß machte.
Úgy tűnt, a szánhúzás az egyetlen dolog, amit igazán élveztek.
Dave war am Ende der Gruppe und dem Schlitten am nächsten.
Dave a csoport hátulján volt, legközelebb magához a szánhoz.
Buck landete vor Dave und Solleks zog an Buck vorbei.
Buckot Dave elé ültették, Solleks pedig Buck elé húzott.
Die übrigen Hunde liefen in einer Reihe vorn.
A többi kutya egyetlen sort alkotva terelődött előre.
Die Führungsposition an der Spitze besetzte Spitz.
Az élvonalban a vezető pozíciót Spitz töltötte be.
Buck war zur Einweisung zwischen Dave und Solleks platziert worden.
Buckot Dave és Solleks közé helyezték oktatás céljából.
Er lernte schnell und sie waren strenge und fähige Lehrer.
Gyorsan tanult, a tanárok pedig határozottak és rátermettek voltak.
Sie ließen nie zu, dass Buck lange im Irrtum blieb.
Soha nem engedték, hogy Buck sokáig tévedésben maradjon.
Sie erteilten ihre Lektionen, wenn nötig, mit scharfen Zähnen.
Éles fogakkal tanították a leckéiket, ha kellett.
Dave war fair und zeigte eine ruhige, ernste Art von Weisheit.

Dave igazságos volt, és csendes, komoly bölcsességről tanúskodott.
Er hat Buck nie ohne guten Grund gebissen.
Soha nem harapta meg Buckot alapos ok nélkül.
Aber er hat es nie versäumt, zuzubeißen, wenn Buck eine Korrektur brauchte.
De sosem mulasztotta el a harapást, amikor Bucknak helyreigazításra volt szüksége.
François' Peitsche war immer bereit und untermauerte ihre Autorität.
François ostora mindig készen állt, és alátámasztotta tekintélyüket.
Buck merkte bald, dass es besser war zu gehorchen, als sich zu wehren.
Buck hamarosan rájött, hogy jobb engedelmeskedni, mint visszatámadni.
Einmal verhedderte sich Buck während einer kurzen Pause in den Zügeln.
Egyszer, egy rövid pihenő alatt, Buck beleakadt a gyeplőbe.
Er verzögerte den Start und brachte die Bewegungen des Teams durcheinander.
Késleltette a kezdést és összezavarta a csapat mozgását.
Dave und Solleks stürzten sich auf ihn und verprügelten ihn brutal.
Dave és Solleks rárontottak, és durván megverték.
Das Gewirr wurde nur noch schlimmer, aber Buck lernte seine Lektion.
A gubanc csak rosszabb lett, de Buck jól megtanulta a leckét.
Von da an hielt er die Zügel straff und arbeitete vorsichtig.
Ettől kezdve feszesen tartotta a gyeplőt, és óvatosan dolgozott.
Bevor der Tag zu Ende war, hatte Buck einen Großteil seiner Aufgabe gemeistert.
Mire a nap véget ért, Buck már nagyrészt elsajátította a feladatát.
Seine Teamkollegen hörten fast auf, ihn zu korrigieren oder zu beißen.

A csapattársai szinte abbahagyták a firtatását vagy a harapdálását.

François' Peitsche knallte immer seltener durch die Luft.

François ostora egyre ritkábban csattant a levegőben.

Perrault hob sogar Bucks Füße an und untersuchte sorgfältig jede Pfote.

Perrault még Buck lábait is felemelte, és gondosan megvizsgálta mindegyik mancsot.

Es war ein harter Tageslauf gewesen, lang und anstrengend für alle.

Kemény, hosszú és kimerítő futásnap volt ez mindannyiuk számára.

Sie reisten den Cañon hinauf, durch Sheep Camp und an den Scales vorbei.

Felmentek a Cañonon, át Sheep Campen, és elhaladtak a Scales-hegység mellett.

Sie überquerten die Baumgrenze, dann Gletscher und meterhohe Schneeverwehungen.

Átlépték az erdőhatárt, majd gleccsereket és több méter mély hótorlaszokat.

Sie erklommen die große, kalte und unwirtliche Chilkoot-Wasserscheide.

Megmászták a nagy hideget és a félelmetes Chilkoot-hágót.

Dieser hohe Bergrücken lag zwischen Salzwasser und dem gefrorenen Landesinneren.

Az a magas gerinc a sós víz és a fagyott belső tér között állt.

Die Berge bewachten den traurigen und einsamen Norden mit Eis und steilen Anstiegen.

A hegyek jéggel és meredek emelkedőkkel őrizték a szomorú és magányos Északot.

Sie kamen gut voran und erreichten eine lange Kette von Seen unterhalb der Wasserscheide.

Jól haladtak lefelé a vízválasztó alatti hosszú tóláncon.

Diese Seen füllten die alten Krater erloschener Vulkane.

Ezek a tavak kialudt vulkánok ősi krátereit töltötték meg.

Spät in der Nacht erreichten sie ein großes Lager am Lake Bennett.

Késő este elérték a Bennett-tónál lévő nagy tábort.
Tausende Goldsucher waren dort und bauten Boote für den Frühling.
Több ezer aranyásó volt ott, csónakokat építettek a tavaszra.
Das Eis würde bald aufbrechen und sie mussten bereit sein.
A jég hamarosan felszakadozott, és készen kellett állniuk.
Buck grub sein Loch in den Schnee und fiel in einen tiefen Schlaf.
Buck ásta a gödröt a hóban, és mély álomba zuhant.
Er schlief wie ein Arbeiter, erschöpft von einem harten Arbeitstag.
Úgy aludt, mint egy munkásember, kimerülten a kemény munkanaptól.
Doch zu früh wurde er in der Dunkelheit aus dem Schlaf gerissen.
De túl korán a sötétben, felrángatták álmából.
Er wurde wieder mit seinen Kumpels angeschirrt und vor den Schlitten gespannt.
Újra befogták a társaival, és a szánhoz erősítették.
An diesem Tag legten sie sechzig Kilometer zurück, weil der Schnee festgetreten war.
Azon a napon negyven mérföldet tettek meg, mivel a hó alaposan le volt taposva.
Am nächsten Tag und noch viele Tage danach war der Schnee weich.
Másnap, és még sok-sok azután is, a hó puha volt.
Sie mussten den Weg selbst bahnen, härter arbeiten und langsamer vorankommen.
Maguknak kellett megtenniük az utat, keményebben dolgozva és lassabban haladva.
Normalerweise ging Perrault mit Schwimmhäuten an den Schneeschuhen vor dem Team her.
Perrault általában úszóhártyás hótalpakkal haladt a csapat előtt.
Seine Schritte verdichteten den Schnee und erleichterten so die Fortbewegung des Schlittens.

Léptei belenyomták a havat, megkönnyítve ezzel a szán mozgását.

François, der vom Steuerstand aus steuerte, übernahm manchmal die Kontrolle.

François, aki a gearboomról kormányzott, néha átvette az irányítást.

Aber es kam selten vor, dass François die Führung übernahm

De ritkán fordult elő, hogy François átvette a vezetést.

weil Perrault es eilig hatte, die Briefe und Pakete auszuliefern.

mert Perrault sietett a levelek és csomagok kézbesítésével.

Perrault war stolz auf sein Wissen über Schnee und insbesondere Eis.

Perrault büszke volt a hóval, és különösen a jéggel kapcsolatos ismereteire.

Dieses Wissen war von entscheidender Bedeutung, da das Eis im Herbst gefährlich dünn war.

Ez a tudás elengedhetetlen volt, mivel az őszi jég veszélyesen vékony volt.

Wo das Wasser unter der Oberfläche schnell floss, gab es überhaupt kein Eis.

Ahol a víz gyorsan áramlott a felszín alatt, ott egyáltalán nem volt jég.

Tag für Tag wiederholte sich endlos die gleiche Routine.

Napról napra ugyanaz a rutin ismétlődött vég nélkül.

Buck arbeitete unermüdlich von morgens bis abends in den Zügeln.

Buck hajnaltól estig szüntelenül gürcölt a gyeplőben.

Sie verließen das Lager im Dunkeln, lange bevor die Sonne aufgegangen war.

Sötétben hagyták el a tábort, jóval napkelte előtt.

Als es Tag wurde, hatten sie bereits viele Kilometer zurückgelegt.

Mire megvirradt, már sok kilométert maguk mögött hagytak.

Sie schlugen ihr Lager nach Einbruch der Dunkelheit auf, aßen Fisch und gruben sich in den Schnee ein.
Sötétedés után vertek tábort, halat ettek és a hóba ásták magukat.
Buck war immer hungrig und mit seiner Ration nie wirklich zufrieden.
Buck mindig éhes volt, és soha nem volt igazán elégedett az adagjával.
Er erhielt jeden Tag anderthalb Pfund getrockneten Lachs.
Naponta másfél font szárított lazacot kapott.
Doch das Essen schien in ihm zu verschwinden und ließ den Hunger zurück.
De az étel mintha eltűnt volna belőle, hátrahagyva az éhséget.
Er litt unter ständigem Hunger und träumte von mehr Essen.
Állandó éhség gyötörte, és arról álmodozott, hogy több ételt kap.
Die anderen Hunde haben nur ein Pfund abgenommen, sind aber stark geblieben.
A többi kutya csak egy fontnyi ételt kapott, de erősek maradtak.
Sie waren kleiner und in das Leben im Norden hineingeboren.
Kisebbek voltak, és az északi életbe születtek.
Er verlor rasch die Sorgfalt, die sein früheres Leben geprägt hatte.
Gyorsan elvesztette azt a finnyásságot, ami régi életét jellemezte.
Er war ein gieriger Esser gewesen, aber jetzt war das nicht mehr möglich.
Régen ínycsiklandó evő volt, de most ez már nem volt lehetséges.
Seine Kameraden waren zuerst fertig und raubten ihm seine noch nicht aufgegessene Ration.
A társai végeztek először, és elrabolták a megmaradt adagját.
Als sie einmal damit anfingen, gab es keine Möglichkeit mehr, sein Essen vor ihnen zu verteidigen.
Miután elkezdték, nem volt módja megvédeni az ételét tőlük.

Während er zwei oder drei Hunde abwehrte, stahlen die anderen den Rest.
Míg ő két-három kutyát elűzött, a többiek ellopták a többit.
Um dies zu beheben, begann er, so schnell zu essen wie die anderen.
Hogy ezt helyrehozza, olyan gyorsan kezdett enni, mint a többiek.
Der Hunger trieb ihn so sehr an, dass er sogar Essen zu sich nahm, das ihm nicht gehörte.
Az éhség annyira hajtotta, hogy még a saját ételét is elfogyasztotta.
Er beobachtete die anderen und lernte schnell aus ihren Handlungen.
Figyelte a többieket, és gyorsan tanult a tetteikből.
Er sah, wie Pike, ein neuer Hund, Perrault eine Scheibe Speck stahl.
Látta, ahogy Pike, az új kutya, ellop egy szelet szalonnát Perrault-tól.
Pike hatte gewartet, bis Perrault sich umdrehte, um den Speck zu stehlen.
Pike megvárta, amíg Perrault hátat fordít, hogy ellopja a szalonnát.
Am nächsten Tag machte Buck es Pike nach und stahl das ganze Stück.
Másnap Buck lemásolta Pike-ot, és ellopta az egészet.
Es folgte ein großer Aufruhr, doch Buck wurde nicht verdächtigt.
Nagy felfordulás támadt, de Buckot senki sem gyanúsította.
Stattdessen wurde Dub bestraft, ein tollpatschiger Hund, der immer erwischt wurde.
Ehelyett Dubot, az ügyetlen kutyát büntették meg, akit mindig elkaptak.
Dieser erste Diebstahl machte Buck zu einem Hund, der in der Lage war, im Norden zu überleben.
Az első lopás Buckot olyan kutyává tette, aki képes túlélni az északi vidéket.

Er zeigte, dass er sich an neue Bedingungen anpassen und schnell lernen konnte.
Megmutatta, hogy gyorsan tud alkalmazkodni az új körülményekhez és tanul.
Ohne diese Anpassungsfähigkeit wäre er schnell und auf schlimme Weise gestorben.
Ilyen alkalmazkodóképesség nélkül gyorsan és rosszul halt volna meg.
Es markierte auch den Zusammenbruch seiner moralischen Natur und seiner früheren Werte.
Ez erkölcsi természetének és múltbeli értékeinek összeomlását is jelentette.
Im Südland hatte er nach dem Gesetz der Liebe und Güte gelebt.
Délvidéken a szeretet és a kedvesség törvénye szerint élt.
Dort war es sinnvoll, Eigentum und die Gefühle anderer Hunde zu respektieren.
Ott volt értelme tiszteletben tartani a tulajdont és más kutyák érzéseit.
Aber das Nordland befolgte das Gesetz der Keule und das Gesetz der Reißzähne.
De Északföld a bunkó és az agyar törvényét követte.
Wer hier alte Werte respektierte, war dumm und würde scheitern.
Aki itt a régi értékeket tisztelte, az ostoba volt, és el fog bukni.
Buck hat das alles nicht durchdacht.
Buck mindezt nem gondolta végig magában.
Er war fit und passte sich daher an, ohne darüber nachdenken zu müssen.
Fitt volt, így gondolkodás nélkül alkalmazkodott.
Sein ganzes Leben lang war er noch nie vor einem Kampf davongelaufen.
Egész életében soha nem futott el harc elől.
Doch die Holzkeule des Mannes im roten Pullover änderte diese Regel.
De a piros pulóveres férfi fa bunkója megváltoztatta ezt a szabályt.

Jetzt folgte er einem tieferen, älteren Code, der in sein Wesen eingeschrieben war.
Most egy mélyebb, régebbi, a lényébe bevésődött kódot követett.
Er stahl nicht aus Vergnügen, sondern aus Hunger.
Nem élvezetből lopott, hanem az éhség kínjától.
Er raubte nie offen, sondern stahl mit List und Sorgfalt.
Soha nem rabolt nyíltan, hanem ravaszul és körültekintően lopott.
Er handelte aus Respekt vor der Holzkeule und aus Angst vor dem Fangzahn.
A fabáb iránti tiszteletből és az agyartól való félelemből cselekedett.
Kurz gesagt, er hat das getan, was einfacher und sicherer war, als es nicht zu tun.
Röviden, azt tette, ami könnyebb és biztonságosabb volt, mint a meg nem tétele.
Seine Entwicklung – oder vielleicht seine Rückkehr zu alten Instinkten – verlief schnell.
A fejlődése – vagy talán a régi ösztöneihez való visszatérése – gyors volt.
Seine Muskeln verhärteten sich, bis sie sich stark wie Eisen anfühlten.
Izmai addig keményedtek, amíg olyan erősnek nem érezték magukat, mint a vas.
Schmerzen machten ihm nichts mehr aus, es sei denn, sie waren ernst.
Már nem törődött a fájdalommal, kivéve, ha komoly volt.
Er wurde durch und durch effizient und verschwendete überhaupt nichts.
Kívül-belül hatékony lett, semmit sem pazarolt.
Er konnte Dinge essen, die scheußlich, verdorben oder schwer verdaulich waren.
Képes volt undorító, romlott vagy nehezen emészthető dolgokat enni.
Was auch immer er aß, sein Magen verbrauchte das letzte bisschen davon.

Bármit is evett, a gyomra az utolsó morzsáig felhasználta.
Sein Blut transportierte die Nährstoffe weit durch seinen kräftigen Körper.
Vére messzire szállította a tápanyagokat erős testében.
Dadurch baute er starkes Gewebe auf, das ihm eine unglaubliche Ausdauer verlieh.
Ez erős szöveteket épített ki, amelyek hihetetlen kitartást biztosítottak számára.
Sein Seh- und Geruchssinn wurden viel feiner als zuvor.
A látása és a szaglása sokkal érzékenyebbé vált, mint korábban.
Sein Gehör wurde so scharf, dass er im Schlaf leise Geräusche wahrnehmen konnte.
A hallása annyira kiélesedett, hogy álmában is halvány hangokat tudott hallani.
In seinen Träumen wusste er, ob die Geräusche Sicherheit oder Gefahr bedeuteten.
Álmaiban tudta, hogy a hangok biztonságot vagy veszélyt jelentenek.
Er lernte, mit den Zähnen auf das Eis zwischen seinen Zehen zu beißen.
Megtanulta, hogyan harapja a fogaival a jégbe a lábujjai között.
Wenn ein Wasserloch zufror, brach er das Eis mit seinen Beinen.
Ha egy itatóhely befagyott, a lábaival törte fel a jeget.
Er bäumte sich auf und schlug mit seinen steifen Vorderbeinen hart auf das Eis.
Felágaskodott, és merev mellső lábaival keményen a jégre csapódott.
Seine bemerkenswerteste Fähigkeit war die Vorhersage von Windänderungen über Nacht.
Legfeltűnőbb képessége az éjszakai szélváltozások előrejelzése volt.
Selbst bei Windstille suchte er sich windgeschützte Stellen aus.
Még szélcsendben is szélvédett helyeket választott.

Wo auch immer er sein Nest grub, der Wind des nächsten Tages strich an ihm vorbei.
Ahol fészket ásott, a másnapi szél elsuhant mellette.
Er landete immer gemütlich und geschützt, in Lee der Brise.
Mindig kényelmesen és védve feküdt, a szellő elől védve.
Buck hat nicht nur durch Erfahrung gelernt – auch seine Instinkte sind zurückgekehrt.
Buck nemcsak tapasztalatból tanult – az ösztönei is visszatértek.
Die Gewohnheiten der domestizierten Generationen begannen zu verschwinden.
A megszelídített generációk szokásai elkezdtek hanyatlani.
Er erinnerte sich vage an die alten Zeiten seiner Rasse.
Homályosan emlékezett fajtája ősi időire.
Er dachte an die Zeit zurück, als wilde Hunde in Rudeln durch die Wälder rannten.
Visszagondolt azokra az időkre, amikor a vadkutyák falkákban szaladgáltak az erdőkben.
Sie hatten ihre Beute gejagt und getötet, während sie sie verfolgten.
Üldözték és megölték prédájukat, miközben lefuttatták.
Buck lernte leicht, mit Biss und Schnelligkeit zu kämpfen.
Bucknak könnyű volt megtanulnia, hogyan kell foggal és gyorsan harcolni.
Er verwendete Schnitte, Hiebe und schnelle Schnappschüsse, genau wie seine Vorfahren.
Vágásokat, vágásokat és gyors csettintéseket használt, akárcsak ősei.
Diese Vorfahren regten sich in ihm und erweckten seine wilde Natur.
Azok az ősök megmozdultak benne, és felébresztették vad természetét.
Ihre alten Fähigkeiten waren ihm durch die Blutlinie vererbt worden.
Régi képességeik vérvonalon keresztül öröklődtek át rá.
Ihre Tricks gehörten ihm nun, ohne dass er üben oder sich anstrengen musste.

A trükkjeik most már az övéi voltak, gyakorlás vagy erőfeszítés nélkül.

In stillen, kalten Nächten hob Buck die Nase und heulte.
Csendes, hideg éjszakákon Buck felemelte az orrát és vonyított.
Er heulte lang und tief, so wie es die Wölfe vor langer Zeit getan hatten.
Hosszan és mélyen vonyított, ahogy a farkasok tették régesrégen.
Durch ihn streckten seine toten Vorfahren ihre Nasen und heulten.
Rajta keresztül halott ősei orrukat hegyezve üvöltöttek.
Sie heulten durch die Jahrhunderte mit seiner Stimme und Gestalt.
Hangján és alakján keresztül üvöltöttek lefelé az évszázadokon.
Seine Kadenzen waren ihre, alte Schreie, die von Kummer und Kälte erzählten.
A hangja az övék volt, régi kiáltások, melyek a bánatról és a hidegről árulkodtak.
Sie sangen von Dunkelheit, Hunger und der Bedeutung des Winters.
A sötétségről, az éhségről és a tél jelentéséről énekeltek.
Buck bewies, wie das Leben von Kräften jenseits des eigenen Ichs geprägt wird.
Buck bebizonyította, hogy az életet rajtunk kívül álló erők alakítják,
Das uralte Lied stieg durch Buck auf und ergriff seine Seele.
Az ősi dal felszállt Buckból, és megragadta a lelkét.
Er fand sich selbst, weil Menschen im Norden Gold gefunden hatten.
Azért találta meg önmagát, mert az emberek aranyat találtak Északon.
Und er fand sich selbst, weil Manuel, der Gärtnergehilfe, Geld brauchte.

És azért találta magát, mert Manuelnek, a kertész segédjének, pénzre volt szüksége.

Das dominante Urtier
Az uralkodó ősállat

In Buck war das dominante Urtier so stark wie eh und je.
A domináns ősállat Buckban ugyanolyan erős volt, mint valaha.
Doch das dominante Urtier hatte in ihm geschlummert.
De az uralkodó ősállat szunnyadt benne.
Das Leben auf dem Trail war hart, aber es stärkte das Tier in Buck.
Az ösvényen töltött élet kemény volt, de megerősítette Buckban a benne rejlő vadállatot.
Insgeheim wurde das Biest von Tag zu Tag stärker.
Titokban a szörnyeteg minden egyes nappal erősebb és erősebb lett.
Doch dieses innere Wachstum blieb der Außenwelt verborgen.
De ez a belső fejlődés rejtve maradt a külvilág számára.
In Buck baute sich eine stille und ruhige Urkraft auf.
Egy csendes és nyugodt, ősi erő épült Buckban.
Neue Gerissenheit verlieh Buck Gleichgewicht, Ruhe und Selbstbeherrschung.
Az új ravaszság egyensúlyt, nyugodt önuralom és higgadtságot kölcsönzött Bucknak.
Buck konzentrierte sich sehr auf die Anpassung und fühlte sich nie völlig entspannt.
Buck erősen az alkalmazkodásra koncentrált, sosem érezte magát teljesen ellazultnak.
Er ging Konflikten aus dem Weg, fing nie Streit an und suchte auch nie Ärger.

Kerülte a konfliktusokat, soha nem kezdett verekedéseket, és nem kereste a bajt.
Jede Bewegung von Buck war von langsamer, stetiger Nachdenklichkeit geprägt.
Buck minden mozdulatát lassú, de biztos megfontolás jellemezte.
Er vermied überstürzte Entscheidungen und plötzliche, rücksichtslose Entschlüsse.
Kerülte a meggondolatlan döntéseket és a hirtelen, meggondolatlan döntéseket.
Obwohl Buck Spitz zutiefst hasste, zeigte er ihm gegenüber keine Aggression.
Bár Buck mélységesen gyűlölte Spitzet, nem mutatott vele szemben agressziót.
Buck hat Spitz nie provoziert und sein Verhalten zurückhaltend gehalten.
Buck soha nem provokálta Spitzet, és visszafogottan cselekedett.
Spitz hingegen spürte die wachsende Gefahr, die von Buck ausging.
Spitz viszont érezte a Buckban növekvő veszélyt.
Er sah in Buck eine Bedrohung und eine ernsthafte Herausforderung seiner Macht.
Buckot fenyegetésnek és hatalma komoly kihívásának tekintette.
Er nutzte jede Gelegenheit, um zu knurren und seine scharfen Zähne zu zeigen.
Minden alkalmat megragadott, hogy vicsorogjon és megmutassa éles fogait.
Er versuchte, den tödlichen Kampf zu beginnen, der bevorstand.
Megpróbálta megkezdeni a halálos harcot, amelynek el kellett jönnie.
Schon zu Beginn der Reise wäre es beinahe zu einem Streit zwischen ihnen gekommen.
Az út elején majdnem verekedés tört ki közöttük.
Doch ein unerwarteter Unfall verhinderte den Kampf.

Ám egy váratlan baleset megakadályozta a verekedést.
An diesem Abend schlugen sie ihr Lager am bitterkalten Lake Le Barge auf.
Azon az estén tábort vertek a keservesen hideg Le Barge-tavon.
Es schneite heftig und der Wind war schneidend wie ein Messer.
Keményen esett a hó, a szél pedig késként vágott.
Die Nacht war zu schnell hereingebrochen und Dunkelheit umgab sie.
Túl gyorsan leszállt az éjszaka, és sötétség vette körül őket.
Sie hätten sich kaum einen schlechteren Ort zum Ausruhen aussuchen können.
Aligha választhattak volna rosszabb helyet a pihenésre.
Die Hunde suchten verzweifelt nach einem Platz zum Hinlegen.
A kutyák kétségbeesetten kerestek egy helyet, ahol lefeküdhetnek.
Hinter der kleinen Gruppe erhob sich steil eine hohe Felswand.
Egy magas sziklafal emelkedett meredeken a kis csoport mögött.
Das Zelt wurde in Dyea zurückgelassen, um die Last zu erleichtern.
A sátrat Dyeában hagyták, hogy könnyítsenek a terhen.
Ihnen blieb nichts anderes übrig, als das Feuer auf dem Eis selbst zu machen.
Nem volt más választásuk, mint hogy magukon a jégen tüzet gyújtsanak.
Sie breiten ihre Schlafmäntel direkt auf dem zugefrorenen See aus.
Hálóruháikat közvetlenül a befagyott tóra terítették.
Ein paar Stücke Treibholz gaben ihnen ein wenig Feuer.
Néhány uszadékfa-rúd adott nekik egy kis tüzet.
Doch das Feuer wurde auf dem Eis entfacht und taute hindurch.
De a tűz a jégen rakódott, és azon keresztül olvadt el.

Schließlich aßen sie ihr Abendessen im Dunkeln.
Végül sötétben ették meg a vacsorájukat.
Buck rollte sich neben dem Felsen zusammen, geschützt vor dem kalten Wind.
Buck összegömbölyödött a szikla mellett, védve a hideg széltől.
Der Platz war so warm und sicher, dass Buck es hasste, wegzugehen.
A hely olyan meleg és biztonságos volt, hogy Buck nem szívesen mozdult el onnan.
Aber François hatte den Fisch aufgewärmt und verteilte die Rationen.
De François már megmelegítette a halat, és már osztotta az élelmet.
Buck aß schnell fertig und ging zurück in sein Bett.
Buck gyorsan befejezte az evést, és visszafeküdt az ágyába.
Aber Spitz lag jetzt dort, wo Buck sein Bett gemacht hatte.
De Spitz most ott feküdt, ahol Buck megágyazott.
Ein leises Knurren warnte Buck, dass Spitz sich weigerte, sich zu bewegen.
Egy halk vicsorgás figyelmeztette Buckot, hogy Spitz nem hajlandó mozdulni.
Bisher hatte Buck diesen Kampf mit Spitz vermieden.
Buck eddig elkerülte a Spitz-csel vívott harcot.
Doch tief in Bucks Innerem brach das Biest schließlich aus.
De Buck legbelül végre elszabadult a szörnyeteg.
Der Diebstahl seines Schlafplatzes war zu viel für ihn.
A hálóhelyének ellopása túl sok volt ahhoz, hogy elviselje.
Buck stürzte sich voller Wut und Zorn auf Spitz.
Buck dühösen és dühösen Spitzre vetette magát.
Bis jetzt hatte Spitz gedacht, Buck sei bloß ein großer Hund.
Spitz eddig csak egy nagy kutyának gondolta Buckot.
Er glaubte nicht, dass Buck durch seinen Geist überlebt hatte.
Nem gondolta, hogy Buck a szelleme révén élte túl.
Er erwartete Angst und Feigheit, nicht Wut und Rache.
Félelemre és gyávaságra számított, nem dühre és bosszúra.

François starrte die beiden Hunde an, als sie aus dem zerstörten Nest stürmten.
François bámulta, ahogy mindkét kutya előtört a romos fészekből.
Er verstand sofort, was den wilden Kampf ausgelöst hatte.
Azonnal megértette, mi indította el a vad küzdelmet.
„Aa-ah!", rief François, um dem braunen Hund zuzujubeln.
„Ááá!" – kiáltotta François, támogatva a barna kutyát.
„Verprügelt ihn! Bei Gott, bestraft diesen hinterhältigen Dieb!"
„Adj neki egy verést! Istenre, büntesse meg azt a sunyi tolvajt!"
Spitz zeigte gleichermaßen Bereitschaft und wilden Kampfeswillen.
Spitz egyenlő készenlétet és vad harci vágyat mutatott.
Er schrie wütend auf, während er schnell im Kreis kreiste und nach einer Öffnung suchte.
Dühösen felkiáltott, miközben gyorsan körözött, rést keresve.
Buck zeigte den gleichen Kampfeshunger und die gleiche Vorsicht.
Buck ugyanazt a harci vágyat és ugyanazt az óvatosságot mutatta.
Auch er umkreiste seinen Gegner und versuchte, im Kampf die Oberhand zu gewinnen.
Ő is megkerülte ellenfelét, próbálva fölénybe kerülni a csatában.
Dann geschah etwas Unerwartetes und veränderte alles.
Aztán történt valami váratlan, és mindent megváltoztatott.
Dieser Moment verzögerte den letztendlichen Kampf um die Führung.
Ez a pillanat késleltette a vezetésért folytatott végső küzdelmet.
Bis zum Ende warteten noch viele Meilen voller Mühe und Anstrengung.
Még sok kilométernyi út és küzdelem várt a végére.
Perrault stieß einen Fluch aus, als eine Keule auf Knochen schlug.

Perrault egy káromkodást kiáltott, amikor egy bunkó csontnak csapódott.
Es folgte ein scharfer Schmerzensschrei, dann brach überall Chaos aus.
Éles, fájdalmas sikoly következett, majd mindenütt káosz tört ki.
Dunkle Gestalten bewegten sich im Lager; wilde Huskys, ausgehungert und wild.
Sötét alakok mozogtak a táborban; vad, kiéhezett és vadak kutyák.
Vier oder fünf Dutzend Huskys hatten das Lager von weitem erschnüffelt.
Négy-öt tucat husky szaglászott már messziről a tábor körül.
Sie hatten sich leise hineingeschlichen, während die beiden Hunde in der Nähe kämpften.
Csendben lopakodtak be, miközben a két kutya a közelben verekedett.
François und Perrault griffen an und schwangen Knüppel auf die Eindringlinge.
François és Perrault rohamra indultak, botokkal lendítve a támadókat.
Die ausgehungerten Huskies zeigten ihre Zähne und wehrten sich rasend.
Az éhező huskyk kivillantották a fogaikat, és dühösen visszavágtak.
Der Geruch von Fleisch und Brot hatte sie alle Angst vertreiben lassen.
A hús és a kenyér illata minden félelmüktől megfosztotta őket.
Perrault schlug einen Hund, der seinen Kopf in der Fresskiste vergraben hatte.
Perrault megvert egy kutyát, amely a fejét az eleségdobozba dugta.
Der Schlag war hart, die Schachtel kippte um und das Essen quoll heraus.
Az ütés erős volt, a doboz felborult, és étel ömlött ki belőle.
Innerhalb von Sekunden rissen sich zwanzig wilde Tiere über das Brot und das Fleisch her.

Másodpercek alatt egy tucat vadállat tépte szét a kenyeret és a húst.

Die Keulen der Männer landeten Schlag auf Schlag, doch kein Hund ließ nach.

A férfiütők ütésről ütésre érkeztek, de egyetlen kutya sem fordult el.

Sie schrien vor Schmerz, kämpften aber, bis kein Futter mehr übrig war.

Fájdalmukban üvöltöttek, de addig küzdöttek, amíg el nem fogyott az élelmük.

Inzwischen waren die Schlittenhunde aus ihren verschneiten Betten gesprungen.

Eközben a szánhúzó kutyák kiugrottak havas ágyaikból.

Sie wurden sofort von den bösartigen, hungrigen Huskys angegriffen.

Azonnal megtámadták őket a veszett, éhes huskyk.

Buck hatte noch nie zuvor so wilde und ausgehungerte Tiere gesehen.

Buck még soha nem látott ilyen vad és kiéhezett teremtményeket.

Ihre Haut hing lose und verbarg kaum ihr Skelett.

Bőrük lazán lógott, alig rejtve a csontvázukat.

In ihren Augen brannte ein Feuer aus Hunger und Wahnsinn

Tűz égett a szemükben az éhségtől és az őrülettől

Sie waren nicht aufzuhalten, ihrem wilden Ansturm war kein Widerstand zu leisten.

Nem lehetett őket megállítani; nem lehetett ellenállni vad rohamuknak.

Die Schlittenhunde wurden zurückgedrängt und gegen die Felswand gedrückt.

A szánhúzó kutyákat hátralökték, a sziklafalhoz nyomták.

Drei Huskies griffen Buck gleichzeitig an und rissen ihm das Fleisch auf.

Három husky támadt rá Buckra egyszerre, és a húsába tépték a húsát.

Aus den Schnittwunden an seinem Kopf und seinen Schultern strömte Blut.
Vér ömlött a fejéből és a vállából, ahol megvágták.
Der Lärm erfüllte das Lager: Knurren, Jaulen und Schmerzensschreie.
A zaj betöltötte a tábort; morgás, visítás és fájdalmas kiáltások.
Billee weinte wie immer laut, gefangen im Kampf und in der Panik.
Billee hangosan sírt, mint általában, a pánik és a csetepaté közepette.
Dave und Solleks standen Seite an Seite, blutend, aber trotzig.
Dave és Solleks egymás mellett álltak, vérezve, de dacosan.
Joe kämpfte wie ein Dämon und biss alles, was ihm zu nahe kam.
Joe démonként harcolt, mindent megharapott, ami a közelébe került.
Mit einem brutalen Schnappen seines Kiefers zerquetschte er das Bein eines Huskys.
Egyetlen brutális állkapocs-csattanással szétzúzta egy husky lábát.
Pike sprang auf den verletzten Husky und brach ihm sofort das Genick.
Pike ráugrott a sebesült huskyra, és azonnal eltörte a nyakát.
Buck packte einen Husky an der Kehle und riss ihm die Ader auf.
Buck elkapott egy huskyt a torkánál, és átszakította az erét.
Blut spritzte und der warme Geschmack trieb Buck in Raserei.
Vér fröccsent, és a meleg íz őrületbe kergette Buckot.
Ohne zu zögern stürzte er sich auf einen anderen Angreifer.
Gondolkodás nélkül rávetette magát egy másik támadóra.
Im selben Moment gruben sich scharfe Zähne in Bucks Kehle.
Ugyanebben a pillanatban éles fogak vájtak Buck torkába.
Spitz hatte von der Seite zugeschlagen und ohne Vorwarnung angegriffen.

Spitz oldalról csapott le, előzetes figyelmeztetés nélkül támadva.

Perrault und François hatten die Hunde besiegt, die das Futter stahlen.

Perrault és François legyőzték az élelmet lopó kutyákat.

Nun eilten sie ihren Hunden zu Hilfe, um die Angreifer abzuwehren.

Most siettek, hogy segítsenek kutyáiknak visszaverni a támadókat.

Die ausgehungerten Hunde zogen sich zurück, als die Männer ihre Keulen schwangen.

Az éhező kutyák visszavonultak, miközben a férfiak meglendítették a bunkóikat.

Buck konnte sich dem Angriff befreien, doch die Flucht war nur von kurzer Dauer.

Buck kiszabadult a támadás elől, de a menekülés rövid volt.

Die Männer rannten los, um ihre Hunde zu retten, und die Huskies kamen erneut zum Vorschein.

A férfiak a kutyáik megmentésére rohantak, de a huskyk ismét ellepték őket.

Billee, der aus Angst Mut fasste, sprang in die Hundemeute.

Billee, akit félelemmel rémített a bátorság, beugrott a kutyák falkájába.

Doch dann floh er in blanker Angst und Panik über das Eis.

De aztán átmenekült a jégen, nyers rettegésben és pánikban.

Pike und Dub folgten dicht dahinter und rannten um ihr Leben.

Pike és Dub szorosan a nyomukban követték őket, életüket mentve futva.

Der Rest des Teams löste sich auf, zerstreute sich und folgte ihnen.

A csapat többi tagja szétszóródott, és a nyomukban követte őket.

Buck nahm all seine Kräfte zusammen, um loszurennen, doch dann sah er einen Blitz.

Buck összeszedte minden erejét, hogy elfusson, de ekkor egy villanást látott.

Spitz stürzte sich auf Buck und versuchte, ihn zu Boden zu schlagen.
Spitz Buck oldalára vetette magát, és megpróbálta a földre lökni.
Unter dieser Meute von Huskys hätte Buck nicht entkommen können.
Azzal a husky csapattal szemben Bucknak nem volt menekvés.
Aber Buck blieb standhaft und wappnete sich für den Schlag von Spitz.
De Buck szilárdan állt és felkészült Spitz csapására.
Dann drehte er sich um und rannte mit dem fliehenden Team auf das Eis hinaus.
Aztán megfordult, és a menekülő csapattal együtt kirohant a jégre.

Später versammelten sich die neun Schlittenhunde im Schutz des Waldes.
Később a kilenc szánhúzó kutya összegyűlt az erdő menedékében.
Niemand verfolgte sie mehr, aber sie waren geschlagen und verwundet.
Senki sem üldözte őket már, de összetörtek és megsebesültek.
Jeder Hund hatte Wunden; vier oder fünf tiefe Schnitte an jedem Körper.
Minden kutyán sebek voltak; négy vagy öt mély vágás mindegyik testén.
Dub hatte ein verletztes Hinterbein und konnte kaum noch laufen.
Dubnak megsérült az egyik hátsó lába, és most már nehezen tudott járni.
Dolly, der neueste Hund aus Dyea, hatte eine aufgeschlitzte Kehle.
Dollynak, Dyea legújabb kutyájának elvágták a torkát.
Joe hatte ein Auge verloren und Billees Ohr war in Stücke geschnitten

Joe elvesztette az egyik szemét, Billee füle pedig darabokra tört.
Alle Hunde schrien die ganze Nacht vor Schmerz und Niederlage.
Az összes kutya fájdalmasan és legyőzötten sírt egész éjjel.
Im Morgengrauen krochen sie wund und gebrochen zurück ins Lager.
Hajnalban visszaosontak a táborba, fájóan és összetörve.
Die Huskies waren verschwunden, aber der Schaden war angerichtet.
A huskyk eltűntek, de a kár már megtörtént.
Perrault und François standen schlecht gelaunt vor der Ruine.
Perrault és François rosszkedvűen álltak a romok felett.
Die Hälfte der Lebensmittel war verschwunden und von den hungrigen Dieben geschnappt worden.
Az élelem fele eltűnt, az éhes tolvajok elrabolták.
Die Huskies hatten Schlittenbindungen und Planen zerrissen.
A huskyk elszakították a szánkó kötözését és a vásznat.
Alles, was nach Essen roch, wurde vollständig verschlungen.
Mindent, aminek ételszaga volt, teljesen felfaltak.
Sie aßen ein Paar von Perraults Reisestiefeln aus Elchleder.
Megették Perrault egy pár jávorszarvasbőr utazócsizmáját.
Sie zerkauten Lederreis und ruinierten Riemen, sodass sie nicht mehr verwendet werden konnten.
Bőr reiseket rágcsáltak, és használhatatlanná tették a szíjakat.
François hörte auf, auf die zerrissene Peitsche zu starren, um nach den Hunden zu sehen.
François abbahagyta a tépett korbács bámulását, hogy ellenőrizze a kutyákat.
„Ah, meine Freunde", sagte er mit leiser, besorgter Stimme.
– Ó, barátaim – mondta halk, aggodalommal teli hangon.
„Vielleicht verwandeln euch all diese Bisse in tollwütige Tiere."
„Talán ezek a harapások őrült fenevadakká változtatnak benneteket."

„**Vielleicht alles tollwütige Hunde, heiliger Scheiß! Was meinst du, Perrault?**"

„Talán mind veszett kutyák, szent ég! Mit gondolsz, Perrault?"

Perrault schüttelte den Kopf, seine Augen waren dunkel vor Sorge und Angst.

Perrault a fejét rázta, szeme elkomorult az aggodalomtól és a félelemtől.

Zwischen ihnen und Dawson lagen noch sechshundertvierzig Kilometer.

Még négyszáz mérföld választotta el őket Dawsontól.

Der Hundewahnsinn könnte nun jede Überlebenschance zerstören.

A kutyaőrület most már minden esélyt tönkretehet a túlélésre.

Sie verbrachten zwei Stunden damit, zu fluchen und zu versuchen, die Ausrüstung zu reparieren.

Két órát töltöttek káromkodással és a felszerelés megjavításával.

Das verwundete Team verließ schließlich gebrochen und besiegt das Lager.

A sebesült csapat végül megtörve és legyőzve elhagyta a tábort.

Dies war der bisher schwierigste Weg und jeder Schritt war schmerzhaft.

Ez volt a legnehezebb út, és minden lépés fájdalmas volt.

Der Thirty Mile River war nicht zugefroren und rauschte wild.

A Harminc Mérföld folyó nem fagyott be, és vadul sebesen hömpölygött.

Nur an ruhigen Stellen und in wirbelnden Wirbeln konnte das Eis halten.

Csak a nyugodt helyeken és az örvénylő területeken sikerült a jégnek megállnia.

Sechs Tage harter Arbeit vergingen, bis die dreißig Meilen geschafft waren.

Hat nap kemény munka telt el, mire megtették a harminc mérföldet.

Jeder Kilometer des Weges barg Gefahren und Todesgefahr.
Az ösvény minden egyes mérföldje veszélyt és a halál fenyegetését hordozta magában.
Die Männer und Hunde riskierten mit jedem schmerzhaften Schritt ihr Leben.
A férfiak és a kutyák minden fájdalmas lépéssel kockáztatták az életüket.
Perrault durchbrach ein Dutzend Mal dünne Eisbrücken.
Perrault tucatszor tört át vékony jéghidakon.
Er trug eine Stange und ließ sie über das Loch fallen, das sein Körper hinterlassen hatte.
Magához vett egy rudat, és leejtette azzal a lyukat, amit a teste ejtett.
Mehr als einmal rettete diese Stange Perrault vor dem Ertrinken.
Az a rúd többször is megmentette Perrault-t a fulladástól.
Die Kältewelle hielt an, die Lufttemperatur lag bei minus fünfzig Grad.
A hideg kitartott, a levegő ötven fok mínuszban volt.
Jedes Mal, wenn er hineinfiel, musste Perrault ein Feuer anzünden, um zu überleben.
Valahányszor beleesett, Perrault-nak tüzet kellett gyújtania a túléléshez.
Nasse Kleidung gefror schnell, also trocknete er sie in der Nähe der sengenden Hitze.
A vizes ruhák gyorsan megfagytak, ezért perzselő hőségben szárította őket.
Perrault hatte nie Angst und das machte ihn zu einem Kurier.
Perrault-t soha nem fogta el a félelem, és ez tette őt futárrá.
Er wurde für die Gefahr auserwählt und begegnete ihr mit stiller Entschlossenheit.
A veszélyre választották, és csendes elszántsággal fogadta.
Er drängte sich gegen den Wind vorwärts, sein runzliges Gesicht war erfroren.
Szélbe szorította magát, összeaszott arca jégcsípte.

Von der Morgendämmerung bis zum Einbruch der Nacht führte Perrault sie weiter.
Halvány pirkadattól estig Perrault vezette őket előre.
Er ging auf einer schmalen Eiskante, die bei jedem Schritt knackte.
Keskeny, peremén, jégen járt, ami minden lépésnél megrepedt.
Sie wagten nicht, anzuhalten – jede Pause hätte das Risiko eines tödlichen Zusammenbruchs bedeutet.
Nem mertek megállni – minden szünet halálos összeomlást kockáztatott.
Einmal brach der Schlitten durch und zog Dave und Buck hinein.
Egyszer a szán áttört, és magával rántotta Dave-et és Buckot.
Als sie freigezogen wurden, waren beide fast erfroren.
Mire kiszabadították őket, mindketten majdnem megfagytak.
Die Männer machten schnell ein Feuer, um Buck und Dave am Leben zu halten.
A férfiak gyorsan tüzet raktak, hogy életben tartsák Buckot és Dave-et.
Die Hunde waren von der Nase bis zum Schwanz mit Eis bedeckt und steif wie geschnitztes Holz.
A kutyákat orruktól farkukig jég borította, olyan merevek voltak, mint a faragott fa.
Die Männer ließen sie in der Nähe des Feuers im Kreis laufen, um ihre Körper aufzutauen.
A férfiak körbe-körbe futtatták őket a tűz közelében, hogy felolvasztsák a testüket.
Sie kamen den Flammen so nahe, dass ihr Fell versengt wurde.
Olyan közel kerültek a lángokhoz, hogy a bundájuk megpörkölődött.
Als nächster durchbrach Spitz das Eis und zog das Team hinter sich her.
Spitz törte át legközelebb a jeget, maga után vonszolva a csapatot.
Der Bruch reichte bis zu der Stelle, an der Buck zog.
A törés egészen odáig ért, ahol Buck húzta.

Buck lehnte sich weit zurück, seine Pfoten rutschten und zitterten auf der Kante.
Buck erősen hátradőlt, mancsai megcsúsztak és remegtek a szélén.
Dave streckte sich ebenfalls nach hinten, direkt hinter Buck auf der Leine.
Dave is hátrafeszítette a labdát, közvetlenül Buck mögött a vonalon.
François zog den Schlitten, seine Muskeln knackten vor Anstrengung.
François húzta a szánt, izmai ropogtak az erőfeszítéstől.
Ein anderes Mal brach das Randeis vor und hinter dem Schlitten.
Egy másik alkalommal a peremjég megrepedt a szánkó előtt és mögött.
Sie hatten keinen anderen Ausweg, als eine gefrorene Felswand zu erklimmen.
Nem volt más kiútjuk, mint megmászni egy befagyott sziklafalat.
Perrault schaffte es irgendwie, die Mauer zu erklimmen; wie durch ein Wunder blieb er am Leben.
Perrault valahogyan átmászott a falon; egy csoda tartotta életben.
François blieb unten und betete um dasselbe Glück.
François lent maradt, és hasonló szerencséért imádkozott.
Sie banden jeden Riemen, jede Zurrschnur und jede Leine zu einem langen Seil zusammen.
Minden szíjat, rögzítőelemet és vezetőszárat egyetlen hosszú kötéllé kötöttek.
Die Männer zogen jeden Hund einzeln nach oben.
A férfiak egyesével húzták fel a kutyákat a tetejére.
François kletterte als Letzter, nach dem Schlitten und der gesamten Ladung.
François mászott fel utoljára, a szánkó és az egész rakomány után.
Dann begann eine lange Suche nach einem Weg von den Klippen hinunter.

Aztán hosszas keresés kezdődött egy ösvény után, ami levezet a sziklákról.
Schließlich stiegen sie mit demselben Seil ab, das sie selbst hergestellt hatten.
Végül ugyanazzal a kötéllel ereszkedtek le, amit maguk készítettek.
Es wurde Nacht, als sie erschöpft und wund zum Flussbett zurückkehrten.
Leszállt az éj, mire kimerülten és fájdalmasan visszatértek a folyómederbe.
Der ganze Tag hatte ihnen nur eine Viertelmeile Gewinn eingebracht.
Az egész nap mindössze negyed mérföldnyi előnyt hozott nekik.
Als sie das Hootalinqua erreichten, war Buck erschöpft.
Mire elérték a Hootalinquát, Buck teljesen kimerült volt.
Die anderen Hunde litten ebenso sehr unter den Bedingungen auf dem Trail.
A többi kutya ugyanúgy szenvedett az ösvényviszonyoktól.
Aber Perrault musste Zeit gutmachen und trieb sie jeden Tag weiter an.
De Perraultnak időt kellett nyernie, ezért minden nap hajtotta őket.
Am ersten Tag reisten sie dreißig Meilen nach Big Salmon.
Az első napon harminc mérföldet utaztak Big Salmonba.
Am nächsten Tag reisten sie fünfunddreißig Meilen nach Little Salmon.
Másnap harmincöt mérföldet utaztak Little Salmonba.
Am dritten Tag kämpften sie sich durch sechzig Kilometer lange, eisige Strecken.
A harmadik napon negyven hosszú, fagyott mérföldet nyomtak át.
Zu diesem Zeitpunkt näherten sie sich der Siedlung Five Fingers.
Addigra már közeledtek Öt Ujj településhez.

Bucks Füße waren weicher als die harten Füße der einheimischen Huskys.
Buck lábai puhábbak voltak, mint a bennszülött huskyk kemény lábai.

Seine Pfoten waren im Laufe vieler zivilisierter Generationen zart geworden.
Mancsai sok civilizált generáció alatt érzékennyé váltak.

Vor langer Zeit wurden seine Vorfahren von Flussmännern oder Jägern gezähmt.
Réges-régen folyami emberek vagy vadászok szelídítették meg őseit.

Jeden Tag humpelte Buck unter Schmerzen und ging auf wunden, schmerzenden Pfoten.
Buck minden nap fájdalmasan sántított, sebes, sajgó mancsain járt.

Im Lager fiel Buck wie eine leblose Gestalt in den Schnee.
A táborban Buck élettelen alakként zuhant a hóba.

Obwohl Buck am Verhungern war, stand er nicht auf, um sein Abendessen einzunehmen.
Bár Buck éhes volt, mégsem kelt fel, hogy megegye a vacsoráját.

François brachte Buck seine Ration und legte ihm Fisch neben die Schnauze.
François odahozta Bucknak az adagját, miközben a halakat az orránál fogva tolta.

Jeden Abend massierte der Fahrer Bucks Füße eine halbe Stunde lang.
A sofőr minden este fél órán át dörzsölgette Buck lábát.

François hat sogar seine eigenen Mokassins zerschnitten, um daraus Hundeschuhe zu machen.
François még a saját mokaszinjait is felszabdalta, hogy kutyalábbelit készítsen belőle.

Vier warme Schuhe waren für Buck eine große und willkommene Erleichterung.
Négy meleg cipő nagy és üdvözlendő megkönnyebbülést hozott Bucknak.

Eines Morgens vergaß François die Schuhe und Buck weigerte sich aufzustehen.
Egyik reggel François elfelejtette a cipőket, és Buck nem volt hajlandó felkelni.
Buck lag auf dem Rücken, die Füße in der Luft, und wedelte mitleiderregend damit herum.
Buck a hátán feküdt, lábait a levegőbe emelve, és szánalmasan hadonászott velük.
Sogar Perrault grinste beim Anblick von Bucks dramatischer Bitte.
Még Perrault is elvigyorodott Buck drámai könyörgése láttán.
Bald wurden Bucks Füße hart und die Schuhe konnten weggeworfen werden.
Buck lábai hamarosan megkeményedtek, és a cipőket el lehetett dobni.
In Pelly stieß Dolly beim Angeschirrtwerden ein schreckliches Heulen aus.
Pellynél, hámozás közben Dolly rettenetes vonyítást hallatott.
Der Schrei war lang und voller Wahnsinn und erschütterte jeden Hund.
A kiáltás hosszú volt és őrülettel teli, minden kutyát megremegtetett.
Jeder Hund zuckte vor Angst zusammen, ohne den Grund zu kennen.
Minden kutya félelmében felborzolta a dühét, anélkül, hogy tudta volna az okát.
Dolly war verrückt geworden und stürzte sich direkt auf Buck.
Dolly megőrült, és egyenesen Buckra vetette magát.
Buck hatte noch nie Wahnsinn gesehen, aber sein Herz war von Entsetzen erfüllt.
Buck még soha nem látott őrültséget, de a szívét betöltötte a rémület.
Ohne nachzudenken, drehte er sich um und floh in absoluter Panik.
Gondolkodás nélkül megfordult és teljes pánikban elmenekült.

Dolly jagte ihm hinterher, ihre Augen waren wild, Speichel spritzte aus ihrem Maul.
Dolly üldözőbe vette, tekintete vad volt, szájából folyt a nyál.
Sie blieb direkt hinter Buck, holte nie auf und fiel nie zurück.
Közvetlenül Buck mögött maradt, soha nem előzte meg, és soha nem hátrált meg.
Buck rannte durch den Wald, die Insel hinunter und über zerklüftetes Eis.
Buck erdőn át futott, le a szigeten, át a csipkézett jégen.
Er überquerte die Insel und erreichte eine weitere, bevor er im Kreis zurück zum Fluss ging.
Átkelt egy szigetre, majd egy másikra, és visszakerült a folyóhoz.
Dolly jagte ihn immer noch und knurrte ihn bei jedem Schritt an.
Dolly továbbra is üldözte, minden lépésnél morgással a nyomában.
Buck konnte ihren Atem und ihre Wut hören, obwohl er es nicht wagte, zurückzublicken.
Buck hallotta a lélegzetét és a dühét, bár nem mert hátranézni.
François rief aus der Ferne und Buck drehte sich in die Richtung der Stimme um.
François messziről kiáltotta, mire Buck a hang felé fordult.
Immer noch nach Luft schnappend rannte Buck vorbei und setzte seine ganze Hoffnung auf François.
Buck, még mindig levegőért kapkodva, elfutott mellettük, minden reményét François-ba vetve.
Der Hundeführer hob eine Axt und wartete, während Buck vorbeiflog.
A kutyahajcsár felemelte a fejszéjét, és megvárta, amíg Buck elrepült mellette.
Die Axt kam schnell herunter und traf Dollys Kopf mit tödlicher Wucht.
A fejsze gyorsan lecsapott, és halálos erővel csapódott Dolly fejébe.

Buck brach neben dem Schlitten zusammen, keuchte und konnte sich nicht bewegen.
Buck a szán közelében rogyott össze, zihálva és mozdulni sem tudott.
In diesem Moment hatte Spitz die Chance, einen erschöpften Gegner zu schlagen.
Ez a pillanat lehetőséget adott Spitznek, hogy lecsapjon a kimerült ellenfélre.
Zweimal biss er Buck und riss das Fleisch bis auf den weißen Knochen auf.
Kétszer megharapta Buckot, a húsát egészen a fehér csontig feltépve.
François' Peitsche knallte und traf Spitz mit voller, wütender Wucht.
François ostora csattant, teljes, dühös erővel csapva le Spitzre.
Buck sah mit Freude zu, wie Spitz seine bisher härteste Tracht Prügel bekam.
Buck örömmel nézte, ahogy Spitz élete eddigi legkeményebb verését kapja.
„Er ist ein Teufel, dieser Spitz", murmelte Perrault düster vor sich hin.
„Egy ördög ez a Spitz" – motyogta Perrault komoran magában.
„Eines Tages wird dieser verfluchte Hund Buck töten – das schwöre ich."
„Hamarosan az az átkozott kutya megöli Buckot – esküszöm."
„Dieser Buck hat zwei Teufel in sich", antwortete François mit einem Nicken.
– Két ördög lakozik abban a Buckban – felelte François bólogatva.
„Wenn ich Buck beobachte, weiß ich, dass etwas Wildes in ihm lauert."
„Amikor Buckot nézem, tudom, hogy valami vadság vár rá."
„Eines Tages wird er rasend vor Wut werden und Spitz in Stücke reißen."
„Egy nap úgy megőrül, mint a tűz, és darabokra tépi Spitzet."

„Er wird den Hund zerkauen und ihn auf den gefrorenen Schnee spucken."
„Összerágja azt a kutyát, és a fagyott hóra köpi."
„Das weiß ich ganz sicher tief in meinem Innern."
„Biztosan tudom ezt a csontjaim mélyén."
Von diesem Moment an befanden sich die beiden Hunde im Krieg.
Attól a pillanattól kezdve a két kutya háborúban állt.
Spitz führte das Team an und hatte die Macht, aber Buck stellte das in Frage.
Spitz vezette a csapatot és birtokolta a hatalmat, de Buck ezt megkérdőjelezte.
Spitz sah seinen Rang durch diesen seltsamen Fremden aus dem Süden bedroht.
Spitz rangját fenyegetve látta ezt a különös délvidéki idegent.
Buck war anders als alle Südstaatenhunde, die Spitz zuvor gekannt hatte.
Buck minden déli kutyától különbözött, amit Spitz korábban ismert.
Die meisten von ihnen scheiterten – sie waren zu schwach, um Kälte und Hunger zu überleben.
Legtöbbjük kudarcot vallott – túl gyengék voltak ahhoz, hogy túléljék a hideget és az éhséget.
Sie starben schnell unter der harten Arbeit, dem Frost und der langsamen Hungersnot.
Gyorsan haltak a munka, a fagy és az éhínség lassú pusztítása alatt.
Buck stand abseits – mit jedem Tag stärker, klüger und wilder.
Buck kitűnt a tömegből – napról napra erősebb, okosabb és vadabb lett.
Er gedieh trotz aller Härte und wuchs heran, bis er den nördlichen Huskies ebenbürtig war.
A nehézségeken is boldogult, és egyre jobban felnőve versenyre kelhetett az északi huskykkal.
Buck hatte Kraft, wilde Geschicklichkeit und einen geduldigen, tödlichen Instinkt.

Bucknak ereje, vad ügyessége és türelmes, halálos ösztöne volt.
Der Mann mit der Keule hatte Buck die Unbesonnenheit ausgetrieben.
A bunkós férfi kiverte Buckból a meggondolatlanságot.
Die blinde Wut war verschwunden und durch stille Gerissenheit und Kontrolle ersetzt worden.
A vak düh eltűnt, helyét csendes ravaszság és önuralom vette át.
Er wartete ruhig und ursprünglich und wartete auf den richtigen Moment.
Várt, nyugodtan és őszintén, a megfelelő pillanatot keresve.
Ihr Kampf um die Vorherrschaft wurde unvermeidlich und deutlich.
A parancsnokságért folytatott harcuk elkerülhetetlenné és egyértelművé vált.
Buck strebte nach einer Führungsposition, weil sein Geist es verlangte.
Buck vezetésre vágyott, mert a lelke ezt követelte.
Er wurde von dem seltsamen Stolz getrieben, der aus der Jagd und dem Geschirr entstand.
Az ösvény és a hám szülte különös büszkeség hajtotta.
Dieser Stolz ließ die Hunde ziehen, bis sie im Schnee zusammenbrachen.
Ez a büszkeség arra késztette a kutyákat, hogy addig húzzák őket, amíg össze nem rogytak a hóban.
Der Stolz verleitete sie dazu, all ihre Kraft einzusetzen.
A büszkeség arra csábította őket, hogy minden erejüket beleadják.
Stolz kann einen Schlittenhund sogar in den Tod treiben.
A büszkeség akár a haláláig is elcsábíthat egy szánhúzó kutyát.
Der Verlust des Geschirrs ließ die Hunde gebrochen und ziellos zurück.
A hám elvesztése miatt a kutyák összetörtek és céltalanok voltak.

Das Herz eines Schlittenhundes kann vor Scham brechen, wenn er in den Ruhestand geht.
Egy szánhúzó kutya szívét összetörheti a szégyen, amikor nyugdíjba vonul.
Dave lebte von diesem Stolz, während er den Schlitten hinter sich herzog.
Dave ezt a büszkeséget vallotta, miközben maga mögött húzta a szánt.
Auch Solleks gab mit grimmiger Stärke und Loyalität alles.
Solleks is mindent beleadott komor erővel és hűséggel.
Jeden Morgen verwandelte der Stolz ihre Verbitterung in Entschlossenheit.
A büszkeség minden reggel keserűségből eltökéltséggé változtatta őket.
Sie drängten den ganzen Tag und verstummten dann am Ende des Lagers.
Egész nap nyomultak, aztán a tábor végében elcsendesedtek.
Dieser Stolz gab Spitz die Kraft, Drückeberger zur Räson zu bringen.
Ez a büszkeség erőt adott Spitznek ahhoz, hogy rendbe tegye a lustálkodókat.
Spitz fürchtete Buck, weil Buck denselben tiefen Stolz in sich trug.
Spitz félt Bucktól, mert Buckban is ott volt ez a mély büszkeség.
Bucks Stolz wandte sich nun gegen Spitz, und er ließ nicht locker.
Buck büszkesége most Spitz ellen fordult, és nem állt meg.
Buck widersetzte sich Spitz' Macht und hinderte ihn daran, Hunde zu bestrafen.
Buck dacolt Spitz hatalmával, és megakadályozta, hogy kutyákat büntessen.
Als andere versagten, stellte sich Buck zwischen sie und ihren Anführer.
Amikor mások kudarcot vallottak, Buck közéjük és vezetőjük közé lépett.

Er tat dies mit Absicht und brachte seine Herausforderung offen und deutlich zum Ausdruck.
Szándékosan tette ezt, nyíltan és világosan fogalmazva meg a kihívást.
In einer Nacht hüllte schwerer Schnee die Welt in tiefe Stille.
Egyik éjjel sűrű hó borította be a világot mély csenddel.
Am nächsten Morgen stand Pike, faul wie immer, nicht zur Arbeit auf.
Másnap reggel Pike, aki továbbra is lustán viselkedett, nem kelt fel dolgozni.
Er blieb in seinem Nest unter einer dicken Schneeschicht verborgen.
A fészkében rejtőzött egy vastag hóréteg alatt.
François rief und suchte, konnte den Hund jedoch nicht finden.
François kiáltott és kereste a kutyát, de nem találta.
Spitz wurde wütend und stürmte durch das schneebedeckte Lager.
Spitz dühbe gurult, és áttört a hófödte táboron.
Er knurrte und schnüffelte und grub wie verrückt mit flammenden Augen.
Morgott és szimatolt, lángoló szemekkel, őrülten ásott.
Seine Wut war so heftig, dass Pike vor Angst unter dem Schnee zitterte.
Olyan vad volt a dühe, hogy Pike félelmében reszketett a hó alatt.
Als Pike schließlich gefunden wurde, stürzte sich Spitz auf den versteckten Hund, um ihn zu bestrafen.
Amikor Pike-ot végre megtalálták, Spitz előrerontott, hogy megbüntesse a bujkáló kutyát.
Doch Buck sprang mit einer Wut zwischen sie, die Spitz' eigener ebenbürtig war.
De Buck Spitzéhez hasonló dühvel ugrott közéjük.
Der Angriff erfolgte so plötzlich und geschickt, dass Spitz umfiel.

A támadás olyan hirtelen és okos volt, hogy Spitz a lábáról leesett.
Pike, der gezittert hatte, schöpfte aus diesem Trotz neuen Mut.
Pike, aki eddig reszketett, bátorságot merített ebből a dacból.
Er sprang auf den gefallenen Spitz und folgte Bucks mutigem Beispiel.
Ráugrott a földön fekvő Spitzre, Buck merész példáját követve.
Buck, der nicht länger an Fairness gebunden war, beteiligte sich am Angriff auf Spitz.
Buck, akit már nem kötött a tisztesség, csatlakozott a Spitz elleni sztrájkhoz.
François, amüsiert, aber dennoch diszipliniert, schwang seine schwere Peitsche.
François, szórakozottan, mégis fegyelmezetten, lesújtott nehéz korbácsával.
Er schlug Buck mit aller Kraft, um den Kampf zu beenden.
Teljes erejével Buckra ütött, hogy véget vessen a küzdelemnek.
Buck weigerte sich, sich zu bewegen und blieb auf dem gefallenen Anführer sitzen.
Buck nem volt hajlandó megmozdulni, és a ledőlt vezető tetején maradt.
Dann benutzte François den Griff der Peitsche und schlug Buck damit heftig.
François ezután az ostor nyelével keményen megütötte Buckot.
Buck taumelte unter dem Schlag und fiel zurück.
Buck megtántorodott az ütéstől, és hátraesett a roham alatt.
François schlug immer wieder zu, während Spitz Pike bestrafte.
François újra és újra ütött, miközben Spitz megbüntette Pike-ot.

Die Tage vergingen und Dawson City kam immer näher.
Teltek a napok, és Dawson City egyre közelebb ért.

Buck mischte sich immer wieder ein und schlüpfte zwischen Spitz und andere Hunde.
Buck folyton közbeszólt, Spitz és más kutyák közé osonva.
Er wählte seine Momente gut und wartete immer darauf, dass François ging.
Jól választotta meg a pillanatait, mindig megvárta, míg François elmegy.
Bucks stille Rebellion breitete sich aus und im Team breitete sich Unordnung aus.
Buck csendes lázadása elterjedt, és a csapatban rendetlenség vert gyökeret.
Dave und Solleks blieben loyal, andere jedoch wurden widerspenstig.
Dave és Solleks hűségesek maradtak, de mások engedetlenné váltak.
Die Situation im Team wurde immer schlimmer – es wurde unruhig, streitsüchtig und geriet aus der Reihe.
A csapat egyre rosszabb lett – nyugtalanok, veszekedősek és kilógtak a sorból.
Nichts lief mehr reibungslos und es kam immer wieder zu Streit.
Semmi sem működött többé simán, és a verekedések mindennapossá váltak.
Buck blieb im Zentrum des Chaos und provozierte ständig Unruhe.
Buck a bajok középpontjában maradt, mindig nyugtalanságot szítva.
François blieb wachsam, aus Angst vor dem Kampf zwischen Buck und Spitz.
François éber maradt, félt Buck és Spitz verekedésétől.
Jede Nacht wurde er durch Rangeleien geweckt, aus Angst, dass es endlich losgehen würde.
Minden éjjel dulakodás ébresztette fel, attól tartva, hogy végre elérkezik a kezdet.
Er sprang aus seiner Robe, bereit, den Kampf zu beenden.
Leugrott a köntöséből, készen arra, hogy megszakítsa a harcot.

Aber der Moment kam nie und sie erreichten schließlich Dawson.
De a pillanat sosem jött el, és végre megérkeztek Dawsonba.
Das Team betrat die Stadt an einem trüben Nachmittag, angespannt und still.
A csapat egy komor délutánon érkezett a városba, feszülten és csendesen.
Der große Kampf um die Führung hing noch immer in der eisigen Luft.
A vezetésért folytatott nagy csata még mindig a fagyos levegőben lógott.
Dawson war voller Männer und Schlittenhunde, die alle mit der Arbeit beschäftigt waren.
Dawson tele volt férfiakkal és szánhúzó kutyákkal, akik mind munkával voltak elfoglalva.
Buck beobachtete die Hunde von morgens bis abends beim Lastenziehen.
Buck reggeltől estig nézte, ahogy a kutyák húzzák a terheket.
Sie transportierten Baumstämme und Brennholz und lieferten Vorräte an die Minen.
Rönköt és tűzifát szállítottak, ellátmányt szállítottak a bányákba.
Wo früher im Süden Pferde arbeiteten, schufteten heute Hunde.
Ahol egykor lovak dolgoztak Délvidéken, ma kutyák fáradoznak.
Buck sah einige Hunde aus dem Süden, aber die meisten waren wolfsähnliche Huskys.
Buck látott néhány délről származó kutyát, de a legtöbbjük farkasszerű husky volt.
Nachts erhoben die Hunde pünktlich zum ersten Mal ihre Stimmen zum Singen.
Éjszaka, mint óramű, a kutyák felemelték a hangjukat dalra fakadva.
Um neun, um Mitternacht und erneut um drei begann der Gesang.

Kilenckor, éjfélkor, majd ismét háromkor elkezdődött az éneklés.
Buck liebte es, in ihren unheimlichen Gesang einzustimmen, der wild und uralt klang.
Buck imádott csatlakozni a hátborzongató, vad és ősi hangzású kántáláshoz.
Das Polarlicht flammte, die Sterne tanzten und das Land war mit Schnee bedeckt.
Az aurora lángolt, a csillagok táncoltak, és hó borította a földet.
Der Gesang der Hunde erhob sich als Aufschrei gegen die Stille und die bittere Kälte.
A kutyák dala kiáltásként harsant fel a csend és a keserves hideg ellen.
Doch in jedem langen Ton ihres Heulens war Trauer und nicht Trotz zu hören.
De üvöltésük minden hosszú hangjában szomorúság, nem pedig dac volt.
Jeder Klageschrei war voller Flehen; die Last des Lebens selbst.
Minden jajgató kiáltás könyörgésből állt; magából az élet terhéből.
Dieses Lied war alt – älter als Städte und älter als Feuer
Az a dal régi volt – régebbi, mint a városok, és régebbi, mint a tüzek
Dieses Lied war sogar älter als die Stimmen der Menschen.
Az a dal még az emberi hangoknál is ősibb volt.
Es war ein Lied aus der jungen Welt, als alle Lieder traurig waren.
Egy dal volt a fiatal világból, amikor minden dal szomorú volt.
Das Lied trug den Kummer unzähliger Hundegenerationen in sich.
A dal számtalan kutyageneráció bánatát hordozta magában.
Buck spürte die Melodie tief und stöhnte vor jahrhundertealtem Schmerz.

Buck mélyen érezte a dallamot, a korokba gyökerező fájdalomtól nyögött.

Er schluchzte aus einem Kummer, der so alt war wie das wilde Blut in seinen Adern.

Olyan bánattól zokogott, amely olyan régi volt, mint az ereiben csörgedező vér.

Die Kälte, die Dunkelheit und das Geheimnisvolle berührten Bucks Seele.

A hideg, a sötétség és a rejtély megérintette Buck lelkét.

Dieses Lied bewies, wie weit Buck zu seinen Ursprüngen zurückgekehrt war.

Ez a dal bizonyította, mennyire visszatért Buck a gyökereihez.

Durch Schnee und Heulen hatte er den Anfang seines eigenen Lebens gefunden.

Hóesésben és üvöltésben találta meg saját élete kezdetét.

Sieben Tage nach ihrer Ankunft in Dawson brachen sie erneut auf.

Hét nappal Dawsonba érkezésük után ismét útra keltek.

Das Team verließ die Kaserne und fuhr hinunter zum Yukon Trail.

A csapat a laktanyából leugrott a Yukon ösvényre.

Sie begannen die Rückreise nach Dyea und Salt Water.

Megkezdték útjukat vissza Dyea és Sósvíz felé.

Perrault überbrachte noch dringlichere Depeschen als zuvor.

Perrault még sürgősebb szállítmányokat szállított, mint korábban.

Auch ihn packte der Trail-Stolz, und er wollte einen Rekord aufstellen.

Emellett elfogta a túraösvényekre való odafigyelés, és rekordot akart felállítani.

Diesmal hatte Perrault mehrere Vorteile.

Ezúttal számos előny Perrault oldalán állt.

Die Hunde hatten eine ganze Woche lang geruht und ihre Kräfte wiedererlangt.

A kutyák egy teljes hetet pihentek és visszanyerték erejüket.

Die Spur, die sie gebahnt hatten, wurde nun von anderen festgestampft.
Az általuk kitaposott ösvényt most mások tömörítették keményre.
An manchen Stellen hatte die Polizei Futter für Hunde und Menschen gelagert.
Helyenként a rendőrök kutyáknak és férfiaknak egyaránt tároltak élelmet.
Perrault reiste mit leichtem Gepäck und bewegte sich schnell, ohne dass ihn etwas belastete.
Perrault könnyen utazott, gyorsan mozgott, kevés teher nehezedett rá.
Sie erreichten Sixty-Mile, eine Strecke von achtzig Kilometern, noch in der ersten Nacht.
Az első éjszakára elérték a Hatvan Mérföldet, egy ötven mérföldes futást.
Am zweiten Tag eilten sie den Yukon hinauf nach Pelly.
A második napon rohantak felfelé a Yukonon Pelly felé.
Doch dieser tolle Fortschritt war für François mit vielen Strapazen verbunden.
De ez a szép előrehaladás nagy megterheléssel járt François számára.
Bucks stille Rebellion hatte die Disziplin des Teams zerstört.
Buck csendes lázadása megrengette a csapat fegyelmét.
Sie zogen nicht mehr wie ein Tier an den Zügeln.
Már nem húzódtak össze, mint egy fenevad a gyeplőben.
Buck hatte durch sein mutiges Beispiel andere zum Trotz verleitet.
Buck merész példájával másokat is dacolásra késztetett.
Spitz' Befehl stieß weder auf Furcht noch auf Respekt.
Spitz parancsát már nem fogadták félelemmel vagy tisztelettel.
Die anderen verloren ihre Ehrfurcht vor ihm und wagten es, sich seiner Herrschaft zu widersetzen.
A többiek elvesztették iránta való félelmüket, és szembe mertek szállni az uralmával.

Eines Nachts stahl Pike einen halben Fisch und aß ihn vor Bucks Augen.
Egyik este Pike ellopott egy fél halat, és Buck szeme láttára megette.
In einer anderen Nacht kämpften Dub und Joe gegen Spitz und blieben ungestraft.
Egy másik este Dub és Joe megküzdöttek Spitz-cel, és büntetlenül maradtak.
Sogar Billee jammerte weniger süß und zeigte eine neue Schärfe.
Még Billee is kevésbé édesen nyafogott, és új élességet mutatott.
Buck knurrte Spitz jedes Mal an, wenn sich ihre Wege kreuzten.
Buck minden alkalommal Spitzre vicsorgott, valahányszor keresztezték egymás útját.
Bucks Haltung wurde dreist und bedrohlich, fast wie die eines Tyrannen.
Buck viselkedése merész és fenyegető lett, szinte zsarnoki.
Mit stolzgeschwellter Brust und voller spöttischer Bedrohung schritt er vor Spitz auf und ab.
Hencegve, gúnyos fenyegetéssel járkált Spitz előtt.
Dieser Zusammenbruch der Ordnung breitete sich auch unter den Schlittenhunden aus.
A rend felbomlása a szánhúzó kutyák között is elterjedt.
Sie stritten und stritten mehr denn je und erfüllten das Lager mit Lärm.
Többet veszekedtek és vitatkoztak, mint valaha, zajongással töltve meg a tábort.
Das Lagerleben verwandelte sich jede Nacht in ein wildes, heulendes Chaos.
A tábori élet minden este vad, üvöltő káoszba fordult.
Nur Dave und Solleks blieben ruhig und konzentriert.
Csak Dave és Solleks maradtak nyugodtak és koncentráltak.
Doch selbst sie wurden durch die ständigen Schlägereien ungehalten.
De még ők is dühösek lettek az állandó verekedésektől.

François fluchte in fremden Sprachen und stampfte frustriert auf.
François furcsa nyelveken káromkodott és dühösen toporgott.
Er riss sich die Haare aus und schrie, während der Schnee unter seinen Füßen wirbelte.
A haját tépte és kiabált, miközben a hó repült a lába alatt.
Seine Peitsche knallte über das Rudel, konnte es aber kaum in Schach halten.
Ostorával átcsapott a csapat, de alig tartotta őket egy vonalban.
Immer wenn er sich umdrehte, brachen die Kämpfe erneut aus.
Valahányszor hátat fordított, újra kitört a harc.
François setzte die Peitsche für Spitz ein, während Buck die Rebellen anführte.
François korbácsütést mért Spitzre, míg Buck vezette a lázadókat.
Jeder kannte die Rolle des anderen, aber Buck vermied jegliche Schuldzuweisungen.
Mindketten tudták a másik szerepét, de Buck kerülte a hibáztatást.
François hat Buck nie dabei erwischt, wie er eine Schlägerei anfing oder sich vor seiner Arbeit drückte.
François soha nem kapta rajta Buckot verekedés kezdeményezésén vagy a munkájának elhanyagolásán.
Buck arbeitete hart im Geschirr – die Mühe erfüllte ihn jetzt mit Begeisterung.
Buck keményen dolgozott hámban – a fáradság most már a lelkét is felpezsdítette.
Doch noch mehr Freude bereitete ihm das Anzetteln von Kämpfen und Chaos im Lager.
De még nagyobb örömet talált a táborban zajló verekedések és káosz szításában.

Eines Abends schreckte Dub an der Mündung des Tahkeena ein Kaninchen auf.

Egyik este a Tahkeena torkolatánál Dub megijesztett egy nyulat.
Er verpasste den Fang und das Schneeschuhkaninchen sprang davon.
Elvétette a fogást, és a hótalpas nyúl elszaladt.
Innerhalb von Sekunden nahm das gesamte Schlittenteam unter wildem Geschrei die Verfolgung auf.
Másodperceken belül az egész szánkócsapat vad kiáltásokkal üldözőbe vette őket.
In der Nähe beherbergte ein Lager der Northwest Police fünfzig Huskys.
A közelben egy északnyugati rendőrségi tábor ötven husky kutyát tartott fenn.
Sie schlossen sich der Jagd an und stürmten gemeinsam den zugefrorenen Fluss hinunter.
Csatlakoztak a vadászathoz, együtt hömpölyögtek lefelé a befagyott folyón.
Das Kaninchen verließ den Fluss und floh in ein gefrorenes Bachbett.
A nyúl letért a folyóról, és egy befagyott patakmederben menekült felfelé.
Das Kaninchen hüpfte leichtfüßig über den Schnee, während die Hunde sich durchkämpften.
A nyúl könnyedén szökdécselt a havon, miközben a kutyák küzdöttek vele.
Buck führte das riesige Rudel von sechzig Hunden um jede Kurve.
Buck a hatvan kutyából álló hatalmas csapatot minden kanyarban körbevezette.
Er drängte tief und eifrig vorwärts, konnte jedoch keinen Boden gutmachen.
Alacsonyan és lelkesen nyomult előre, de nem tudott előrébb jutni.
Bei jedem kraftvollen Sprung blitzte sein Körper im blassen Mondlicht auf.
Teste minden erőteljes ugrásnál megcsillant a sápadt holdfényben.

Vor uns bewegte sich das Kaninchen wie ein Geist, lautlos und zu schnell, um es einzufangen.
Előttük a nyúl szellemként mozgott, hangtalanul és túl gyorsan ahhoz, hogy elkapják.
All diese alten Instinkte – der Hunger, der Nervenkitzel – durchströmten Buck.
Azok a régi ösztönök – az éhség, az izgalom – végigsöpörtek Buckon.
Manchmal verspüren Menschen diesen Instinkt und werden dazu getrieben, mit Gewehr und Kugel zu jagen.
Az emberek időnként érzik ezt az ösztönt, és fegyverrel, golyóval vadásznak.
Aber Buck empfand dieses Gefühl auf einer tieferen und persönlicheren Ebene.
De Buck ezt az érzést mélyebb és személyesebb szinten érezte.
Sie konnten die Wildnis nicht in ihrem Blut spüren, so wie Buck sie spüren konnte.
Nem érezték a vadságot a vérükben úgy, ahogy Buck érezte.
Er jagte lebendes Fleisch, bereit, mit seinen Zähnen zu töten und Blut zu schmecken.
Élő húst kergetett, készen arra, hogy fogaival öljön és vért kóstoljon.
Sein Körper spannte sich vor Freude, er wollte in warmem, rotem Leben baden.
Teste örömtől feszült, meleg, vörös életben akart fürödni.
Eine seltsame Freude markiert den höchsten Punkt, den das Leben jemals erreichen kann.
Egy különös öröm jelzi az élet legmagasabb pontját.
Das Gefühl eines Gipfels, bei dem die Lebenden vergessen, dass sie überhaupt am Leben sind.
Egy olyan csúcs érzése, ahol az élők elfelejtik, hogy egyáltalán élnek.
Diese tiefe Freude berührt den Künstler, der sich in glühender Inspiration verliert.
Ez a mély öröm megérinti a lángoló ihletben elveszett művészt.

Diese Freude ergreift den Soldaten, der wild kämpft und keinen Feind verschont.
Ez az öröm elfogja a katonát, aki vadul harcol és nem kíméli az ellenséget.
Diese Freude erfasste nun Buck, der das Rudel mit seinem Urhunger anführte.
Ez az öröm most Buckot ragadta magával, miközben ősi éhséggel vezette a falkát.
Er heulte mit dem uralten Wolfsschrei, aufgeregt durch die lebendige Jagd.
Az ősi farkaskiáltással vonyított, izgatottan az élő üldözéstől.
Buck hat den ältesten Teil seiner selbst angezapft, der in der Wildnis verloren war.
Buck önmaga legősibb részét fedezte fel, elveszve a vadonban.
Er griff tief in sein Inneres, in die Vergangenheit, in die raue, uralte Zeit.
Mélyen belülre nyúlt, az emlékeken túlra, a nyers, ősi időbe.
Eine Welle puren Lebens durchströmte jeden Muskel und jede Sehne.
A tiszta élet hulláma áradt szét minden izmában és ínjában.
Jeder Sprung schrie, dass er lebte, dass er durch den Tod ging.
Minden ugrás azt üzente, hogy él, hogy átjutott a halálon.
Sein Körper schwebte freudig über stilles, kaltes Land, das sich nie regte.
Teste vidáman szállt a mozdulatlan, hideg, meg sem rezdült föld felett.
Spitz blieb selbst in seinen wildesten Momenten kalt und listig.
Spitz még a legvadabb pillanataiban is hideg és ravasz maradt.
Er verließ den Pfad und überquerte das Land, wo der Bach eine weite Biegung machte.
Letért az ösvényről, és átkelt egy olyan területen, ahol a patak szélesre kanyarodott.
Buck, der davon nichts wusste, blieb auf dem gewundenen Pfad des Kaninchens.

Buck, mit sem sejtve erről, a nyúl kanyargós ösvényén maradt.
Dann, als Buck um eine Kurve bog, stand das geisterhafte Kaninchen vor ihm.
Aztán, ahogy Buck befordult egy kanyarban, a szellemszerű nyúl ott termett előtte.
Er sah, wie eine zweite Gestalt vor der Beute vom Ufer sprang.
Látta, hogy egy második alak ugrik le a partról, megelőzve a zsákmányt.
Bei der Gestalt handelte es sich um Spitz, der direkt auf dem Weg des fliehenden Kaninchens landete.
Az alak Spitz volt, aki pont a menekülő nyúl útjába landolt.
Das Kaninchen konnte sich nicht umdrehen und traf mitten in der Luft auf Spitz' Kiefer.
A nyúl nem tudott megfordulni, és a levegőben Spitz állkapcsába ütközött.
Das Rückgrat des Kaninchens brach mit einem Schrei, der so scharf war wie der Schrei eines sterbenden Menschen.
A nyúl gerince egy haldokló ember kiáltásához hasonló éles sikoly kíséretében eltört.
Bei diesem Geräusch – dem Sturz vom Leben in den Tod – heulte das Rudel laut auf.
Arra a hangra – az életből a halálba zuhanásra – a falka hangosan felüvöltött.
Hinter Buck erhob sich ein wilder Chor voller dunkler Freude.
Egy vad kórus emelkedett fel Buck mögött, tele sötét gyönyörűséggel.
Buck gab keinen Schrei von sich, keinen Laut, und stürmte direkt auf Spitz zu.
Buck nem kiáltott, egyetlen hangot sem adott ki, egyenesen Spitznek rohant.
Er zielte auf die Kehle, traf aber stattdessen die Schulter.
A torkot célozta meg, de ehelyett a vállát találta el.
Sie stürzten durch den weichen Schnee, ihre Körper waren in einen Kampf verstrickt.
Puha hóban bukfenceztek; testük harcba merült.

Spitz sprang schnell auf, als wäre er nie niedergeschlagen worden.
Spitz gyorsan felugrott, mintha soha nem is döngölték volna le.
Er schlug auf Bucks Schulter und sprang dann aus dem Kampf.
Megvágta Buck vállát, majd kiugrott a küzdelemből.
Zweimal schnappten seine Zähne wie Stahlfallen, seine Lippen waren grimmig gekräuselt.
Kétszer is csattant a foga, mint az acélcsapda, ajkai vadra húzódtak.
Er wich langsam zurück und suchte festen Boden unter seinen Füßen.
Lassan hátrált, szilárd talajt keresve a lába alatt.
Buck verstand den Moment sofort und vollkommen.
Buck azonnal és teljesen megértette a pillanatot.
Die Zeit war gekommen; der Kampf würde ein Kampf auf Leben und Tod werden.
Elérkezett az idő; a harc élet-halál harc lesz.
Die beiden Hunde umkreisten knurrend den Raum, legten die Ohren an und kniffen die Augen zusammen.
A két kutya morogva, lelapult fülekkel, összeszűkült szemekkel körözött.
Jeder Hund wartete darauf, dass der andere Schwäche zeigte oder einen Fehltritt machte.
Mindegyik kutya arra várt, hogy a másik gyengeséget vagy hibát mutasson.
Buck hatte ein unheimliches Gefühl, die Szene zu kennen und tief in Erinnerung zu behalten.
Buck számára a jelenet hátborzongatóan ismerősnek és mélyen emlékezetesnek tűnt.
Die weißen Wälder, die kalte Erde, die Schlacht im Mondlicht.
A fehér erdők, a hideg föld, a holdfényben vívott csata.
Eine schwere Stille erfüllte das Land, tief und unnatürlich.
Nehéz csend töltötte be a tájat, mély és természetellenes csend.

Kein Wind regte sich, kein Blatt bewegte sich, kein Geräusch unterbrach die Stille.
Szél sem rezdült, levél sem mozdult, hang sem törte meg a csendet.
Der Atem der Hunde stieg wie Rauch in die eiskalte, stille Luft.
A kutyák lehelete füstként emelkedett a fagyos, csendes levegőben.
Das Kaninchen war von der Meute der wilden Tiere längst vergessen.
A nyulat rég elfelejtette a vadállatok falkája.
Diese halb gezähmten Wölfe standen nun still in einem weiten Kreis.
Ezek a félig megszelídített farkasok most mozdulatlanul álltak széles körben.
Sie waren still, nur ihre leuchtenden Augen verrieten ihren Hunger.
Csendben voltak, csak izzó szemük árulkodott az éhségükről.
Ihr Atem stieg auf, als sie den Beginn des Endkampfes beobachteten.
Felfelé lélegzetelállítóan nézték a végső küzdelem kezdetét.
Für Buck war dieser Kampf alt und erwartet, überhaupt nicht ungewöhnlich.
Buck számára ez a csata régi és várható volt, egyáltalán nem furcsa.
Es fühlte sich an wie die Erinnerung an etwas, das schon immer passieren sollte.
Olyan volt, mint valaminek az emléke, aminek mindig is meg kellett történnie.
Spitz war ein ausgebildeter Kampfhund, gestählt durch zahllose wilde Schlägereien.
Spitz egy kiképzett harci kutya volt, akit számtalan vad verekedés csiszolt.
Von Spitzbergen bis Kanada hatte er viele Feinde besiegt.
A Spitzbergáktól Kanadáig számos ellenféllel győzött le.
Er war voller Wut, ließ seiner Wut jedoch nie freien Lauf.

Tele volt dühvel, de sosem adta át az irányítást a dühöngésnek.
Seine Leidenschaft war scharf, aber immer durch einen harten Instinkt gemildert.
Szenvedélye éles volt, de mindig kemény ösztön mérsékelte.
Er griff nie an, bis seine eigene Verteidigung stand.
Soha nem támadott, amíg a saját védekezése a helyén nem volt.
Buck versuchte immer wieder, Spitz' verwundbaren Hals zu erreichen.
Buck újra meg újra megpróbálta elérni Spitz sebezhető nyakát.
Doch jeder Schlag wurde von Spitz' scharfen Zähnen mit einem Hieb beantwortet.
De minden csapást Spitz éles fogai hasítással fogadtak.
Ihre Reißzähne prallten aufeinander und beide Hunde bluteten aus den aufgerissenen Lippen.
Agyarak összecsaptak, és mindkét kutya vérzett a felszakadt ajkakból.
Egal, wie sehr Buck sich auch wehrte, er konnte die Verteidigung nicht durchbrechen.
Hiába tört rá Buck, nem tudta áttörni a védelmet.
Er wurde immer wütender und stürmte mit wilden Kraftausbrüchen hinein.
Egyre dühösebb lett, vad erőkitörésekkel rohant előre.
Immer wieder schlug Buck nach der weißen Kehle von Spitz.
Buck újra meg újra Spitz fehér torkára csapott le.
Jedes Mal wich Spitz aus und schlug mit einem schneidenden Biss zurück.
Spitz minden alkalommal kitért, és egy metsző harapással vágott vissza.
Dann änderte Buck seine Taktik und stürzte sich erneut darauf, als wolle er ihm die Kehle zu Leibe rücken.
Aztán Buck taktikát váltott, és úgy rohant, mintha ismét a torkának csapna.
Doch er zog sich mitten im Angriff zurück und drehte sich um, um von der Seite zuzuschlagen.

De támadás közben visszahúzódott, és oldalról támadott.
Er warf Spitz seine Schulter entgegen, um ihn niederzuschlagen.
A vállával Spitznek vágta, azzal a céllal, hogy leüsse.
Bei jedem Versuch wich Spitz aus und konterte mit einem Hieb.
Spitz minden alkalommal kitért, amikor megpróbálta, és egy csapással válaszolt.
Bucks Schulter wurde wund, als Spitz nach jedem Schlag davonsprang.
Buck válla felsírt, ahogy Spitz minden ütés után elhúzódott.
Spitz war nicht berührt worden, während Buck aus vielen Wunden blutete.
Spitzhez senki sem nyúlt, míg Buck számos sebből vérzett.
Bucks Atem ging schnell und schwer, sein Körper war blutverschmiert.
Buck lélegzete gyors és nehéz volt, teste vértől ázott.
Mit jedem Biss und Angriff wurde der Kampf brutaler.
A harc minden egyes harapással és rohammal egyre brutálisabbá vált.
Um sie herum warteten sechzig stille Hunde darauf, dass der erste fiel.
Körülöttük hatvan néma kutya várta az első elesést.
Wenn ein Hund zu Boden ging, würde das Rudel den Kampf beenden.
Ha egy kutya elesik, a falka befejezi a harcot.
Spitz sah, dass Buck schwächer wurde, und begann, den Angriff voranzutreiben.
Spitz látta, hogy Buck gyengül, és támadásba lendült.
Er brachte Buck aus dem Gleichgewicht und zwang ihn, um Halt zu kämpfen.
Kibillentette az egyensúlyából Buckot, ami miatt küzdenie kellett a talpon maradásért.
Einmal stolperte Buck und fiel, und alle Hunde standen auf.
Buck egyszer megbotlott és elesett, mire az összes kutya felállt.

Doch Buck richtete sich mitten im Fall auf und alle sanken wieder zu Boden.
De Buck zuhanás közben kiegyenesedett, és mindenki visszasüppedt.
Buck hatte etwas Seltenes – eine Vorstellungskraft, die aus tiefem Instinkt geboren war.
Bucknak volt valami ritka tulajdonsága – mély ösztönből született képzelőereje.
Er kämpfte mit natürlichem Antrieb, aber auch mit List.
Természetes ösztönnel harcolt, de ravaszsággal is.
Er griff erneut an, als würde er seinen Schulterangriffstrick wiederholen.
Újra rohamra kelt, mintha megismételné a válltámadás trükkjét.
Doch in der letzten Sekunde ließ er sich fallen und flog unter Spitz hindurch.
De az utolsó pillanatban leugrott, és Spitz alá került.
Seine Zähne schnappten um Spitz' linkes Vorderbein.
Fogai egy csattanással akadtak össze Spitz bal mellső lábán.
Spitz stand nun unsicher da, sein Gewicht ruhte nur noch auf drei Beinen.
Spitz most bizonytalanul állt, testsúlya mindössze három lábon nyugodott.
Buck schlug erneut zu und versuchte dreimal, ihn zu Fall zu bringen.
Buck ismét lecsapott, háromszor próbálta leteríteni.
Beim vierten Versuch nutzte er denselben Zug mit Erfolg
A negyedik próbálkozásra ugyanazt a mozdulatot alkalmazta sikerrel.
Diesmal gelang es Buck, Spitz in das rechte Bein zu beißen.
Ezúttal Bucknak sikerült Spitz jobb lábát megharapnia.
Obwohl Spitz verkrüppelt war und große Schmerzen litt, kämpfte er weiter ums Überleben.
Spitz, bár nyomorék és kínok között volt, továbbra is küzdött a túlélésért.
Er sah, wie der Kreis der Huskys enger wurde, die Zungen herausstreckten und deren Augen leuchteten.

Látta, ahogy a huskyk köre egyre szorosabbra húzódik, kinyújtott nyelvekkel, izzó szemekkel.
Sie warteten darauf, ihn zu verschlingen, so wie sie es mit anderen getan hatten.
Arra vártak, hogy felfalhassák, ahogyan másokkal is tették.
Dieses Mal stand er im Mittelpunkt: besiegt und verdammt.
Ezúttal középen állt; legyőzötten és kudarcra ítélve.
Für den weißen Hund gab es jetzt keine Möglichkeit mehr zu entkommen.
A fehér kutyának most már nem volt lehetősége elmenekülni.
Buck kannte keine Gnade, denn Gnade hatte in der Wildnis nichts zu suchen.
Buck nem mutatott irgalmat, mert az irgalom nem a vadonban való.
Buck bewegte sich vorsichtig und bereitete sich auf den letzten Angriff vor.
Buck óvatosan mozgott, felkészülve az utolsó rohamra.
Der Kreis der Huskys schloss sich, er spürte ihren warmen Atem.
A huskyk köre egyre közelebb ért; érezte meleg leheletüket.
Sie duckten sich und waren bereit, im richtigen Moment zu springen.
Leguggoltak, készen arra, hogy ugorjanak, ha eljön a pillanat.
Spitz zitterte im Schnee, knurrte und veränderte seine Haltung.
Spitz remegett a hóban, vicsorgott és változtatott az állásán.
Seine Augen funkelten, seine Lippen waren gekräuselt und seine Zähne blitzten in verzweifelter Drohung.
Szemei lángoltak, ajkai felkunkorodtak, fogai kétségbeesett fenyegetésként villogtak.
Er taumelte und versuchte immer noch, dem kalten Biss des Todes standzuhalten.
Megtántorodott, még mindig próbálta visszatartani a halál hideg csípését.
Er hatte das schon früher erlebt, aber immer von der Gewinnerseite.
Látott már ilyet korábban, de mindig a győztes oldalról.

Jetzt war er auf der Verliererseite, der Besiegte, die Beute, der Tod.
Most a vesztes oldalon állt; a legyőzött; a préda; a halál.
Buck umkreiste ihn für den letzten Schlag, der Hundekreis rückte näher.
Buck az utolsó csapásra várva körözött, a kutyák gyűrűje egyre közelebb nyomult.
Er konnte ihren heißen Atem spüren; bereit zum Töten.
Érezte forró leheletüket; készen álltak a gyilkolásra.
Stille breitete sich aus; alles war an seinem Platz; die Zeit war stehen geblieben.
Csend lett; minden a helyén volt; megállt az idő.
Sogar die kalte Luft zwischen ihnen gefror für einen letzten Moment.
Még a köztük lévő hideg levegő is megfagyott egy utolsó pillanatra.
Nur Spitz bewegte sich und versuchte, sein bitteres Ende abzuwenden.
Csak Spitz mozdult, próbálta visszafogni keserű végét.
Der Kreis der Hunde schloss sich um ihn, und das war sein Schicksal.
A kutyák köre egyre szűkült körülötte, ahogy a sorsa is.
Er war jetzt verzweifelt, da er wusste, was passieren würde.
Most már kétségbeesett volt, tudta, mi fog történni.
Buck sprang hinein, Schulter an Schulter traf ein letztes Mal.
Buck előreugrott, válla még utoljára összeért.
Die Hunde drängten vorwärts und deckten Spitz in der verschneiten Dunkelheit.
A kutyák előretörtek, fedezve Spitzet a havas sötétségben.
Buck sah zu, aufrecht stehend; der Sieger in einer wilden Welt.
Buck egyenesen állva figyelte őket; a győztes egy vad világban.
Das dominante Urtier hatte seine Beute gemacht, und es war gut.
Az uralkodó ősállat begyűjtette a zsákmányát, és ez jó volt.

Wer die Meisterschaft erlangt hat
Aki elnyerte a mesteri címet

„Wie? Was habe ich gesagt? Ich sage die Wahrheit, wenn ich sage, dass Buck ein Teufel ist."
„Hé? Mit mondtam? Igazat mondok, amikor azt mondom, hogy Buck egy ördög."
François sagte dies am nächsten Morgen, nachdem er festgestellt hatte, dass Spitz verschwunden war.
François ezt másnap reggel mondta, miután Spitz eltűntnek bizonyult.
Buck stand da, übersät mit Wunden aus dem erbitterten Kampf.
Buck ott állt, tele sebekkel a kegyetlen küzdelem nyomaiból.
François zog Buck zum Feuer und zeigte auf die Verletzungen.
François a tűzhöz húzta Buckot, és a sérüléseire mutatott.
„Dieser Spitz hat gekämpft wie der Devik", sagte Perrault und beäugte die tiefen Schnittwunden.
– Az a Spitz úgy harcolt, mint a Devik – mondta Perrault, a mély sebeket nézve.
„Und dieser Buck hat wie zwei Teufel gekämpft", antwortete François sofort.
– És hogy Buck úgy harcolt, mint két ördög – felelte azonnal François.
„Jetzt kommen wir gut voran; kein Spitz mehr, kein Ärger mehr."
„Most már jó úton haladunk; nincs több Spitz, nincs több baj."
Perrault packte die Ausrüstung und belud den Schlitten sorgfältig.
Perrault pakolgatta a felszerelést, és gondosan megrakta a szánt.
François spannte die Hunde für den Lauf des Tages an.
François befogta a kutyákat, hogy felkészüljön a napi futásra.
Buck trabte direkt an die Führungsposition, die einst Spitz innehatte.

Buck egyenesen a Spitz által korábban megtartott vezető pozícióba ügetett.

Doch François bemerkte es nicht und führte Solleks nach vorne.

De François, mit sem törődve ezzel, előre vezette Solleks-et.

Nach François' Einschätzung war Solleks nun der beste Leithund.

François megítélése szerint Solleks volt most a legjobb vezetőkutya.

Buck stürzte sich wütend auf Solleks und trieb ihn aus Protest zurück.

Buck dühösen ráugrott Solleksre, és tiltakozásul visszaverte.

Er stand dort, wo einst Spitz gestanden hatte, und beanspruchte die Führungsposition.

Ott állt, ahol egykor Spitz állt, és átvette a vezető pozíciót.

„Wie? Wie?", rief François und schlug sich amüsiert auf die Schenkel.

– Hé? Hé? – kiáltotta François, és szórakozottan a combjára csapott.

„Sehen Sie sich Buck an – er hat Spitz umgebracht und jetzt will er ihm den Job wegnehmen!"

„Nézd csak Buckot! Ő ölte meg Spitzet, most meg el akarja vállalni a munkát!"

„Geh weg, Chook!", schrie er und versuchte, Buck zu vertreiben.

„Menj el, Chook!" – kiáltotta, miközben megpróbálta elkergetni Buckot.

Aber Buck weigerte sich, sich zu bewegen und blieb fest im Schnee stehen.

De Buck nem volt hajlandó megmozdulni, és szilárdan állt a hóban.

François packte Buck am Genick und zog ihn beiseite.

François megragadta Buckot a tarkójánál fogva, és félrerántotta.

Buck knurrte leise und drohend, griff aber nicht an.

Buck halkan és fenyegetően morgott, de nem támadott.

François brachte Solleks wieder in Führung und versuchte, den Streit zu schlichten
François visszaszerezte a vezetést Solleksnek, megpróbálva rendezni a vitát
Der alte Hund zeigte Angst vor Buck und wollte nicht bleiben.
Az öreg kutya félt Bucktól, és nem akart maradni.
Als François ihm den Rücken zuwandte, verjagte Buck Solleks wieder.
Amikor François hátat fordított, Buck ismét kiűzte Solleks-et.
Solleks leistete keinen Widerstand und trat erneut leise zur Seite.
Solleks nem ellenkezett, és csendben ismét félreállt.
François wurde wütend und schrie: „Bei Gott, ich werde dich heilen!"
François dühös lett, és felkiáltott: „Istenemre, meggyógyítalak!"
Er kam mit einer schweren Keule in der Hand auf Buck zu.
Egy nehéz bunkót tartva a kezében, Buck felé közeledett.
Buck erinnerte sich gut an den Mann im roten Pullover.
Buck jól emlékezett a piros pulóveres férfira.
Er zog sich langsam zurück, beobachtete François, knurrte jedoch tief.
Lassan hátrált, François-t figyelve, de mélyet morgott.
Er eilte nicht zurück, auch nicht, als Solleks an seiner Stelle stand.
Nem sietett vissza, még akkor sem, amikor Solleks állt a helyén.
Buck kreiste knapp außerhalb seiner Reichweite und knurrte wütend und protestierend.
Buck elérhetetlen távolságban körözött, dühösen és tiltakozva vicsorgott.
Er behielt den Schläger im Auge und war bereit auszuweichen, falls François warf.
A klubra szegezte a szemét, készen arra, hogy kitérjen, ha François dobna.

Er war weise und vorsichtig geworden im Umgang mit bewaffneten Männern.
Bölcs és óvatos lett a fegyveres emberekkel szemben.
François gab auf und rief Buck erneut an seinen alten Platz.
François feladta, és visszahívta Buckot a korábbi helyére.
Aber Buck trat vorsichtig zurück und weigerte sich, dem Befehl Folge zu leisten.
De Buck óvatosan hátrébb lépett, és nem volt hajlandó engedelmeskedni a parancsnak.
François folgte ihm, aber Buck wich nur ein paar Schritte zurück.
François követte, de Buck csak néhány lépést hátrált még.
Nach einiger Zeit warf François frustriert die Waffe hin.
Egy idő után François dühösen elhajította a fegyvert.
Er dachte, Buck hätte Angst vor einer Tracht Prügel und würde ruhig kommen.
Azt gondolta, Buck fél a veréstől, és csendben fog jönni.
Aber Buck wollte sich nicht vor einer Strafe drücken – er kämpfte um seinen Rang.
De Buck nem a büntetés elől menekült – a rangjáért küzdött.
Er hatte sich den Platz als Leithund durch einen Kampf auf Leben und Tod verdient
Halálos küzdelemmel érdemelte ki a vezető kutya pozíciót
er würde sich mit nichts Geringerem zufrieden geben, als der Anführer zu sein.
Nem fog megelégedni kevesebbel, mint hogy vezető legyen.

Perrault beteiligte sich an der Verfolgung, um den rebellischen Buck zu fangen.
Perrault besegített az üldözésbe, hogy segítsen elkapni a lázadó Buckot.
Gemeinsam ließen sie ihn fast eine Stunde lang durch das Lager laufen.
Együtt futkostak vele a táborban közel egy órán át.
Sie warfen Knüppel nach ihm, aber Buck wich jedem Schlag geschickt aus.

Bunkókkal dobálták meg, de Buck ügyesen kikerülte mindegyiket.
Sie verfluchten ihn, seine Vorfahren, seine Nachkommen und jedes Haar an ihm.
Átkozták őt, őseit, leszármazottait és minden egyes hajszálát.
Aber Buck knurrte nur zurück und blieb gerade außerhalb ihrer Reichweite.
De Buck csak vicsorgott vissza, és pont annyira maradt, hogy ne érhessék el.
Er versuchte nie wegzulaufen, sondern umkreiste das Lager absichtlich.
Soha nem próbált elfutni, hanem szándékosan körbejárta a tábort.
Er machte klar, dass er gehorchen würde, sobald sie ihm gäben, was er wollte.
Világossá tette, hogy engedelmeskedni fog, amint megkapja, amit akar.
Schließlich setzte sich François hin und kratzte sich frustriert am Kopf.
François végül leült, és dühösen megvakarta a fejét.
Perrault sah auf seine Uhr, fluchte und murmelte etwas über die verlorene Zeit.
Perrault ránézett az órájára, káromkodott, és az elvesztegetett időről motyogott.
Obwohl sie eigentlich auf der Spur sein sollten, war bereits eine Stunde vergangen.
Már eltelt egy óra, amikor már az ösvényen kellett volna lenniük.
François zuckte verlegen mit den Achseln, als der Kurier resigniert seufzte.
François szégyenlősen vállat vont a futár felé, aki legyőzötten felsóhajtott.
Dann ging François zu Solleks und rief Buck noch einmal.
Aztán François odament Sollekshez, és ismét Buckot szólította.
Buck lachte wie ein Hund, wahrte jedoch vorsichtig seine Distanz.

Buck úgy nevetett, mint egy kutya, de óvatos távolságot tartott.
François nahm Solleks das Geschirr ab und brachte ihn an seinen Platz zurück.
François levette Solleks hámját, és visszavitte a helyére.
Das Schlittenteam stand voll angespannt da, nur ein Platz war unbesetzt.
A szánkócsapat teljes felszerelésben állt, csak egy hely volt betöltetlen.
Die Führungsposition blieb leer und war eindeutig nur für Buck bestimmt.
A vezető pozíció üresen maradt, egyértelműen csak Bucknak szánták.
François rief erneut, und wieder lachte Buck und blieb standhaft.
François újra szólt, Buck pedig ismét nevetett és kitartott.
„Wirf die Keule weg", befahl Perrault ohne zu zögern.
– Dobd le a botot! – parancsolta Perrault habozás nélkül.
François gehorchte und Buck trabte sofort stolz vorwärts.
François engedelmeskedett, Buck pedig azonnal büszkén előreügetett.
Er lachte triumphierend und übernahm die Führungsposition.
Diadalmasan felnevetett, és átvette a vezető helyet.
François befestigte seine Leinen und der Schlitten wurde losgerissen.
François biztosította a nyomait, és a szánt elengedték.
Beide Männer liefen neben dem Team her, als es auf den Flusspfad rannte.
Mindkét férfi egymás mellett futott, miközben a csapat a folyó menti ösvényre rohant.
François hatte Bucks „zwei Teufel" sehr geschätzt,
François nagyra tartotta Buck „két ördögét",
aber er merkte bald, dass er den Hund tatsächlich unterschätzt hatte.
de hamarosan rájött, hogy valójában alábecsülte a kutyát.

Buck übernahm schnell die Führung und erbrachte hervorragende Leistungen.
Buck gyorsan átvette a vezetést, és kiválóan teljesített.
In puncto Urteilsvermögen, schnelles Denken und schnelles Handeln übertraf Buck Spitz.
Ítéletben, gyors gondolkodásban és gyors cselekvésben Buck felülmúlta Spitzet.
François hatte noch nie einen Hund gesehen, der dem von Buck gleichkam.
François még soha nem látott olyan kutyát, mint amilyennek Buck most mutatta magát.
Aber Buck war wirklich herausragend darin, für Ordnung zu sorgen und Respekt zu erlangen.
De Buck valóban jeleskedett a rendfenntartásban és a tisztelet kivívásában.
Dave und Solleks akzeptierten die Änderung ohne Bedenken oder Protest.
Dave és Solleks aggodalom vagy tiltakozás nélkül elfogadták a változást.
Sie konzentrierten sich nur auf die Arbeit und zogen kräftig die Zügel an.
Csak a munkára és a gyeplő kemény húzására koncentráltak.
Es war ihnen egal, wer führte, solange der Schlitten in Bewegung blieb.
Nem törődtek azzal, ki vezet, amíg a szán mozog.
Billee, der Fröhliche, hätte, soweit es sie interessierte, die Führung übernehmen können.
Billee, a vidám lány, akár vezethetett volna is, mindegy volt nekik.
Was ihnen wichtig war, waren Frieden und Ordnung in den Reihen.
Ami számított nekik, az a sorokban uralkodó béke és rend volt.

Der Rest des Teams war während Spitz' Niedergang unbändig geworden.
A csapat többi tagja Spitz hanyatlása alatt rakoncátlanná vált.

Sie waren schockiert, als Buck sie sofort zur Ordnung rief.
Megdöbbentek, amikor Buck azonnal rendet teremtett bennük.
Pike war immer faul gewesen und hatte Buck hinterhergehangen.
Pike mindig is lusta volt, és csak húzta a lábát Buck után.
Doch nun wurde er von der neuen Führung scharf diszipliniert.
De most az új vezetés keményen megfegyelmezte.
Und er lernte schnell, seinen Teil zum Team beizutragen.
És gyorsan megtanulta, hogyan érvényesítse a súlyát a csapatban.
Am Ende des Tages hatte Pike härter gearbeitet als je zuvor.
A nap végére Pike keményebben dolgozott, mint valaha.
In dieser Nacht im Lager wurde Joe, der mürrische Hund, endlich beruhigt.
Azon az estén a táborban Joe-t, a savanyú kutyát végre sikerült lecsillapítani.
Spitz hatte es nicht geschafft, ihn zu disziplinieren, aber Buck versagte nicht.
Spitz nem tudta megfegyelmezni, de Buck nem vallott kudarcot.
Durch die Nutzung seines größeren Gewichts überwältigte Buck Joe in Sekundenschnelle.
Nagyobb súlyát felhasználva Buck másodpercek alatt legyűrte Joe-t.
Er biss und schlug Joe, bis dieser wimmerte und aufhörte, sich zu wehren.
Addig harapdálta és ütötte Joe-t, amíg az felnyögött és felhagyott az ellenállással.
Von diesem Moment an verbesserte sich das gesamte Team.
Az egész csapat attól a pillanattól kezdve fejlődött.
Die Hunde erlangten ihre alte Einheit und Disziplin zurück.
A kutyák visszanyerték régi egységüket és fegyelmüket.
In Rink Rapids kamen zwei neue einheimische Huskies hinzu, Teek und Koona.

Rink Rapidsnél két új őshonos husky, Teek és Koona csatlakozott.
Bucks schnelle Ausbildung erstaunte sogar François.
Buck gyors kiképzése még François-t is megdöbbentette.
„So einen Hund wie diesen Buck hat es noch nie gegeben!", rief er erstaunt.
„Soha nem volt még ilyen kutya, mint ez a Buck!" – kiáltotta ámulva.
„Nein, niemals! Er ist tausend Dollar wert, bei Gott!"
„Nem, soha! Istenemre mondom, ezer dollárt ér!"
„Wie? Was sagst du dazu, Perrault?", fragte er stolz.
– Hm? Mit szólsz ehhez, Perrault? – kérdezte büszkén.
Perrault nickte zustimmend und überprüfte seine Notizen.
Perrault egyetértően bólintott, és átnézte a jegyzeteit.
Wir liegen bereits vor dem Zeitplan und kommen täglich weiter voran.
Már most megelőzzük a tervezettet, és napról napra többet nyerünk.
Der Weg war festgestampft und glatt, es lag kein Neuschnee.
Az ösvény keményre döngölt és sima volt, friss hó nem esett.
Es war konstant kalt und lag die ganze Zeit bei minus fünfzig Grad.
Állandó volt a hideg, végig ötven fok körül alakult.
Die Männer ritten und rannten abwechselnd, um sich warm zu halten und Zeit zu gewinnen.
A férfiak felváltva lovagoltak és futottak, hogy melegen tartsák magukat és időt nyerjenek.
Die Hunde rannten schnell, mit wenigen Pausen, immer vorwärts.
A kutyák gyorsan futottak, kevés megállást követően, mindig előre nyomulva.
Der Thirty Mile River war größtenteils zugefroren und leicht zu überqueren.
A Harminc Mérföld folyó nagy része be volt fagyva, és könnyen átkelhetett rajta.

Was zehn Tage gedauert hatte, wurde an einem Tag verschickt.
Egy nap alatt mentek ki, míg visszafelé tíz napig tartott.
Sie legten einen sechsundneunzig Kilometer langen Sprint vom Lake Le Barge nach White Horse zurück.
Hatvan mérföldes száguldást tettek meg a Le Barge-tótól White Horse-ig.
Sie bewegten sich unglaublich schnell über die Seen Marsh, Tagish und Bennett.
Hihetetlenül gyorsan haladtak a Marsh, Tagish és Bennett tavakon át.
Der laufende Mann wird an einem Seil hinter dem Schlitten hergezogen.
A futó férfi kötélen vontatta a szánkót.
In der letzten Nacht der zweiten Woche erreichten sie ihr Ziel.
A második hét utolsó estéjén megérkeztek úti céljukhoz.
Sie hatten gemeinsam die Spitze des White Pass erreicht.
Együtt érték el a White Pass csúcsát.
Sie sanken auf Meereshöhe hinab, mit den Lichtern von Skaguay unter ihnen.
A tenger szintjére ereszkedtek, alattuk Skaguay fényei világítottak.
Es war ein Rekordlauf durch kilometerlange kalte Wildnis.
Rekorddöntő futás volt a hideg vadon mérföldjein át.
An vierzehn aufeinanderfolgenden Tagen legten sie im Durchschnitt satte vierundsechzig Kilometer zurück.
Tizennégy napon keresztül átlagosan negyven mérföldet tettek meg.
In Skaguay transportierten Perrault und François Fracht durch die Stadt.
Skaguay-ban Perrault és François rakományt szállítottak a városon keresztül.
Die bewundernde Menge jubelte ihnen zu und bot ihnen viele Getränke an.
A csodáló tömeg éljenezte őket, és sok italt kínált nekik.

Hundefänger und Arbeiter versammelten sich um das berühmte Hundegespann.
Kutyavadászok és munkások gyűltek össze a híres kutyás csapat körül.
Dann kamen Gesetzlose aus dem Westen in die Stadt und erlitten eine brutale Niederlage.
Ezután nyugati törvényen kívüliek érkeztek a városba, és erőszakos vereséget szenvedtek.
Die Leute vergaßen bald das Team und konzentrierten sich auf neue Dramen.
Az emberek hamarosan elfelejtették a csapatot, és új drámákra koncentráltak.
Dann kamen die neuen Befehle, die alles auf einen Schlag veränderten.
Aztán jöttek az új parancsok, amelyek egyszerre mindent megváltoztattak.
François rief Buck zu sich und umarmte ihn mit tränenreichem Stolz.
François magához hívta Buckot, és könnyes büszkeséggel ölelte át.
In diesem Moment sah Buck François zum letzten Mal wieder.
Ez volt az utolsó alkalom, hogy Buck újra látta François-t.
Wie viele Männer zuvor waren sowohl François als auch Perrault nicht mehr da.
Sok más férfihoz hasonlóan François és Perrault is eltűntek.
Ein schottischer Mischling übernahm das Kommando über Buck und seine Schlittenhunde-Kollegen.
Egy skót félvér vette át Buck és szánhúzó kutyáinak irányítását.
Mit einem Dutzend anderer Hundegespanne kehrten sie auf dem Weg nach Dawson zurück.
Egy tucat másik kutyafogattal együtt visszatértek a Dawsonba vezető ösvényen.
Es war kein Schnelllauf mehr, sondern harte Arbeit mit einer schweren Last jeden Tag.

Most már nem volt gyors futás – csak nehéz kínlódás, nehéz teherrel minden nap.

Dies war der Postzug, der den Goldsuchern in der Nähe des Pols Nachrichten brachte.

Ez volt a postavonat, amely hírt vitt az Északi-sark közelében lévő aranyvadászoknak.

Buck mochte die Arbeit nicht, ertrug sie jedoch gut und war stolz auf seine Leistung.

Buck nem szerette a munkát, de jól viselte, büszke volt az erőfeszítésére.

Wie Dave und Solleks zeigte Buck Hingabe bei jeder täglichen Aufgabe.

Dave-hez és Sollekshez hasonlóan Buck is odaadással végezte minden napi feladatát.

Er stellte sicher, dass jeder seiner Teamkollegen seinen Teil beitrug.

Gondoskodott róla, hogy csapattársai mindannyian a rájuk bízott feladatokat végezzék.

Das Leben auf dem Trail wurde langweilig und wiederholte sich mit der Präzision einer Maschine.

Az ösvényes élet unalmassá vált, gépi pontossággal ismétlődött.

Jeder Tag fühlte sich gleich an, ein Morgen ging in den nächsten über.

Minden nap ugyanolyannak tűnt, az egyik reggel beleolvadt a másikba.

Zur gleichen Stunde standen die Köche auf, um Feuer zu machen und Essen zuzubereiten.

Ugyanebben az órában a szakácsok is felkeltek, hogy tüzet rakjanak és ételt készítsenek.

Nach dem Frühstück verließen einige das Lager, während andere die Hunde anspannten.

Reggeli után néhányan elhagyták a tábort, míg mások befogták a kutyákat.

Sie machten sich auf den Weg, bevor die schwache Morgendämmerung den Himmel berührte.

Még mielőtt a hajnal halvány figyelmeztetése elérte volna az eget, elindultak az ösvényen.
Nachts hielten sie an, um ihr Lager aufzuschlagen, wobei jeder Mann eine festgelegte Aufgabe hatte.
Éjszaka megálltak tábort verni, minden embernek meghatározott feladata volt.
Einige stellten die Zelte auf, andere hackten Feuerholz und sammelten Kiefernzweige.
Néhányan sátrakat vertek, mások tűzifát vágtak és fenyőágakat gyűjtöttek.
Zum Abendessen wurde den Köchen Wasser oder Eis mitgebracht.
Vizet vagy jeget vittek vissza a szakácsoknak vacsorára.
Die Hunde wurden gefüttert und das war für sie der schönste Teil des Tages.
A kutyákat megetették, és ez volt a nap legszebb része számukra.
Nachdem sie Fisch gegessen hatten, entspannten sich die Hunde und machten es sich in der Nähe des Feuers gemütlich.
Miután elfogyasztották a halat, a kutyák pihentek és heverésztek a tűz közelében.
Im Konvoi waren noch hundert andere Hunde, unter die man sich mischen konnte.
Száz másik kutya is volt a konvojban, akikkel el lehetett beszélgetni.
Viele dieser Hunde waren wild und kämpften ohne Vorwarnung.
Sok ilyen kutya vad volt és gyorsan verekedni kezdett figyelmeztetés nélkül.
Doch nach drei Siegen war Buck selbst den härtesten Kämpfern überlegen.
De három győzelem után Buck még a legádázabb harcosokat is legyőzte.
Als Buck nun knurrte und die Zähne fletschte, traten sie zur Seite.
Amikor Buck morgott és kivillantotta a fogát, félreálltak.

Und das Beste war vielleicht, dass Buck es liebte, neben dem flackernden Lagerfeuer zu liegen.
Talán a legjobban Buck imádott a pislákoló tábortűz közelében feküdni.
Er hockte mit angezogenen Hinterbeinen und nach vorne gestreckten Vorderbeinen.
Leguggolt, hátsó lábait behúzva, első lábait előre nyújtva.
Er hatte den Kopf erhoben und blinzelte sanft in die glühenden Flammen.
Felemelt fejjel halkan pislogott az izzó lángok felé.
Manchmal musste er an Richter Millers großes Haus in Santa Clara denken.
Néha eszébe jutott Miller bíró nagy háza Santa Clarában.
Er dachte an den Zementpool, an Ysabel und den Mops namens Toots.
A cementmedencére gondolt, Ysabelre és a Toots nevű mopszra.
Aber häufiger musste er an die Keule des Mannes mit dem roten Pullover denken.
De gyakrabban a piros pulóveres férfi klubjára gondolt.
Er erinnerte sich an Curlys Tod und seinen erbitterten Kampf mit Spitz.
Emlékezett Göndör halálára és a Spitzcel vívott ádáz csatájára.
Er erinnerte sich auch an das gute Essen, das er gegessen hatte oder von dem er immer noch träumte.
Eszébe jutottak azok a finom ételek is, amiket evett, vagy amikről még mindig álmodozott.
Buck hatte kein Heimweh – das warme Tal war weit weg und unwirklich.
Buck nem honvágyas volt – a meleg völgy távoli és valószerűtlen volt.
Die Erinnerungen an Kalifornien hatten keine große Anziehungskraft mehr auf ihn.
Kalifornia emlékei már nem igazán ragadták meg.
Stärker als die Erinnerung waren die tief in seinem Blut verwurzelten Instinkte.

Az emlékeinél erősebbek voltak a vérvonalában mélyen rejlő ösztönök.
Einst verlorene Gewohnheiten waren zurückgekehrt und durch den Weg und die Wildnis wiederbelebt worden.
Az elveszett szokások visszatértek, az ösvény és a vadon újjáélesztette őket.
Während Buck das Feuerlicht betrachtete, veränderte sich seine Wahrnehmung manchmal.
Miközben Buck a tűzfényt nézte, az néha valami mássá vált.
Er sah im Feuerschein ein anderes Feuer, älter und tiefer als das gegenwärtige.
A tűzfényben egy másik tüzet látott, régebbit és mélyebbet a jelenleginél.
Neben dem anderen Feuer hockte ein Mann, der anders aussah als der Mischlingskoch.
A másik tűz mellett egy férfi kuporgott, aki nem hasonlított a félvér szakácshoz.
Diese Figur hatte kurze Beine, lange Arme und harte, verknotete Muskeln.
Ennek az alaknak rövid lábai, hosszú karjai és kemény, csomós izmai voltak.
Sein Haar war lang und verfilzt und fiel von den Augen nach hinten ab.
Hosszú és gubancos haja volt, a szemétől hátralógó.
Er gab seltsame Geräusche von sich und starrte voller Angst in die Dunkelheit.
Furcsa hangokat adott ki, és félelemmel bámult a sötétségbe.
Er hielt eine Steinkeule tief in seiner langen, rauen Hand fest.
Hosszú, durva kezében szorosan szorongatott egy kőbotot, ami alacsonyan tartotta.
Der Mann trug wenig, nur eine verkohlte Haut, die ihm den Rücken hinunterhing.
A férfi keveset viselt; csak egy elszenesedett bőr lógott a hátán.
Sein Körper war an Armen, Brust und Oberschenkeln mit dichtem Haar bedeckt.

Testét vastag szőrzet borította, amely a karján, a mellkasán és a combján húzódott.

Einige Teile des Haares waren zu rauen Fellbüscheln verfilzt.

A haj egyes részei durva szőrfoltokká kuszadtak össze.

Er stand nicht gerade, sondern war von der Hüfte bis zu den Knien nach vorne gebeugt.

Nem állt egyenesen, hanem csípőtől térdig előrehajolt.

Seine Schritte waren federnd und katzenartig, als wäre er immer zum Sprung bereit.

Léptei ruganyosak és macskaszerűek voltak, mintha mindig készen állna az ugrásra.

Er war in höchster Wachsamkeit, als lebte er in ständiger Angst.

Éles éberség áradt belőle, mintha állandó félelemben élne.

Dieser alte Mann schien mit Gefahr zu rechnen, ob er die Gefahr nun sah oder nicht.

Ez az ősi ember látszólag számított a veszélyre, akár látta a veszélyt, akár nem.

Manchmal schlief der haarige Mann am Feuer, den Kopf zwischen die Beine gesteckt.

A szőrös férfi időnként a tűz mellett aludt, fejét a lábai közé dugva.

Seine Ellbogen ruhten auf seinen Knien, die Hände waren über seinem Kopf gefaltet.

Könyöke a térdén nyugodott, kezei a feje fölött összekulcsolva.

Wie ein Hund benutzte er seine haarigen Arme, um den fallenden Regen abzuschütteln.

Mint egy kutya, szőrös karjaival lerázta magáról a hulló esőt.

Hinter dem Feuerschein sah Buck zwei Kohlen im Dunkeln glühen.

A tűzfényen túl Buck kettős parazsat látott izzani a sötétben.

Immer zu zweit, waren sie die Augen der sich anpirschenden Raubtiere.

Mindig kettesével, lesben álló ragadozók szemei voltak.

Er hörte, wie Körper durchs Unterholz krachten und Geräusche in der Nacht.
Testek csapódását hallotta a bozótosban, és hangokat az éjszakában.
Buck lag blinzelnd am Ufer des Yukon und träumte am Feuer.
A Yukon partján fekve, pislogva, Buck a tűz mellett álmodozott.
Die Anblicke und Geräusche dieser wilden Welt ließen ihm die Haare zu Berge stehen.
A vad világ látványától és hangjaitól égnek állt a haja.
Das Fell stand ihm über den Rücken, die Schultern und den Hals hinauf.
A szőr felállt a hátán, a vállán és fel a nyakán.
Er wimmerte leise oder gab ein tiefes Knurren aus der Brust von sich.
Halkan nyüszített, vagy egy mély morgást hallatott a mellkasában.
Dann rief der Mischlingskoch: „Hey, du Buck, wach auf!"
Ekkor a félvér szakács felkiáltott: „Hé, te Buck, ébredj fel!"
Die Traumwelt verschwand und das wirkliche Leben kehrte in Bucks Augen zurück.
Az álomvilág eltűnt, és a való élet visszatért Buck szemébe.
Er wollte aufstehen, sich strecken und gähnen, als wäre er aus einem Nickerchen erwacht.
Fel fog kelni, nyújtózkodni és ásítani, mintha szunyókálásból ébredt volna.
Die Reise war anstrengend, da sie den Postschlitten hinter sich herziehen mussten.
Az út nehéz volt, a postaszán húzta őket.
Schwere Lasten und harte Arbeit zermürbten die Hunde jeden langen Tag.
A nehéz terhek és a kemény munka minden hosszú napon kifárasztotta a kutyákat.
Sie kamen dünn und müde in Dawson an und brauchten über eine Woche Ruhe.

Lesoványodva, fáradtan érkeztek meg Dawsonba, és több
mint egyheti pihenésre volt szükségük.
**Doch nur zwei Tage später machten sie sich erneut auf den
Weg den Yukon hinunter.**
De mindössze két nappal később ismét elindultak lefelé a
Yukonon.
**Sie waren mit weiteren Briefen beladen, die für die
Außenwelt bestimmt waren.**
Még több, külvilágnak szánt levéllel voltak megrakodva.
**Die Hunde waren erschöpft und die Männer beschwerten
sich ständig.**
A kutyák kimerültek voltak, a férfiak pedig állandóan
panaszkodtak.
**Jeden Tag fiel Schnee, der den Weg weicher machte und die
Schlitten verlangsamte.**
Minden nap esett a hó, megpuhítva az ösvényt és lelassítva a
szánokat.
**Dies führte zu einem stärkeren Ziehen und einem größeren
Widerstand der Läufer.**
Ez nehezebb húzást és nagyobb ellenállást eredményezett a
futókon.
**Trotzdem waren die Fahrer fair und kümmerten sich um
ihre Teams.**
Ennek ellenére a sofőrök korrektek voltak és törődtek a
csapataikkal.
**Jeden Abend wurden die Hunde gefüttert, bevor die Männer
etwas zu essen bekamen.**
Minden este megetették a kutyákat, mielőtt a férfiak ehettek
volna.
**Kein Mann geht schlafen, ohne vorher die Pfoten seines
eigenen Hundes zu kontrollieren.**
Senki sem aludt el anélkül, hogy meg ne nézte volna a saját
kutyája lábát.
**Dennoch wurden die Hunde mit jeder zurückgelegten
Strecke schwächer.**
A kutyák mégis egyre gyengébbek lettek, ahogy a kilométerek
megviselték a testüket.

Sie waren den ganzen Winter über zweitausendachthundert Kilometer gereist.
Ezernyolcszáz kilométert utaztak a tél folyamán.
Sie zogen Schlitten über jede Meile dieser brutalen Distanz.
Szánkókkal tették meg ezt a brutális távolságot minden mérföldön.
Selbst die härtesten Schlittenhunde spüren nach so vielen Kilometern die Belastung.
Még a legkeményebb szánhúzókutyák is megerőltetőnek érzik magukat ennyi kilométer után.
Buck hielt durch, sorgte für die Weiterarbeit seines Teams und sorgte für die nötige Disziplin.
Buck kitartott, folyamatosan dolgozott a csapatán, és fegyelmet tartott.
Aber Buck war müde, genau wie die anderen auf der langen Reise.
De Buck fáradt volt, akárcsak a többiek a hosszú úton.
Billee wimmerte und weinte jede Nacht ohne Ausnahme im Schlaf.
Billee minden éjjel szünet nélkül nyöszörgött és sírt álmában.
Joe wurde noch verbitterter und Solleks blieb kalt und distanziert.
Joe még keserűbb lett, Solleks pedig hideg és távolságtartó maradt.
Doch Dave war derjenige des gesamten Teams, der am meisten darunter litt.
De az egész csapat közül Dave szenvedett a legjobban.
Irgendetwas in seinem Inneren war schiefgelaufen, doch niemand wusste, was.
Valami elromlott benne, bár senki sem tudta, hogy mi.
Er wurde launischer und fuhr andere mit wachsender Wut an.
Egyre szeszélyesebb lett, és egyre növekvő dühvel nyafogott másoknak.
Jede Nacht ging er direkt zu seinem Nest und wartete darauf, gefüttert zu werden.
Minden este egyenesen a fészkébe ment, és várta az etetést.

Als Dave einmal unten war, stand er bis zum Morgen nicht mehr auf.
Miután Dave lefeküdt, reggelig nem kelt fel.
Plötzliche Rucke oder Anlaufe an den Zügeln ließen ihn vor Schmerzen aufschreien.
A gyeplőn a hirtelen rántások vagy ijedtségek fájdalmas felkiáltást váltottak ki belőle.
Sein Fahrer suchte nach der Ursache, konnte jedoch keine Verletzungen feststellen.
A sofőrje kereste a baleset okát, de sérülést nem talált nála.
Alle Fahrer beobachteten Dave und besprachen seinen Fall.
Minden sofőr Dave-et kezdte figyelni, és megvitatták az esetét.
Sie unterhielten sich beim Essen und während ihrer letzten Zigarette des Tages.
Étkezéskor és a nap utolsó cigarettája alatt beszélgettek.
Eines Nachts hielten sie eine Versammlung ab und brachten Dave zum Feuer.
Egyik este gyűlést tartottak, és Dave-et odavitték a tűzhöz.
Sie drückten und untersuchten seinen Körper und er schrie oft.
Nyomkodták és tapogatták a testét, és gyakran felkiáltott.
Offensichtlich stimmte etwas nicht, auch wenn keine Knochen gebrochen zu sein schienen.
Nyilvánvalóan valami baj volt, bár úgy tűnt, hogy egyetlen csontja sem tört el.
Als sie Cassiar Bar erreichten, war Dave am Umfallen.
Mire elérték a Cassiar Bárt, Dave már zuhant.
Der schottische Mischling machte Schluss und nahm Dave aus dem Team.
A skót félvér megálljt parancsolt, és eltávolította Dave-et a csapatból.
Er befestigte Solleks an Daves Stelle, ganz vorne am Schlitten.
Solleks-et Dave helyére rögzítette, a szán elejéhez legközelebb.
Er wollte Dave ausruhen und ihm die Freiheit geben, hinter dem fahrenden Schlitten herzulaufen.

Hagyni akarta Dave-et pihenni, és szabadon szaladgálni a mozgó szánkó mögött.
Doch selbst als er krank war, hasste Dave es, von seinem Job geholt zu werden.
De még betegen is utálta Dave, ha elvették az eddigi munkájától.
Er knurrte und wimmerte, als ihm die Zügel aus dem Körper gerissen wurden.
Morgott és nyüszített, ahogy a gyeplőt kihúzták a testéből.
Als er Solleks an seiner Stelle sah, weinte er vor gebrochenem Herzen.
Amikor meglátta Solleks-et a helyén, megtört szívű fájdalommal sírt.
Dave war noch immer stolz auf seine Arbeit auf dem Weg, selbst als der Tod nahte.
A túraútvonalon végzett munka büszkesége mélyen élt Dave-ben, még a halál közeledtével is.
Während der Schlitten fuhr, kämpfte sich Dave durch den weichen Schnee in der Nähe des Pfades.
Ahogy a szán mozgott, Dave vergődött a puha hóban az ösvény közelében.
Er griff Solleks an, biss ihn und stieß ihn von der Seite des Schlittens.
Megtámadta Solleks-et, megharapta és a szán oldaláról lökte.
Dave versuchte, in das Geschirr zu springen und seinen Arbeitsplatz zurückzuerobern.
Dave megpróbált beugrani a hámba, és visszaszerezni a munkaterületét.
Er schrie, jammerte und weinte, hin- und hergerissen zwischen Schmerz und Stolz auf die Wehen.
Felsikoltott, nyafogott és sírt, a fájdalom és a vajúdás utáni büszkeség között őrlődve.
Der Mischling versuchte, Dave mit seiner Peitsche vom Team zu vertreiben.
A félvér az ostorát használta, hogy megpróbálja elűzni Dave-et a csapattól.

Doch Dave ignorierte den Hieb und der Mann konnte nicht härter zuschlagen.
De Dave nem törődött az ostorcsapással, és a férfi nem tudta erősebben megütni.
Dave lehnte den einfacheren Weg hinter dem Schlitten ab, wo der Schnee festgefahren war.
Dave nem volt hajlandó a könnyebb utat választani a szánkó mögött, ahol vastag hó volt.
Stattdessen kämpfte er sich elend durch den tiefen Schnee neben dem Weg.
Ehelyett a mély hóban küzdött az ösvény mellett, nyomorultul.
Schließlich brach Dave zusammen, blieb im Schnee liegen und schrie vor Schmerzen.
Végül Dave összeesett, a hóban feküdt és fájdalmasan üvöltött.
Er schrie auf, als die lange Schlittenkette einer nach dem anderen an ihm vorbeifuhr.
Felkiáltott, ahogy a szánkók hosszú sora egyesével elhaladt mellette.
Dennoch stand er mit der ihm verbleibenden Kraft auf und stolperte ihnen hinterher.
Mégis, maradék erejével felállt, és botladozva utánuk eredt.
Als der Zug wieder anhielt, holte er ihn ein und fand seinen alten Schlitten.
Amikor a vonat ismét megállt, utolérte, és megtalálta a régi szánkóját.
Er kämpfte sich an den anderen Teams vorbei und stand wieder neben Solleks.
Elvánszorgott a többi csapat mellett, és ismét Solleks mellé állt.
Als der Fahrer anhielt, um seine Pfeife anzuzünden, nutzte Dave seine letzte Chance.
Miközben a sofőr megállt, hogy meggyújtsa a pipáját, Dave megragadta az utolsó esélyt.
Als der Fahrer zurückkam und schrie, bewegte sich das Team nicht weiter.

Amikor a sofőr visszatért és kiabált, a csapat nem mozdult előre.
Die Hunde hatten ihre Köpfe gedreht, verwirrt durch den plötzlichen Stopp.
A kutyák elfordították a fejüket, zavartan a hirtelen megállást követően.
Auch der Fahrer war schockiert – der Schlitten hatte sich keinen Zentimeter vorwärts bewegt.
A sofőr is megdöbbent – a szán egy tapodtat sem mozdult előre.
Er rief den anderen zu, sie sollten kommen und nachsehen, was passiert sei.
Odakiáltott a többieknek, hogy jöjjenek és nézzék meg, mi történt.
Dave hatte Solleks' Zügel durchgekaut und beide auseinandergerissen.
Dave átrágta Solleks gyeplőjét, mindkettőt széttépve.
Nun stand er vor dem Schlitten, wieder an seinem rechtmäßigen Platz.
Most a szán előtt állt, vissza a jogos helyére.
Dave blickte zum Fahrer auf und flehte ihn stumm an, in der Spur zu bleiben.
Dave felnézett a sofőrre, és magában könyörgött, hogy maradhasson a sínek között.
Der Fahrer war verwirrt und wusste nicht, was er für den zappelnden Hund tun sollte.
A sofőr zavarban volt, nem tudta, mitévő legyen a vergődő kutyával.
Die anderen Männer sprachen von Hunden, die beim Rausbringen gestorben waren.
A többi férfi kutyákról beszélt, amelyek elpusztultak, miközben kivitték őket.
Sie erzählten von alten oder verletzten Hunden, denen es das Herz brach, als sie zurückgelassen wurden.
Öreg vagy sérült kutyákról meséltek, akiknek a szíve összetört, amikor magukra hagyták őket.

Sie waren sich einig, dass es Gnade wäre, Dave sterben zu lassen, während er noch im Geschirr steckte.
Egyetértettek, hogy irgalomból hagyták Dave-et meghalni, miközben még a hámjában volt.
Er wurde wieder auf dem Schlitten festgeschnallt und Dave zog voller Stolz.
Vissza volt kötözve a szánkóhoz, és Dave büszkén húzta.
Obwohl er manchmal schrie, arbeitete er, als könne man den Schmerz ignorieren.
Bár időnként felkiáltott, úgy dolgozott, mintha a fájdalmat figyelmen kívül lehetne hagyni.
Mehr als einmal fiel er und wurde mitgeschleift, bevor er wieder aufstand.
Többször is elesett, és valaki vonszolta, mielőtt újra felkelt.
Einmal wurde er vom Schlitten überrollt und von diesem Moment an humpelte er.
Egyszer átgurult rajta a szánkó, és attól a pillanattól kezdve sántikált.
Trotzdem arbeitete er, bis das Lager erreicht war, und legte sich dann ans Feuer.
Mégis dolgozott, amíg el nem érte a tábort, majd lefeküdt a tűz mellé.
Am Morgen war Dave zu schwach, um zu reisen oder auch nur aufrecht zu stehen.
Reggelre Dave túl gyenge volt ahhoz, hogy utazzon, vagy akár csak felegyenesedjen.
Als es Zeit war, das Geschirr anzulegen, versuchte er mit zitternder Anstrengung, seinen Fahrer zu erreichen.
Amikor be kellett kapcsolnia, remegő erőfeszítéssel próbálta elérni a soförjét.
Er rappelte sich auf, taumelte und brach auf dem schneebedeckten Boden zusammen.
Feltápászkodott, megtántorodott, és a havas földre rogyott.
Mithilfe seiner Vorderbeine zog er seinen Körper in Richtung des Angeschirrs.
Mellső lábait használva vonszolta a testét a hámozási terület felé.

Zentimeter für Zentimeter schob er sich auf die Arbeitshunde zu.
Apró lépésekkel, centiméterről centiméterre haladt előre a munkáskutyák felé.
Er verließ die Kraft, aber er machte mit seinem letzten verzweifelten Vorstoß weiter.
Ereje elhagyta, de utolsó kétségbeesett mozdulatával továbbment.
Seine Teamkollegen sahen ihn im Schnee nach Luft schnappen und sich immer noch danach sehnen, zu ihnen zu kommen.
Csapattársai látták, ahogy a hóban kapkodva kapkodja a levegőt, és még mindig vágyik rá, hogy csatlakozhasson hozzájuk.
Sie hörten ihn vor Kummer schreien, als sie das Lager hinter sich ließen.
Hallották a bánatos üvöltését, miközben elhagyták a tábort.
Als das Team zwischen den Bäumen verschwand, hallte Daves Schrei hinter ihnen wider.
Ahogy a csapat eltűnt a fák között, Dave kiáltása visszhangzott mögöttük.
Der Schlittenzug hielt kurz an, nachdem er einen Abschnitt des Flusswalds überquert hatte.
A szánkóvonat rövid időre megállt, miután átkelt egy folyóparti erdősávon.
Der schottische Mischling ging langsam zurück zum Lager dahinter.
A skót félvér lassan visszasétált a mögötte lévő tábor felé.
Die Männer verstummten, als sie ihn den Schlittenzug verlassen sahen.
A férfiak elhallgattak, amikor megláttak, hogy leszáll a szánkós vonatról.
Dann ertönte ein einzelner Schuss klar und scharf über den Weg.
Aztán egyetlen lövés dördült tisztán és élesen át az ösvényen.
Der Mann kam schnell zurück und nahm wortlos seinen Platz ein.

A férfi gyorsan visszatért, és szó nélkül elfoglalta a helyét.
Peitschen knallten, Glöckchen bimmelten und die Schlitten rollten durch den Schnee.
Ostorok csattantak, csengők csilingeltek, és a szánkók gurultak tovább a hóban.
Aber Buck wusste, was passiert war – und alle anderen Hunde auch.
De Buck tudta, mi történt – és minden más kutya is.

Die Mühen der Zügel und des Trails
A gyeplő és az ösvény fáradalmai

Dreißig Tage nach dem Verlassen von Dawson erreichte die Salt Water Mail Skaguay.
Harminc nappal Dawson elhagyása után a Salt Water Mail megérkezett Skaguayba.

Buck und seine Teamkollegen gingen in Führung, kamen aber in einem erbärmlichen Zustand an.
Buck és csapattársai átvették a vezetést, szánalmas állapotban érkezve.

Buck hatte von hundertvierzig auf hundertfünfzehn Pfund abgenommen.
Buck száznegyvenről száztizenöt kilóra fogyott.

Die anderen Hunde hatten, obwohl kleiner, noch mehr Körpergewicht verloren.
A többi kutya, bár kisebb volt, még többet fogyott.

Pike, einst ein vorgetäuschter Hinker, schleppte nun ein wirklich verletztes Bein hinter sich her.
Pike, aki egykor csak álsántikált, most egy valóban sérült lábat vonszolt maga után.

Solleks humpelte stark und Dub hatte ein verrenktes Schulterblatt.
Solleks csúnyán sántított, Dubnak pedig megrándult a lapockája.

Die Füße aller Hunde im Team waren von den Wochen auf dem gefrorenen Pfad wund.
A csapat minden kutyájának sajgott a lába a hetekig tartó fagyos ösvényen való tartózkodástól.

Ihre Schritte waren völlig federnd und bewegten sich nur langsam und schleppend.
Lépteikben már nem volt ruganyosság, csak lassú, vonszoló mozgás.

Ihre Füße treffen den Weg hart und jeder Schritt belastet ihren Körper stärker.
Lábaik keményen nyomultak az ösvényen, minden egyes lépés egyre nagyobb terhelést jelentett a testüknek.

Sie waren nicht krank, sondern nur so erschöpft, dass sie sich auf natürliche Weise nicht mehr erholen konnten.
Nem voltak betegek, csak annyira kimerültek, hogy természetes úton semmivé fáradtak.
Dies war nicht die Müdigkeit eines harten Tages, die durch eine Nachtruhe geheilt werden konnte.
Ez nem egy nehéz nap fáradtsága volt, amit egy éjszakai pihenéssel gyógyíthattam.
Es war eine Erschöpfung, die sich durch monatelange, zermürbende Anstrengungen langsam aufgebaut hatte.
A kimerültség lassan, hónapokig tartó, kimerítő erőfeszítések során gyűlt össze.
Es waren keine Kraftreserven mehr vorhanden, sie hatten alles aufgebraucht, was sie hatten.
Nem maradt tartalék erő – minden tartalékukat elhasználták.
Jeder Muskel, jede Faser und jede Zelle ihres Körpers war erschöpft und abgenutzt.
Testük minden egyes izma, rostja és sejtje elhasználódott és elhasználódott.
Und das hatte seinen Grund: Sie hatten zweitausendfünfhundert Meilen zurückgelegt.
És volt is rá ok – kétezerötszáz mérföldet tettek meg.
Auf den letzten zweitausendachthundert Kilometern hatten sie sich nur fünf Tage ausgeruht.
Az elmúlt tizennyolcszáz mérföld alatt mindössze öt napot pihentek.
Als sie Skaguay erreichten, sahen sie aus, als könnten sie kaum aufrecht stehen.
Amikor Skaguay-ba értek, alig tudtak lábra állni.
Sie hatten Mühe, die Zügel straff zu halten und vor dem Schlitten zu bleiben.
Küzdeniük kellett, hogy feszesen tartsák a gyeplőt, és a szán előtt maradjanak.
Auf abschüssigen Hängen konnten sie nur noch vermeiden, überfahren zu werden.
A lejtőkön csak az gázolást sikerült elkerülniük.

„Weiter, ihr armen, wunden Füße", sagte der Fahrer, während sie weiterhumpelten.
– Rajta, szegény, fájós lábacskáim! – mondta a sofőr, miközben sántikáltak.
„Das ist die letzte Strecke, danach bekommen wir alle auf jeden Fall noch eine lange Pause."
„Ez az utolsó szakasz, aztán biztosan mindannyian kapunk egy hosszú pihenőt."
„Eine richtig lange Pause", versprach er und sah ihnen nach, wie sie weiter taumelten.
„Egy igazán hosszú pihenés" – ígérte, miközben nézte, ahogy tántorgó léptekkel előrehaladnak.
Die Fahrer rechneten damit, dass sie nun eine lange, notwendige Pause bekommen würden.
A sofőrök arra számítottak, hogy most egy hosszú, szükséges szünetet tartanak.
Sie hatten zweitausend Meilen zurückgelegt und nur zwei Tage Pause gemacht.
Ezerkétszáz mérföldet tettek meg mindössze kétnapi pihenővel.
Sie waren der Meinung, dass sie sich die Zeit zum Entspannen verdient hätten, und das aus fairen und vernünftigen Gründen.
Joggal és észszerűen úgy érezték, hogy kiérdemeltek egy kis időt a pihenésre.
Aber zu viele waren zum Klondike gekommen und zu wenige waren zu Hause geblieben.
De túl sokan jöttek a Klondike-ba, és túl kevesen maradtak otthon.
Es gingen unzählige Briefe von Familien ein, die zu Bergen verspäteter Post führten.
Özönlöttek a családoktól érkező levelek, ami halmokban hozta létre a késedelmes postai küldeményeket.
Offizielle Anweisungen trafen ein – neue Hudson Bay-Hunde würden die Nachfolge antreten.
Megérkeztek a hivatalos parancsok – új Hudson-öbölbeli kutyák vették át a hatalmat.

Die erschöpften Hunde, die nun als wertlos galten, sollten entsorgt werden.
A kimerült, most már értéktelennek nevezett kutyákat meg kellett semmisíteni.
Da Geld wichtiger war als Hunde, sollten sie billig verkauft werden.
Mivel a pénz fontosabb volt a kutyáknál, olcsón akarták eladni őket.
Drei weitere Tage vergingen, bevor die Hunde spürten, wie schwach sie waren.
Még három nap telt el, mire a kutyák igazán érezni kezdték, mennyire gyengék.
Am vierten Morgen kauften zwei Männer aus den Staaten das gesamte Team.
A negyedik reggelen két férfi az Államokból megvette az egész csapatot.
Der Verkauf umfasste alle Hunde sowie ihre abgenutzte Geschirrausrüstung.
Az eladás magában foglalta az összes kutyát, plusz a kopott hámjukat.
Die Männer nannten sich gegenseitig „Hal" und „Charles", als sie den Deal abschlossen.
A férfiak „Hal"-nak és „Charles"-nak szólították egymást, miközben befejezték az üzletet.
Charles war mittleren Alters, blass, hatte schlaffe Lippen und wilde Schnurrbartspitzen.
Károly középkorú, sápadt, petyhüdt ajkakkal és vad bajusszal rendelkezett.
Hal war ein junger Mann, vielleicht neunzehn, der einen Patronengürtel trug.
Hal egy fiatalember volt, talán tizenkilenc, és töltényekkel tömött övet viselt.
Am Gürtel befanden sich ein großer Revolver und ein Jagdmesser, beide unbenutzt.
Az övön egy nagy revolver és egy vadászkés lapult, mindkettő használatlan.

Es zeigte, wie unerfahren und ungeeignet er für das Leben im Norden war.
Ez megmutatta, mennyire tapasztalatlan és alkalmatlan az északi életre.
Keiner der beiden Männer gehörte in die Wildnis; ihre Anwesenheit widersprach jeder Vernunft.
Egyikük sem tartozott a vadonba; jelenlétük minden ésszerűséget felülmúlt.
Buck beobachtete, wie das Geld zwischen Käufer und Makler den Besitzer wechselte.
Buck figyelte, ahogy a vevő és az ügynök között pénz cserélődik.
Er wusste, dass die Postzugführer sein Leben wie alle anderen verlassen würden.
Tudta, hogy a postavonat-vezetők ugyanúgy elhagyják az életét, mint bárki más.
Sie folgten Perrault und François, die nun unwiederbringlich verschwunden waren.
Perrault-t és François-t követték, akiket mostanra már sehol sem lehetett megjegyezni.
Buck und das Team wurden in das schlampige Lager ihrer neuen Besitzer geführt.
Buckot és a csapatot új tulajdonosaik hanyag táborába vezették.
Das Zelt hing durch, das Geschirr war schmutzig und alles lag in Unordnung.
A sátor megereszkedett, a tányérok piszkosak voltak, és minden rendetlenül hevert.
Buck bemerkte dort auch eine Frau – Mercedes, Charles' Frau und Hals Schwester.
Buck egy nőt is észrevett ott – Mercedest, Charles feleségét és Hal húgát.
Sie bildeten eine vollständige Familie, obwohl sie alles andere als für den Wanderpfad geeignet waren.
Teljes családot alkottak, bár korántsem voltak alkalmasak az ösvényre.

Buck beobachtete nervös, wie das Trio begann, die Vorräte einzupacken.
Buck idegesen figyelte, ahogy a trió elkezdte pakolgatni a holmikat.
Sie arbeiteten hart, aber ohne Ordnung – nur Aufhebens und vergeudete Mühe.
Keményen dolgoztak, de rend nélkül – csak felhajtás és hiábavaló erőfeszítés.
Das Zelt war zu einer sperrigen Form zusammengerollt und viel zu groß für den Schlitten.
A sátrat ormótlanra tekerték fel, túl nagyra a szánkónak.
Schmutziges Geschirr wurde eingepackt, ohne dass es gespült oder getrocknet worden wäre.
A piszkos edényeket anélkül pakolták be, hogy egyáltalán megtisztították volna vagy megszárították volna őket.
Mercedes flatterte herum, redete, korrigierte und mischte sich ständig ein.
Mercedes állandóan beszélt, javítgatott és beleavatkozott a dolgokba.
Als ein Sack vorne platziert wurde, bestand sie darauf, dass er hinten drankam.
Amikor egy zsákot előre tettek, ragaszkodott hozzá, hogy hátulra kerüljön.
Sie packte den Sack ganz unten rein und im nächsten Moment brauchte sie ihn.
Bepakolta a zsákot az aljára, és a következő pillanatban szüksége is volt rá.
Also wurde der Schlitten erneut ausgepackt, um an die eine bestimmte Tasche zu gelangen.
Így hát a szánt újra kicsomagolták, hogy elérjék azt az egy bizonyos zsákot.
In der Nähe standen drei Männer vor einem Zelt und beobachteten die Szene.
A közelben három férfi állt egy sátor előtt, és figyelte a kibontakozó jelenetet.
Sie lächelten, zwinkerten und grinsten über die offensichtliche Verwirrung der Neuankömmlinge.

Mosolyogtak, kacsintottak és vigyorogtak az újonnan érkezők nyilvánvaló zavarodottságán.

„Sie haben schon eine ziemlich schwere Last", sagte einer der Männer.

– Már így is elég nehéz a teher – mondta az egyik férfi.

„Ich glaube nicht, dass Sie das Zelt tragen sollten, aber es ist Ihre Entscheidung."

„Szerintem nem kellene cipelned azt a sátrat, de ez a te döntésed."

„Unvorstellbar!", rief Mercedes und warf verzweifelt die Hände in die Luft.

– Álmodni sem mertem róla! – kiáltotta Mercedes, kétségbeesetten széttárva a kezét.

„Wie könnte ich ohne Zelt reisen, unter dem ich übernachten kann?"

„Hogyan tudnék utazni sátor nélkül, ami alatt megbújhatnék?"

„Es ist Frühling – Sie werden kein kaltes Wetter mehr erleben", antwortete der Mann.

„Tavasz van, nem fogsz többé hideget látni" – felelte a férfi.

Aber sie schüttelte den Kopf und sie stapelten weiterhin Gegenstände auf den Schlitten.

De a nő megrázta a fejét, és tovább pakolták a tárgyakat a szánkóba.

Als sie die letzten Dinge hinzufügten, türmte sich die Ladung gefährlich hoch auf.

A rakomány veszélyesen magasra tornyosult, miközben az utolsó dolgokat is hozzáadták.

„Glauben Sie, der Schlitten fährt?", fragte einer der Männer mit skeptischem Blick.

„Gondolod, hogy elmegy a szán?" – kérdezte az egyik férfi szkeptikus pillantással.

„Warum sollte es nicht?", blaffte Charles mit scharfer Verärgerung zurück.

– Miért ne? – csattant fel Charles éles bosszúsággal.

„Oh, das ist schon in Ordnung", sagte der Mann schnell und wich seiner Beleidigung aus.

– Ó, rendben van – mondta gyorsan a férfi, és elhárította a sértődést.

„Ich habe mich nur gewundert – es sah für mich einfach ein bisschen zu kopflastig aus."

„Csak azon tűnődtem – nekem egy kicsit túl nehéznek tűnt a teteje."

Charles drehte sich um und band die Ladung so gut fest, wie er konnte.

Károly elfordult, és amennyire csak tudta, lekötözte a terhet.

Allerdings waren die Zurrgurte locker und die Verpackung insgesamt schlecht ausgeführt.

De a kötözés laza volt, és a csomagolás összességében rosszul volt elvégezve.

„Klar, die Hunde machen das den ganzen Tag", sagte ein anderer Mann sarkastisch.

– Persze, a kutyák egész nap húzni fogják – mondta egy másik férfi gúnyosan.

„Natürlich", antwortete Hal kalt und packte die lange Lenkstange des Schlittens.

– Természetesen – felelte Hal hidegen, és megragadta a szán hosszú gearboxát.

Mit einer Hand an der Stange schwang er mit der anderen die Peitsche.

Az egyik kezével a rúdon, a másikban az ostort lengette.

„Los geht's!", rief er. „Bewegt euch!", und trieb die Hunde zum Aufbruch an.

„Gyerünk!" – kiáltotta. „Gyerünk!" – sürgette a kutyákat, hogy induljanak.

Die Hunde lehnten sich in das Geschirr und spannten sich einige Augenblicke lang an.

A kutyák beledőltek a hámba, és néhány pillanatig erőlködtek.

Dann blieben sie stehen, da sie den überladenen Schlitten keinen Zentimeter bewegen konnten.

Aztán megálltak, képtelenek voltak egy tapodtat sem mozdítani a túlterhelt szánt.

„Diese faulen Bestien!", schrie Hal und hob die Peitsche, um sie zu schlagen.

„A lusta bestiák!" – kiáltotta Hal, és felemelte az ostort, hogy lecsapjon rájuk.

Doch Mercedes stürzte herein und riss Hal die Peitsche aus der Hand.

De Mercedes odarohant, és kikapta Hal kezéből az ostort.

„Oh, Hal, wage es ja nicht, ihnen wehzutun", rief sie alarmiert.

– Ó, Hal, ne merészeld bántani őket! – kiáltotta riadtan.

„Versprich mir, dass du nett zu ihnen bist, sonst gehe ich keinen Schritt weiter."

„Ígérd meg, hogy kedves leszel hozzájuk, különben egy tapodtat sem megyek tovább."

„Du weißt nichts über Hunde", fuhr Hal seine Schwester an.

– Semmit sem tudsz a kutyákról! – csattant fel Hal a húgára.

„Sie sind faul, und die einzige Möglichkeit, sie zu bewegen, besteht darin, sie zu peitschen."

„Lusták, és az egyetlen módja annak, hogy megmozdítsuk őket, az az, ha megkorbácsoljuk őket."

„Fragen Sie irgendjemanden – fragen Sie einen dieser Männer dort drüben, wenn Sie mir nicht glauben."

„Kérdezz meg bárkit – kérdezz meg egyet azoktól az emberektől ott, ha kételkedsz bennem."

Mercedes sah die Zuschauer mit flehenden, tränennassen Augen an.

Mercedes könyörgő, könnyes szemekkel nézett a bámészkodókra.

Ihr Gesicht zeigte, wie sehr sie den Anblick jeglichen Schmerzes hasste.

Az arcán látszott, mennyire gyűlöli a fájdalom látványát.

„Sie sind schwach, das ist alles", sagte ein Mann. „Sie sind erschöpft."

„Gyengék, ennyi az egész" – mondta az egyik férfi. „Elfáradtak."

„Sie brauchen Ruhe – sie haben zu lange ohne Pause gearbeitet."

„Pihenésre van szükségük – túl sokáig dolgoztatták őket szünet nélkül."

„Der Rest sei verflucht", murmelte Hal mit verzogenen Lippen.
– A többiek átkozottak legyenek! – motyogta Hal felkunkorodott ajakkal.
Mercedes schnappte nach Luft, sein grobes Wort schmerzte sie sichtlich.
Mercedes felnyögött, láthatóan fájt neki a durva szó tőle.
Dennoch blieb sie loyal und verteidigte ihren Bruder sofort.
Ennek ellenére hűséges maradt, és azonnal megvédte a testvérét.
„Kümmere dich nicht um den Mann", sagte sie zu Hal. „Das sind unsere Hunde."
– Ne törődj azzal az emberrel – mondta Halnak. – Ők a mi kutyáink.
„Fahren Sie sie, wie Sie es für richtig halten – tun Sie, was Sie für richtig halten."
„Úgy vezeted őket, ahogy jónak látod – tedd, amit helyesnek látsz."
Hal hob die Peitsche und schlug die Hunde erneut gnadenlos.
Hal felemelte az ostort, és könyörtelenül ismét megütötte a kutyákat.
Sie stürzten sich nach vorne, die Körper tief gebeugt, die Füße in den Schnee gedrückt.
Előrevetődtek, testük laposan, lábuk a hóba nyomódott.
Sie gaben sich alle Mühe, den Schlitten zu ziehen, aber er bewegte sich nicht.
Minden erejüket a húzásra fordították, de a szánkó nem mozdult.
Der Schlitten blieb wie ein im Schnee festgefrorener Anker stecken.
A szánkó ott ragadt, mint egy belefagyott horgony a döngölt hóba.
Nach einem zweiten Versuch blieben die Hunde wieder stehen und keuchten schwer.
Egy második erőfeszítés után a kutyák ismét megálltak, lihegve.

Hal hob die Peitsche noch einmal, gerade als Mercedes erneut eingriff.
Hal ismét felemelte az ostort, éppen akkor, amikor Mercedes ismét közbeavatkozott.
Sie fiel vor Buck auf die Knie und umarmte seinen Hals.
Térdre rogyott Buck előtt, és átölelte a nyakát.
Tränen traten ihr in die Augen, als sie den erschöpften Hund anflehte.
Könnyek szöktek a szemébe, miközben könyörgött a kimerült kutyának.
„Ihr Armen", sagte sie, „warum zieht ihr nicht einfach stärker?"
– Szegény drágáim – mondta –, miért nem húzzátok csak erősebben?
„Wenn du ziehst, wirst du nicht so ausgepeitscht."
„Ha húzol, akkor nem fognak így megkorbácsolni."
Buck mochte Mercedes nicht, aber er war zu müde, um ihr jetzt zu widerstehen.
Buck nem szerette Mercedest, de most már túl fáradt volt ahhoz, hogy ellenálljon neki.
Er akzeptierte ihre Tränen als einen weiteren Teil dieses elenden Tages.
A könnyeit csupán a nyomorúságos nap egy újabb részének fogadta.
Einer der zuschauenden Männer ergriff schließlich das Wort, nachdem er seinen Ärger unterdrückt hatte.
Az egyik figyelő férfi végre megszólalt, miután visszafojtotta a haragját.
„Es ist mir egal, was mit euch passiert, Leute, aber diese Hunde sind wichtig."
„Nem érdekel, mi történik veletek, de azok a kutyák számítanak."
„Wenn du helfen willst, mach den Schlitten los – er ist am Schnee festgefroren."
„Ha segíteni akarsz, tedd tönkre azt a szánt – hóhoz fagyott."
„Drücken Sie fest auf die Gee-Stange, rechts und links, und brechen Sie die Eisversiegelung."

„Nyomd meg erősen a gerendarudat jobbra-balra, és törd át a jégzárat."
Ein dritter Versuch wurde unternommen, diesmal auf Vorschlag des Mannes.
Harmadszorra is próbálkoztak, ezúttal a férfi javaslatára.
Hal schaukelte den Schlitten von einer Seite auf die andere und löste so die Kufen.
Hal jobbra-balra ringatta a szánt, kioldva a talpakat.
Obwohl der Schlitten überladen und unhandlich war, machte er schließlich einen Satz nach vorne.
A szánkó, bár túlterhelt és esetlen volt, végül előrelendült.
Buck und die anderen zogen wild, angetrieben von einem Sturm aus Schleudertraumen.
Buck és a többiek vadul húztak, az ostorcsapások vihara hajtotta őket.
Hundert Meter weiter machte der Weg eine Biegung und führte in die Straße hinein.
Száz méterrel előttük az ösvény kanyargott és lejtős lett az utcába.
Um den Schlitten aufrecht zu halten, hätte es eines erfahrenen Fahrers bedurft.
Egy ügyes hajtóra lett volna szükség ahhoz, hogy a szánt egyenesen tartsa.
Hal war nicht geschickt und der Schlitten kippte, als er um die Kurve schwang.
Hal nem volt ügyes, és a szánkó felborult, amikor a kanyarban lengett.
Lose Zurrgurte gaben nach und die Hälfte der Ladung ergoss sich auf den Schnee.
A laza kötözőelemek elszabadultak, és a rakomány fele a hóra ömlött.
Die Hunde hielten nicht an; der leichtere Schlitten flog auf der Seite weiter.
A kutyák nem álltak meg; a könnyebb szán oldalára dőlve repült tovább.
Wütend über die Beschimpfungen und die schwere Last rannten die Hunde noch schneller.

A bántalmazás és a nehéz teher miatt dühösen a kutyák gyorsabban futottak.
Buck rannte wütend los und das Team folgte ihm.
Buck dühösen futásnak eredt, a csapat pedig a nyomában volt.
Hal rief „Whoa! Whoa!", aber das Team beachtete ihn nicht.
Hal felkiáltott: „Hűha! Hűha!", de a csapat ügyet sem vetett rá.
Er stolperte, fiel und wurde am Geschirr über den Boden geschleift.
Megbotlott, elesett, és a hámja magával rántotta a földön.
Der umgekippte Schlitten wurde über ihn geworfen, als die Hunde weiterrasten.
A felborult szán átütközött rajta, miközben a kutyák előreszaladtak.
Die restlichen Vorräte verteilten sich über die belebte Straße von Skaguay.
A többi készlet szétszórva hevert Skaguay forgalmas utcáján.
Gutherzige Menschen eilten herbei, um die Hunde anzuhalten und die Ausrüstung einzusammeln.
Jószívű emberek siettek megállítani a kutyákat és összeszedni a felszerelést.
Sie gaben den neuen Reisenden auch direkte und praktische Ratschläge.
Emellett őszinte és gyakorlatias tanácsokat adtak az új utazóknak.
„Wenn Sie Dawson erreichen wollen, nehmen Sie die halbe Ladung und die doppelte Anzahl an Hunden mit."
„Ha el akarsz jutni Dawsonba, vidd a rakomány felét és a kutyák dupláját."
Hal, Charles und Mercedes hörten zu, wenn auch nicht mit Begeisterung.
Hal, Charles és Mercedes hallgatták, bár nem lelkesedéssel.
Sie bauten ihr Zelt auf und begannen, ihre Vorräte zu sortieren.
Felverték a sátrat, és elkezdték átválogatni a holmijukat.
Heraus kamen Konserven, die die Zuschauer laut lachen ließen.

Konzervek kerültek elő, amin a bámészkodók hangosan felnevettek.

"Konserven auf dem Weg? Bevor die schmelzen, verhungern Sie", sagte einer.

"Konzerv az ösvényen? Éhen halsz, mielőtt elolvadna" – mondta az egyik.

"Hoteldecken? Die wirfst du am besten alle weg."

"Szállodai takarók? Jobban jársz, ha mindet kidobod."

"Schmeißen Sie auch das Zelt weg, und hier spült niemand mehr Geschirr."

"Hagyd el a sátrat is, és itt senki sem mosogat."

"Sie glauben, Sie fahren in einem Pullman-Zug mit Bediensteten an Bord?"

"Azt hiszed, egy Pullman vonaton utazol, amiben szolgák vannak?"

Der Prozess begann – jeder nutzlose Gegenstand wurde beiseite geworfen.

A folyamat elkezdődött – minden haszontalan tárgyat félredobtak.

Mercedes weinte, als ihre Taschen auf den schneebedeckten Boden geleert wurden.

Mercedes sírt, amikor a táskáit a havas földre ürítették.

Sie schluchzte ohne Pause über jeden einzelnen hinausgeworfenen Gegenstand.

Minden egyes kidobott tárgyon zokogott, egyesével, szünet nélkül.

Sie schwor, keinen Schritt weiterzugehen – nicht einmal für zehn Charleses.

Megfogadta, hogy egy lépést sem tesz többet – még tíz Charlesért sem.

Sie flehte alle Menschen in ihrer Nähe an, ihr ihre wertvollen Sachen zu überlassen.

Könyörgött mindenkinek, aki a közelben állt, hogy hadd tartsa meg a drága holmijait.

Schließlich wischte sie sich die Augen und begann, auch die wichtigsten Kleidungsstücke wegzuwerfen.

Végül megtörölte a szemét, és még a létfontosságú ruháit is elkezdte dobálni.

Als sie mit ihrem eigenen fertig war, begann sie, die Vorräte der Männer auszuräumen.

Miután végzett a sajátjával, elkezdte kiüríteni a férfiak készleteit.

Wie ein Wirbelwind verwüstete sie die Habseligkeiten von Charles und Hal.

Mint egy forgószél, úgy rohant át Charles és Hal holmijain.

Obwohl die Ladung halbiert wurde, war sie immer noch viel schwerer als nötig.

Bár a rakományt a felére csökkentették, még mindig sokkal nehezebb volt a kelleténél.

In dieser Nacht gingen Charles und Hal los und kauften sechs neue Hunde.

Azon az estén Charles és Hal elmentek, és hat új kutyát vettek.

Diese neuen Hunde gesellten sich zu den ursprünglichen sechs, plus Teek und Koona.

Ezek az új kutyák csatlakoztak az eredeti hathoz, plusz Teekhez és Koonához.

Zusammen bildeten sie ein Gespann aus vierzehn Hunden, die vor den Schlitten gespannt wurden.

Együtt alkottak egy tizennégy kutyából álló csapatot, amelyet a szánhoz kötöttek.

Doch die neuen Hunde waren für die Schlittenarbeit ungeeignet und schlecht ausgebildet.

De az új kutyák alkalmatlanok és rosszul képzettek voltak a szánhúzásra.

Drei der Hunde waren kurzhaarige Vorstehhunde und einer war ein Neufundländer.

A kutyák közül három rövid szőrű vizsla, egy pedig újfundlandi volt.

Bei den letzten beiden Hunden handelte es sich um Mischlinge ohne eindeutige Rasse oder Zweckbestimmung.

Az utolsó két kutya olyan korcs volt, amelyeknek semmilyen egyértelmű fajtája vagy céljuk nem volt.

Sie haben den Weg nicht verstanden und ihn nicht schnell gelernt.
Nem értették az ösvényt, és nem is tanulták meg gyorsan.

Buck und seine Kameraden beobachteten sie mit Verachtung und tiefer Verärgerung.
Buck és társai megvetéssel és mély ingerültséggel figyelték őket.

Obwohl Buck ihnen beibrachte, was sie nicht tun sollten, konnte er ihnen keine Pflicht beibringen.
Bár Buck megtanította nekik, mit ne tegyenek, a kötelességtudatra nem taníthatta meg őket.

Sie kamen mit dem Leben auf dem Wanderpfad und dem Ziehen von Zügeln und Schlitten nicht gut zurecht.
Nem szerették az élet nyomában járni, vagy a gyeplő és a szánkó vontatását.

Nur die Mischlinge versuchten, sich anzupassen, und selbst ihnen fehlte der Kampfgeist.
Csak a korcsok próbáltak alkalmazkodni, és még tőlük is hiányzott a harci szellem.

Die anderen Hunde waren durch ihr neues Leben verwirrt, geschwächt und gebrochen.
A többi kutya összezavarodott, legyengült és megtört volt az új életétől.

Da die neuen Hunde ahnungslos und die alten erschöpft waren, gab es kaum Hoffnung.
Mivel az új kutyák fogalmatlanok, a régiek pedig kimerültek, a remény szerény volt.

Bucks Team hatte zweitausendfünfhundert Meilen eines rauen Pfades zurückgelegt.
Buck csapata kétezer-ötszáz mérföldnyi rögös ösvényt tett meg.

Dennoch waren die beiden Männer fröhlich und stolz auf ihr großes Hundegespann.
A két férfi mégis vidám volt, és büszke a nagy kutyacsapatára.

Sie dachten, sie würden mit Stil reisen, mit vierzehn Hunden an der Leine.
Azt hitték, stílusosan utaznak, tizennégy kutyával befogva.

Sie hatten gesehen, wie Schlitten nach Dawson aufbrachen und andere von dort ankamen.
Látták, hogy a szánkók elindulnak Dawsonba, és mások megérkeznek onnan.
Aber noch nie hatten sie eins gesehen, das von bis zu vierzehn Hunden gezogen wurde.
De még soha nem láttak olyat, amit tizennégy kutya húzott volna.
Es gab einen Grund, warum solche Teams in der arktischen Wildnis selten waren.
Volt ok arra, hogy az ilyen csapatok ritkák voltak az arktiszi vadonban.
Kein Schlitten konnte genug Futter transportieren, um vierzehn Hunde für die Reise zu versorgen.
Egyetlen szán sem tudott annyi élelmet szállítani, hogy tizennégy kutyát is megetethessen az útra.
Aber Charles und Hal wussten das nicht – sie hatten nachgerechnet.
De Charles és Hal ezt nem tudták – ők már kiszámolták.
Sie haben das Futter berechnet: so viel pro Hund, so viele Tage, fertig.
Ceruzával kiszámolták az ételt: ennyi kutyánként, ennyi napra, ennyi időre.
Mercedes betrachtete ihre Zahlen und nickte, als ob es Sinn machte.
Mercedes a számokra nézett, és bólintott, mintha érthető lenne a dolog.
Zumindest auf dem Papier erschien ihr alles sehr einfach.
Minden nagyon egyszerűnek tűnt számára, legalábbis papíron.

Am nächsten Morgen führte Buck das Team langsam die verschneite Straße hinauf.
Másnap reggel Buck lassan felvezette a csapatot a havas utcán.
Weder er noch die Hunde hinter ihm hatten Energie oder Tatendrang.

Sem benne, sem a mögötte lévő kutyákban nem volt energia vagy szellem.

Sie waren von Anfang an todmüde, es waren keine Reserven mehr vorhanden.

Már a legelejétől fogva halálosan fáradtak voltak – nem maradt semmi tartalék.

Buck hatte bereits vier Fahrten zwischen Salt Water und Dawson unternommen.

Buck már négy utat tett meg Salt Water és Dawson között.

Als er nun erneut vor derselben Spur stand, empfand er nichts als Bitterkeit.

Most, hogy újra ugyanazzal az ösvénnyel kellett szembenéznie, semmi mást nem érzett, csak keserűséget.

Er war nicht mit dem Herzen dabei und die anderen Hunde auch nicht.

A szíve nem volt benne, ahogy a többi kutya szíve sem.

Die neuen Hunde waren schüchtern und den Huskys fehlte jegliches Vertrauen.

Az új kutyák félénkek voltak, a huskyk pedig teljesen megbízhatatlanok.

Buck spürte, dass er sich auf diese beiden Männer oder ihre Schwester nicht verlassen konnte.

Buck érezte, hogy nem számíthat erre a két férfira vagy a húgukra.

Sie wussten nichts und zeigten auf dem Weg keine Anzeichen, etwas zu lernen.

Semmit sem tudtak, és az ösvényen sem mutattak tanulási jeleit.

Sie waren unorganisiert und es fehlte ihnen jeglicher Sinn für Disziplin.

Rendetlenek voltak és hiányzott belőlük a fegyelem.

Sie brauchten jedes Mal die halbe Nacht, um ein schlampiges Lager aufzubauen.

Minden alkalommal fél éjszaka kellett hozzá, hogy rendetlenül tábort verjenek.

Und den halben nächsten Morgen verbrachten sie wieder damit, am Schlitten herumzufummeln.

És a következő délelőtt felét megint a szánnal babrálva töltötték.
Gegen Mittag hielten sie oft nur an, um die ungleichmäßige Beladung zu korrigieren.
Délre gyakran már csak azért is megálltak, hogy kijavítsák az egyenetlen terhelést.
An manchen Tagen legten sie insgesamt weniger als sechzehn Kilometer zurück.
Voltak napok, amikor összesen kevesebb mint tíz mérföldet tettek meg.
An anderen Tagen schafften sie es überhaupt nicht, das Lager zu verlassen.
Más napokon egyáltalán nem sikerült elhagyniuk a tábort.
Sie kamen nie auch nur annähernd an die geplante Nahrungsdistanz heran.
Soha nem kerültek a tervezett élelemszerzési távolság megtételének közelébe.
Wie erwartet ging das Futter für die Hunde sehr schnell aus.
Ahogy az várható volt, nagyon gyorsan elfogyott az élelem a kutyáknak.
Sie haben die Sache noch schlimmer gemacht, indem sie in den ersten Tagen zu viel gefüttert haben.
A helyzetet tovább rontották azzal, hogy az első napokban túletették őket.
Mit jeder unvorsichtigen Ration rückte der Hungertod näher.
Ez minden egyes gondatlan adaggal közelebb hozta az éhezést.
Die neuen Hunde hatten nicht gelernt, mit sehr wenig zu überleben.
Az új kutyák nem tanulták meg, hogyan éljenek túl nagyon kevésből.
Sie aßen hungrig, ihr Appetit war zu groß für den Weg.
Éhesen ettek, túl nagy étvágyuk volt az ösvényhez.
Als Hal sah, wie die Hunde schwächer wurden, glaubte er, dass das Futter nicht ausreichte.

Látva a kutyák legyengülését, Hal úgy gondolta, hogy az étel nem elég.
Er verdoppelte die Rationen und verschlimmerte damit den Fehler noch.
Megduplázta az adagokat, amivel még súlyosbította a hibát.
Mercedes verschärfte das Problem mit Tränen und leisem Flehen.
Mercedes könnyeivel és halk könyörgésével tetézte a problémát.
Als sie Hal nicht überzeugen konnte, fütterte sie die Hunde heimlich.
Amikor nem tudta meggyőzni Halt, titokban megetette a kutyákat.
Sie stahl den Fisch aus den Säcken und gab ihn ihnen hinter seinem Rücken.
Lopott a halaszsákokból, és a férfi háta mögött odaadta nekik.
Doch was die Hunde wirklich brauchten, war nicht mehr Futter, sondern Ruhe.
De a kutyáknak igazán nem több ételre volt szükségük, hanem pihenésre.
Sie kamen nur langsam voran, aber der schwere Schlitten schleppte sich trotzdem weiter.
Gyengén haladtak, de a nehéz szán még mindig vonszolta magát.
Allein dieses Gewicht zehrte jeden Tag an ihrer verbleibenden Kraft.
Már csak ez a súly is kiszívta a maradék erejüket minden egyes nap.
Dann kam es zur Phase der Unterernährung, da die Vorräte zur Neige gingen.
Aztán jött az alultápláltság szakasza, mivel a készletek fogytán voltak.
Eines Morgens stellte Hal fest, dass die Hälfte des Hundefutters bereits weg war.
Hal egy reggel rájött, hogy a kutyatáp fele már elfogyott.
Sie hatten nur ein Viertel der gesamten Wegstrecke zurückgelegt.

A teljes ösvény távolságának csak egynegyedét tették meg.
Es konnten keine Lebensmittel mehr gekauft werden, egal zu welchem Preis.
Több élelmet nem lehetett venni, bármilyen árat is ajánlottak érte.
Er reduzierte die Portionen der Hunde unter die normale Tagesration.
A kutyák adagjait a szokásos napi adag alá csökkentette.
Gleichzeitig forderte er längere Reisemöglichkeiten, um die Verluste auszugleichen.
Ugyanakkor hosszabb utazást követelt a veszteség pótlására.
Mercedes und Charles unterstützten diesen Plan, scheiterten jedoch bei der Umsetzung.
Mercedes és Charles támogatták ezt a tervet, de a végrehajtás kudarcot vallott.
Ihr schwerer Schlitten und ihre mangelnden Fähigkeiten machten ein Vorankommen nahezu unmöglich.
Nehéz szánjuk és a képességek hiánya szinte lehetetlenné tette az előrehaladást.
Es war einfach, weniger Futter zu geben, aber unmöglich, mehr Anstrengung zu erzwingen.
Könnyű volt kevesebb ételt adni, de lehetetlen volt több erőfeszítésre kényszeríteni.
Sie konnten weder früher anfangen, noch konnten sie Überstunden machen.
Nem kezdhettek korán, és nem utazhattak túlórákat sem.
Sie wussten nicht, wie sie mit den Hunden und überhaupt mit sich selbst arbeiten sollten.
Nem tudták, hogyan kell dolgozni a kutyákkal, sőt, még magukat sem.
Der erste Hund, der starb, war Dub, der unglückliche, aber fleißige Dieb.
Az első kutya, amelyik meghalt, Dub volt, a balszerencsés, de szorgalmas tolvaj.
Obwohl Dub oft bestraft wurde, leistete er ohne zu klagen seinen Beitrag.
Bár gyakran megbüntették, Dub panasz nélkül helytállt.

Seine Schulterverletzung verschlimmerte sich ohne Pflege und nötige Ruhe.
Sérült válla ellátás és pihenés nélkül egyre rosszabb lett.
Schließlich beendete Hal mit dem Revolver Dubs Leiden.
Végül Hal a revolverrel vetett véget Dub szenvedéseinek.
Ein gängiges Sprichwort besagt, dass normale Hunde an der Husky-Ration sterben.
Egy közmondás szerint a normális kutyák husky takarmányon pusztulnak el.
Bucks sechs neue Gefährten bekamen nur die Hälfte des Futteranteils des Huskys.
Buck hat új társa csak a husky adagjának a felét kapta.
Zuerst starb der Neufundländer, dann die drei kurzhaarigen Vorstehhunde.
Először az újfundlandi pusztult el, majd a három rövidszőrű vizsla.
Die beiden Mischlinge hielten länger durch, kamen aber schließlich wie die anderen um.
A két korcs kutya tovább kitartott, de végül a többiekhez hasonlóan elpusztult.
Zu diesem Zeitpunkt waren alle Annehmlichkeiten und die Sanftheit des Südens verschwunden.
Ekkorra már a Délvidék minden kényelme és szelídsége eltűnt.
Die drei Menschen hatten die letzten Spuren ihrer zivilisierten Erziehung abgelegt.
A három ember magától lerázta magáról civilizált neveltetésének utolsó nyomait is.
Ohne Glamour und Romantik wurde das Reisen in die Arktis zur brutalen Realität.
A csillogástól és romantikától megfosztva a sarkvidéki utazás brutálisan valósággá vált.
Es war eine Realität, die zu hart für ihr Männlichkeits- und Weiblichkeitsgefühl war.
Ez a valóság túl kemény volt a férfiasságukról és nőiességükről alkotott képükhöz képest.

Mercedes weinte nicht mehr um die Hunde, sondern nur noch um sich selbst.
Mercedes már nem a kutyákat siratta, hanem csak önmagát.
Sie verbrachte ihre Zeit damit, zu weinen und mit Hal und Charles zu streiten.
Az idejét sírással és Hal-lal és Charles-szal való veszekedéssel töltötte.
Streiten war das Einzige, wozu sie nie zu müde waren.
A veszekedés volt az egyetlen dolog, amihez sosem voltak túl fáradtak.
Ihre Gereiztheit rührte vom Elend her, wuchs mit ihm und übertraf es.
Ingerlékenységük a nyomorúságból fakadt, vele együtt nőtt, és meghaladta azt.
Die Geduld des Weges, die diejenigen kennen, die sich abmühen und freundlich leiden, kam nie.
Az ösvény türelme, melyet azok ismernek, akik kedvesen fáradoznak és szenvednek, soha nem jött el.
Diese Geduld, die die Sprache trotz Schmerzen süß hält, war ihnen unbekannt.
Az a türelem, amely a fájdalom közepette is édessé teszi a beszédet, ismeretlen volt előttük.
Sie besaßen nicht die geringste Spur von Geduld und schöpften keine Kraft aus dem anmutigen Leiden.
Semmi türelem nem volt bennük, semmi erő nem merített a kegyelemmel teli szenvedésből.
Sie waren steif vor Schmerz – ihre Muskeln, Knochen und ihr Herz schmerzten.
Fájdalomtól merevek voltak – sajgott az izmaik, a csontjaik és a szívük.
Aus diesem Grund bekamen sie eine scharfe Zunge und waren schnell im Umgang mit harten Worten.
Emiatt éles nyelvűek és gyorsak lettek a kemény szavakkal.
Jeder Tag begann und endete mit wütenden Stimmen und bitteren Klagen.
Minden nap dühös hangokkal és keserű panaszokkal kezdődött és végződött.

Charles und Hal stritten sich, wann immer Mercedes ihnen eine Chance gab.
Charles és Hal mindig vitatkoztak, amikor Mercedes lehetőséget adott nekik.
Jeder Mann glaubte, dass er mehr als seinen gerechten Anteil an der Arbeit geleistet hatte.
Minden férfi úgy gondolta, hogy többet végzett, mint amennyit méltányos részük rá hárult.
Keiner von beiden ließ es sich je entgehen, dies immer wieder zu sagen.
Egyikük sem szalasztotta el a lehetőséget, hogy újra meg újra elmondja.
Manchmal stand Mercedes auf der Seite von Charles, manchmal auf der Seite von Hal.
Mercedes néha Charles, néha Hal oldalára állt.
Dies führte zu einem großen und endlosen Streit zwischen den dreien.
Ez egy nagy és véget nem érő veszekedéshez vezetett a három között.
Ein Streit darüber, wer Brennholz hacken sollte, geriet außer Kontrolle.
A vita arról, hogy kinek kellene tűzifát aprítania, elfajult.
Bald wurden Väter, Mütter, Cousins und verstorbene Verwandte genannt.
Hamarosan apákat, anyákat, unokatestvéreket és halott rokonokat neveztek meg.
Hal's Ansichten über Kunst oder die Theaterstücke seines Onkels wurden Teil des Kampfes.
Hal művészetről vagy nagybátyja darabjairól alkotott nézetei a harc részévé váltak.
Auch Charles' politische Überzeugungen wurden in die Debatte einbezogen.
Károly politikai nézetei is vitába keveredtek.
Für Mercedes schienen sogar die Gerüchte über die Schwester ihres Mannes relevant zu sein.
Mercedes számára még a férje húgának pletykái is relevánsnak tűntek.

Sie äußerte ihre Meinung dazu und zu vielen Fehlern in Charles' Familie.
Véleményt nyilvánított erről és Charles családjának számos hibájáról.
Während sie stritten, blieb das Feuer aus und das Lager war halb fertig.
Miközben vitatkoztak, a tűz nem gyújtott, és a tábor félig készen állt.
In der Zwischenzeit waren die Hunde unterkühlt und hatten nichts zu fressen.
Eközben a kutyák fáztak és ennivaló nélkül maradtak.
Mercedes hegte einen Groll, den sie als zutiefst persönlich betrachtete.
Mercedesnek volt egy sérelme, amit mélyen személyesnek tartott.
Sie fühlte sich als Frau misshandelt und fühlte sich ihrer Privilegien beraubt.
Úgy érezte, hogy nőként rosszul bánnak vele, megfosztják tőle a nemes kiváltságait.
Sie war hübsch und sanft und pflegte ihr ganzes Leben lang ritterliche Gesten.
Csinos és gyengéd volt, és egész életében lovagias volt.
Doch ihr Mann und ihr Bruder begegneten ihr nun mit Ungeduld.
De a férje és a bátyja most türelmetlenül bántak vele.
Sie hatte die Angewohnheit, sich hilflos zu verhalten, und sie begannen, sich zu beschweren.
Szokása az volt, hogy tehetetlenül viselkedett, és a gyerekek panaszkodni kezdtek.
Sie war davon beleidigt und machte ihnen das Leben noch schwerer.
Ezen megsértődve még jobban megnehezítette az életüket.
Sie ignorierte die Hunde und bestand darauf, den Schlitten selbst zu fahren.
Nem törődött a kutyákkal, és ragaszkodott hozzá, hogy ő maga üljön a szánon.

Obwohl sie von leichter Gestalt war, wog sie fünfundvierzig Kilo.
Bár könnyű volt a külseje, százhúsz fontot nyomott.
Diese zusätzliche Belastung war zu viel für die hungernden, schwachen Hunde.
Ez a plusz teher túl sok volt az éhező, gyenge kutyáknak.
Trotzdem ritt sie tagelang, bis die Hunde in den Zügeln zusammenbrachen.
Mégis napokig lovagolt, mígnem a kutyák összeestek a gyeplőben.
Der Schlitten stand still und Charles und Hal baten sie, zu laufen.
A szán megállt, Charles és Hal pedig könyörögtek neki, hogy menjen tovább.
Sie flehten und flehten, aber sie weinte und nannte sie grausam.
Könyörögtek és könyörögtek, de ő sírt és kegyetlennek nevezte őket.
Einmal zogen sie sie mit purer Kraft und Wut vom Schlitten.
Egyszer puszta erővel és dühvel lerántották a szánról.
Nach dem, was damals passiert ist, haben sie es nie wieder versucht.
A történtek után soha többé nem próbálkoztak.
Sie wurde schlaff wie ein verwöhntes Kind und setzte sich in den Schnee.
Elernyedt, mint egy elkényeztetett gyerek, és leült a hóba.
Sie gingen weiter, aber sie weigerte sich aufzustehen oder ihnen zu folgen.
Továbbmentek, de a lány nem volt hajlandó felkelni vagy követni őket.
Nach drei Meilen hielten sie an, kehrten um und trugen sie zurück.
Három mérföld után megálltak, visszatértek, és visszavitték.
Sie luden sie wieder auf den Schlitten, wobei sie erneut rohe Gewalt anwandten.
Újra felrakták a szánra, ismét nyers erőt bevetve.

In ihrem tiefen Elend zeigten sie gegenüber dem Leid der Hunde keine Skrupel.
Mély nyomorúságukban érzéketlenek voltak a kutyák szenvedésével szemben.
Hal glaubte, man müsse sich abhärten und zwang anderen diesen Glauben auf.
Hal úgy hitte, hogy az embernek meg kell keményednie, és ezt a hitet másokra is ráerőltette.
Er versuchte zunächst, seiner Schwester seine Philosophie zu predigen
Először a nővérének próbálta hirdetni a filozófiáját.
und dann predigte er erfolglos seinem Schwager.
majd sikertelenül prédikált a sógorának.
Bei den Hunden hatte er mehr Erfolg, aber nur, weil er ihnen weh tat.
A kutyákkal több sikert ért el, de csak azért, mert fájdalmat okozott nekik.
Bei Five Fingers ist das Hundefutter komplett ausgegangen.
A Five Fingersnél a kutyatáp teljesen kifogyott.
Eine zahnlose alte Squaw verkaufte ein paar Pfund gefrorenes Pferdeleder
Egy fogatlan öreg squaw eladott néhány font fagyasztott lóbőrt
Hal tauschte seinen Revolver gegen das getrocknete Pferdefell.
Hal elcserélte revolverét a szárított lóbőrre.
Das Fleisch stammte von den Pferden der Viehzüchter, die Monate zuvor verhungert waren.
A hús hónapokkal korábban éhen halt marhatenyésztők lovaitól származott.
Gefroren war die Haut wie verzinktes Eisen: zäh und ungenießbar.
A megfagyott bőr olyan volt, mint a horganyzott vas; kemény és ehetetlen.
Die Hunde mussten endlos auf dem Fell herumkauen, um es zu fressen.

A kutyáknak vég nélkül kellett rágniuk a bőrt, hogy megegyék.
Doch die ledrigen Fäden und das kurze Haar waren kaum Nahrung.
De a bőrszerű húrok és a rövid haj aligha voltak táplálóak.
Das Fell war größtenteils irritierend und kein echtes Nahrungsmittel.
A bőr nagy része irritáló volt, és nem igazi étel.
Und während all dem taumelte Buck vorne herum, wie in einem Albtraum.
És mindezek alatt Buck elöl tántorgott, mint egy rémálomban.
Er zog, wenn er dazu in der Lage war; wenn nicht, blieb er liegen, bis er mit einer Peitsche oder einem Knüppel hochgehoben wurde.
Amikor tudta, húzta; amikor nem, addig feküdt, amíg az ostor vagy a bot fel nem emelte.
Sein feines, glänzendes Fell hatte jegliche Steifheit und jeglichen Glanz verloren, den es einst hatte.
Finom, fényes bundája elvesztette minden merevségét és fényét, ami valaha volt.
Sein Haar hing schlaff herunter, war zerzaust und mit getrocknetem Blut von den Schlägen verklebt.
Haja ernyedten, kócosan lógott, és az ütésektől megszáradt vértől alvadt.
Seine Muskeln schrumpften zu Sehnen und seine Fleischpolster waren völlig abgenutzt.
Izmai zsinórrá zsugorodtak, és a húspárnái mind elkoptak.
Jede Rippe, jeder Knochen war deutlich durch die Falten der runzligen Haut zu sehen.
Minden borda, minden csont tisztán látszott a ráncos bőr redői között.
Es war herzzerreißend, doch Bucks Herz konnte nicht brechen.
Szívszorító volt, de Buck szíve nem tudott megtörni.
Der Mann im roten Pullover hatte das getestet und vor langer Zeit bewiesen.

A piros pulóveres férfi ezt már régen bebizonyította és kipróbálta.

So wie es bei Buck war, war es auch bei allen seinen übrigen Teamkollegen.

Ahogy Buckkal történt, úgy volt ez az összes megmaradt csapattársával is.

Insgesamt waren es sieben, jeder einzelne ein wandelndes Skelett des Elends.

Összesen heten voltak, mindegyik a nyomorúság élő csontváza.

Sie waren gegenüber den Peitschenhieben taub geworden und spürten nur noch entfernten Schmerz.

Elzsibbadtak az ostorcsapásoktól, csak távoli fájdalmat éreztek.

Sogar Bild und Ton erreichten sie nur schwach, wie durch dichten Nebel.

Még a látvány és a hang is halványan ért el hozzájuk, mintha sűrű ködön keresztül.

Sie waren nicht halb lebendig – es waren Knochen mit schwachen Funken darin.

Nem voltak félig élők – csontok voltak, bennük halvány szikrák csillogtak.

Als sie angehalten wurden, brachen sie wie Leichen zusammen, ihre Funken waren fast erloschen.

Amikor megálltak, holttestekként rogytak össze, szikráik szinte kialudtak.

Und als die Peitsche oder der Knüppel erneut zuschlug, sprühten schwache Funken.

És amikor az ostor vagy a bot újra lecsapott, a szikrák gyengén lobogtak.

Dann erhoben sie sich, taumelten vorwärts und schleiften ihre Gliedmaßen vor sich her.

Aztán felálltak, előretántorodtak, és a végtagjaikat vonszolva maguk után indultak.

Eines Tages stürzte der nette Billee und konnte überhaupt nicht mehr aufstehen.

Egy nap a kedves Billee elesett, és már egyáltalán nem tudott felkelni.
Hal hatte seinen Revolver eingetauscht und benutzte stattdessen eine Axt, um Billee zu töten.
Hal elcserélte a revolverét, ezért inkább egy fejszével ölte meg Billee-t.
Er schlug ihm auf den Kopf, schnitt dann seinen Körper los und schleifte ihn weg.
Fejbe ütötte, majd levágta a testét és elhurcolta.
Buck sah dies und die anderen auch; sie wussten, dass der Tod nahe war.
Buck látta ezt, és a többiek is; tudták, hogy a halál közeleg.
Am nächsten Tag ging Koona und ließ nur fünf Hunde im hungernden Team zurück.
Másnap Koona elment, és csak öt kutyát hagyott maga után az éhező csapatban.
Joe war nicht länger gemein, sondern zu weit weg, um überhaupt noch viel mitzubekommen.
Joe, aki már nem volt gonosz, túl messzire ment ahhoz, hogy bármiről is tudomást vegyen.
Pike täuschte seine Verletzung nicht länger vor und war kaum bei Bewusstsein.
Pike, már nem színlelte a sérülését, alig volt eszméleténél.
Solleks, der immer noch treu war, beklagte, dass er nicht mehr die Kraft hatte, etwas zu geben.
A hűséges Solleks gyászolta, hogy nincs ereje adni.
Teek wurde am häufigsten geschlagen, weil er frischer war, aber schnell nachließ.
Teeket azért verték meg leginkább, mert frissebb volt, de gyorsan fogyott.
Und Buck, der immer noch in Führung lag, sorgte nicht länger für Ordnung und setzte sie auch nicht durch.
És Buck, aki továbbra is az élen járt, már nem tartotta fenn a rendet, és nem is érvényesítette azt.
Halb blind vor Schwäche folgte Buck der Spur nur nach Gefühl.

Buck félig vakon, gyengeségtől tátva, egyedül az érzésekre hagyatkozva követte a nyomokat.
Es war schönes Frühlingswetter, aber keiner von ihnen bemerkte es.
Gyönyörű tavaszi idő volt, de egyikük sem vette észre.
Jeden Tag ging die Sonne früher auf und später unter als zuvor.
Minden nap korábban kelt és később nyugodott a nap, mint azelőtt.
Um drei Uhr morgens dämmerte es, die Dämmerung dauerte bis neun Uhr.
Hajnali háromra megvirradt; az alkonyat kilencig tartott.
Die langen Tage waren erfüllt von der vollen Strahlkraft des Frühlingssonnenscheins.
A hosszú napokat a tavaszi napsütés teljes ragyogása töltötte be.
Die gespenstische Stille des Winters hatte sich in ein warmes Murmeln verwandelt.
A tél kísérteties csendje meleg morajlássá változott.
Das ganze Land erwachte und war erfüllt von der Freude am Leben.
Az egész föld ébredezett, az élő dolgok örömétől elevenedett.
Das Geräusch kam von etwas, das den Winter über tot und reglos dagelegen hatte.
A hang onnan jött, ami halottan és mozdulatlanul feküdt egész télen át.
Jetzt bewegten sich diese Dinger wieder und schüttelten den langen Frostschlaf ab.
Most azok a dolgok újra megmozdultak, lerázva magukról a hosszú, fagyos álmot.
Saft stieg durch die dunklen Stämme der wartenden Kiefern.
Nedv szállt fel a várakozó fenyőfák sötét törzsei közül.
An jedem Zweig von Weiden und Espen treiben leuchtende junge Knospen aus.
A fűzfák és a nyárfák minden ágon fényes fiatal rügyeket hoznak.

Sträucher und Weinreben erstrahlten in frischem Grün, als der Wald zum Leben erwachte.
A cserjék és indák friss zöldelltek, ahogy az erdő életre kelt.
Nachts zirpten Grillen und in der Sonne krabbelten Käfer.
Éjszaka tücskök ciripeltek, nappali fényben bogarak mászkáltak.
Rebhühner dröhnten und Spechte klopften tief in den Bäumen.
Foglyok dübörögtek, és harkályok kopogtak a fák mélyén.
Eichhörnchen schnatterten, Vögel sangen und Gänse schnatterten über den Hunden.
Mókusok csicseregtek, madarak énekeltek, és libák kürtöltek a kutyák felett.
Das Wildgeflügel kam in scharfen Keilen und flog aus dem Süden heran.
A vadmadarak éles ékekben repültek dél felől.
Von jedem Hügel ertönte die Musik verborgener, rauschender Bäche.
Minden domboldalról rejtett, sebesen csobogó patakok zenéje hallatszott.
Alles taute auf, brach, bog sich und geriet wieder in Bewegung.
Minden felengedett, eltört, meggörbült, majd újra mozgásba lendült.
Der Yukon bemühte sich, die Kälteketten des gefrorenen Eises zu durchbrechen.
A Yukon erőlködve próbálta megtörni a megfagyott jég hidegláncait.
Das Eis schmolz von unten, während die Sonne es von oben zum Schmelzen brachte.
A jég alul elolvadt, míg felülről a nap olvasztotta.
Luftlöcher öffneten sich, Risse breiteten sich aus und Brocken fielen in den Fluss.
Szellőzőlyukak nyíltak meg, repedések terjedtek, és darabok hullottak a folyóba.
Inmitten dieses pulsierenden und lodernden Lebens taumelten die Reisenden.

E pezsgő és lángoló élet közepette az utazók tántorogtak.
Zwei Männer, eine Frau und ein Rudel Huskys liefen wie die Toten.
Két férfi, egy nő és egy husky falka úgy sétálgatott, mint a halottak.
Die Hunde fielen, Mercedes weinte, fuhr aber immer noch Schlitten.
A kutyák hullottak, Mercedes sírt, de azért még mindig szánkózott.
Hal fluchte schwach und Charles blinzelte mit tränenden Augen.
Hal erőtlenül káromkodott, Charles pedig könnyező szemekkel pislogott.
Sie stolperten in John Thorntons Lager an der Mündung des White River.
Belebotlottak John Thornton táborába White River torkolatánál.
Als sie anhielten, fielen die Hunde flach um, als wären sie alle tot.
Amikor megálltak, a kutyák hanyatt estek, mintha mind meghaltak volna.
Mercedes wischte sich die Tränen ab und sah zu John Thornton hinüber.
Mercedes letörölte a könnyeit, és John Thorntonra nézett.
Charles saß langsam und steif auf einem Baumstamm, mit Schmerzen vom Weg.
Károly egy rönkön ült, lassan és mereven, sajgott az ösvénytől.
Hal redete, während Thornton das Ende eines Axtstiels schnitzte.
Hal beszélt helyette, miközben Thornton egy fejsze nyelének végét faragta.
Er schnitzte Birkenholz und antwortete mit kurzen, bestimmten Antworten.
Nyírfát faragva rövid, határozott válaszokat adott.
Wenn man ihn fragte, gab er Ratschläge, war sich jedoch sicher, dass diese nicht befolgt würden.

Amikor megkérdezték, tanácsot adott, biztos volt benne, hogy azt nem fogják betartani.

Hal erklärte: „Sie sagten uns, dass das Eis auf dem Weg schmelzen würde."

Hal elmagyarázta: „Azt mondták nekünk, hogy a jég elkezd olvadni az ösvényen."

„Sie sagten, wir sollten bleiben, wo wir waren – aber wir haben es bis nach White River geschafft."

„Azt mondták, maradjunk otthon – de eljutottunk White Riverbe."

Er schloss mit höhnischem Ton, als wolle er einen Sieg in der Not für sich beanspruchen.

Gúnyos hangon fejezte be, mintha a nehézségek közepette aratott győzelmet.

„Und sie haben dir die Wahrheit gesagt", antwortete John Thornton Hal ruhig.

– És igazat mondtak neked – felelte John Thornton halkan Halnak.

„Das Eis kann jeden Moment nachgeben – es ist kurz davor, abzufallen."

„A jég bármikor megadhatja magát – készen áll a leválásra."

„Nur durch blindes Glück und ein paar Narren wäre es möglich gewesen, lebend so weit zu kommen."

„Csak a vakszerencse és a bolondok juthattak el idáig élve."

„Ich sage es Ihnen ganz offen: Ich würde mein Leben nicht für alles Gold Alaskas riskieren."

„Őszintén megmondom, hogy Alaszka összes aranyáért sem kockáztatnám az életemet."

„Das liegt wohl daran, dass Sie kein Narr sind", antwortete Hal.

– Gondolom, azért, mert nem vagy bolond – felelte Hal.

„Trotzdem fahren wir weiter nach Dawson." Er rollte seine Peitsche ab.

– Mindegy, megyünk tovább Dawsonba. – Kibontotta az ostorát.

„Komm rauf, Buck! Hallo! Steh auf! Los!", rief er barsch.

„Menj fel, Buck! Szia! Kelj fel! Rajta!" – kiáltotta rekedten.

Thornton schnitzte weiter, wohl wissend, dass Narren nicht auf Vernunft hören.
Thornton tovább faragta a dolgokat, tudván, hogy a bolondok nem hallják meg az észt.
Einen Narren aufzuhalten war sinnlos – und zwei oder drei Narren änderten nichts.
Egy bolondot megállítani hiábavaló volt – és két-három bolond semmit sem változtatott.
Doch als das Team Hal's Befehl hörte, bewegte es sich nicht.
De a csapat nem mozdult Hal parancsára.
Jetzt konnten sie nur noch durch Schläge wieder auf die Beine kommen und weiterkommen.
Mostanra már csak ütésekkel tudták őket felkelni és előrehúzni.
Immer wieder knallte die Peitsche über die geschwächten Hunde.
Az ostor újra meg újra csattant a legyengült kutyákon.
John Thornton presste die Lippen fest zusammen und sah schweigend zu.
John Thornton összeszorította a száját, és csendben figyelt.
Solleks war der Erste, der unter der Peitsche auf die Beine kam.
Solleks volt az első, aki talpra állt a korbácsütés alatt.
Dann folgte Teek zitternd. Joe schrie auf, als er stolperte.
Teek remegve követte. Joe felkiáltott, ahogy felbotlott.
Pike versuchte aufzustehen, scheiterte zweimal und stand schließlich unsicher da.
Pike megpróbált felállni, kétszer is kudarcot vallott, majd végül bizonytalanul állt.
Aber Buck blieb liegen, wo er hingefallen war, und bewegte sich dieses Mal überhaupt nicht.
De Buck ott feküdt, ahol elesett, és ezalatt egy pillanatig sem mozdult.
Die Peitsche schlug immer wieder auf ihn ein, aber er gab keinen Laut von sich.
Az ostor újra meg újra lecsapott rá, de nem adott ki hangot.

Er zuckte nicht zusammen und wehrte sich nicht, sondern blieb einfach still und ruhig.
Nem hátrált meg, nem ellenkezett, egyszerűen mozdulatlan és csendben maradt.
Thornton rührte sich mehr als einmal, als wolle er etwas sagen, tat es aber nicht.
Thornton többször is megmozdult, mintha beszélni akarna, de nem tette.
Seine Augen wurden feucht und immer noch knallte die Peitsche gegen Buck.
Könnyek szöktek a szemébe, és az ostor még mindig csapkodott Buckra.
Schließlich begann Thornton langsam auf und ab zu gehen, unsicher, was er tun sollte.
Thornton végül lassan járkálni kezdett, bizonytalanul, hogy mitévő legyen.
Es war das erste Mal, dass Buck versagt hatte, und Hal wurde wütend.
Ez volt az első alkalom, hogy Buck kudarcot vallott, és Hal dühbe gurult.
Er warf die Peitsche weg und nahm stattdessen die schwere Keule.
Lehajította az ostort, és helyette a nehéz botot vette fel.
Der Holzknüppel schlug hart auf, aber Buck stand immer noch nicht auf, um sich zu bewegen.
A fabunkó keményen lecsapódott, de Buck még mindig nem kelt fel, hogy megmozduljon.
Wie seine Teamkollegen war er zu schwach – aber mehr als das.
Csapattársaihoz hasonlóan ő is túl gyenge volt – de ennél több.
Buck hatte beschlossen, sich nicht zu bewegen, egal was als Nächstes passieren würde.
Buck úgy döntött, hogy nem mozdul, bármi is történjék ezután.
Er spürte, wie etwas Dunkles und Bestimmtes direkt vor ihm schwebte.

Érezte, hogy valami sötét és biztos dolog lebeg közvetlenül előtte.
Diese Angst hatte ihn ergriffen, sobald er das Flussufer erreicht hatte.
A félelem azonnal elfogta, amint a folyópartra ért.
Dieses Gefühl hatte ihn nicht verlassen, seit er das Eis unter seinen Pfoten dünner werden fühlte.
Az érzés nem múlt el belőle, mióta vékony jeget érzett a mancsai alatt.
Etwas Schreckliches wartete – er spürte es gleich weiter unten auf dem Weg.
Valami szörnyűség várt rá – érezte már az ösvényen.
Er würde nicht auf das Schreckliche vor ihm zugehen
Nem fog az előtte álló szörnyűség felé sétálni
Er würde keinem Befehl gehorchen, der ihn zu diesem Ding führte.
Nem fog engedelmeskedni semmilyen parancsnak, ami odavitte.
Der Schmerz der Schläge war für ihn kaum noch spürbar, er war zu weit weg.
Az ütések fájdalma már alig érintette – túl messze volt.
Der Funke des Lebens flackerte schwach und erlosch unter jedem grausamen Schlag.
Az élet szikrája halványan pislákolt, minden kegyetlen csapás alatt elhalványult.
Seine Glieder fühlten sich fremd an, sein ganzer Körper schien einem anderen zu gehören.
Végtagjai távolinak tűntek; az egész teste mintha valaki másé lett volna.
Er spürte eine seltsame Taubheit, als der Schmerz vollständig nachließ.
Furcsa zsibbadást érzett, ahogy a fájdalom teljesen elmúlt.
Aus der Ferne spürte er, dass er geschlagen wurde, aber er wusste es kaum.
Már messziről érezte, hogy verik, de alig tudta.
Er konnte die Schläge schwach hören, aber sie taten nicht mehr wirklich weh.

Halványan hallotta a puffanásokat, de már nem fájtak igazán.
Die Schläge trafen, aber sein Körper schien nicht mehr sein eigener zu sein.
Az ütések becsapódtak, de a teste már nem tűnt a sajátjának.
Dann stieß John Thornton plötzlich und ohne Vorwarnung einen wilden Schrei aus.
Aztán hirtelen, minden előzetes figyelmeztetés nélkül, John Thornton vad kiáltást hallatott.
Es war unartikuliert, eher der Schrei eines Tieres als eines Menschen.
Artikulálatlan volt, inkább egy állat, mint egy ember kiáltása.
Er sprang mit der Keule auf den Mann zu und stieß Hal nach hinten.
Ráugrott a bottal szorongatott férfira, és hátralökte Halt.
Hal flog, als wäre er von einem Baum getroffen worden, und landete hart auf dem Boden.
Hal úgy repült, mintha egy fa csapódott volna belé, és keményen a földre zuhant.
Mercedes schrie laut vor Panik und umklammerte ihr Gesicht.
Mercedes pánikba esve hangosan felsikoltott, és az arcához kapott.
Charles sah nur zu, wischte sich die Augen und blieb sitzen.
Károly csak nézte, megtörölte a szemét, és ülve maradt.
Sein Körper war vor Schmerzen zu steif, um aufzustehen oder beim Kampf mitzuhelfen.
A teste túl merev volt a fájdalomtól ahhoz, hogy felálljon vagy segítsen a harcban.
Thornton stand über Buck, zitterte vor Wut und konnte nicht sprechen.
Thornton Buck felett állt, dühösen remegett, és képtelen volt megszólalni.
Er zitterte vor Wut und kämpfte darum, trotz allem seine Stimme wiederzufinden.
Dühösen remegett, és küzdött, hogy megtalálja a hangját a dühöngésen keresztül.

„Wenn du den Hund noch einmal schlägst, bringe ich dich um", sagte er schließlich.
– Ha még egyszer megütöd azt a kutyát, megöllek – mondta végül.
Hal wischte sich das Blut aus dem Mund und kam wieder nach vorne.
Hal letörölte a vért a szájáról, és ismét előrelépett.
„Es ist mein Hund", murmelte er. „Geh mir aus dem Weg, sonst kriege ich dich wieder in Ordnung."
– A kutyám az – motyogta. – Menj az útból, különben elintézem!
„Ich gehe nach Dawson und Sie halten mich nicht auf", fügte er hinzu.
„Dawsonba megyek, és te nem fogsz megállítani" – tette hozzá.
Thornton stand fest zwischen Buck und dem wütenden jungen Mann.
Thornton szilárdan állt Buck és a dühös fiatalember között.
Er hatte nicht die Absicht, zur Seite zu treten oder Hal vorbeizulassen.
Esze ágában sem volt félreállni, vagy Halt elengedni.
Hal zog sein Jagdmesser heraus, das lang und gefährlich in der Hand lag.
Hal előhúzta a kezében hosszú és veszélyes vadászkését.
Mercedes schrie, dann weinte sie und lachte dann in wilder Hysterie.
Mercedes sikított, majd sírt, végül vad hisztérikus nevetésben tört ki.
Thornton schlug mit dem Axtstiel hart und schnell auf Hals Hand.
Thornton fejszéje nyelével erősen és gyorsan Hal kezére csapott.
Das Messer wurde aus Hals Griff gerissen und flog zu Boden.
A kés kiesett Hal markából, és a földre repült.
Hal versuchte, das Messer aufzuheben, und Thornton klopfte erneut auf seine Fingerknöchel.

Hal megpróbálta felvenni a kést, de Thornton ismét rácsapott az ujjperceire.

Dann bückte sich Thornton, griff nach dem Messer und hielt es fest.

Aztán Thornton lehajolt, megragadta a kést, és a kezében tartotta.

Mit zwei schnellen Hieben des Axtstiels zerschnitt er Bucks Zügel.

Két gyors csapással elvágta Buck gyeplőjét a fejsze nyelével.

Hal hatte keine Kraft mehr, sich zu wehren, und trat von dem Hund zurück.

Halnak már nem volt harci kedve, és hátralépett a kutya elől.

Außerdem brauchte Mercedes jetzt beide Arme, um aufrecht zu bleiben.

Különben is, Mercedesnek most már mindkét karjára szüksége volt, hogy egyenesen maradjon.

Buck war dem Tod zu nahe, um noch einmal einen Schlitten ziehen zu können.

Buck túl közel volt a halálhoz ahhoz, hogy újra hasznos legyen szánhúzásra.

Ein paar Minuten später legten sie ab und fuhren flussabwärts.

Néhány perccel később kifutottak, és lefelé indultak a folyón.

Buck hob schwach den Kopf und sah ihnen nach, wie sie die Bank verließen.

Buck gyengén felemelte a fejét, és nézte, ahogy elhagyják a bankot.

Pike führte das Team an, mit Solleks am Ende des Feldes.

Pike vezette a csapatot, Solleks pedig hátul a keréken.

Joe und Teek gingen dazwischen, beide humpelten vor Erschöpfung.

Joe és Teek közöttük sétáltak, mindketten kimerülten sántikáltak.

Mercedes saß auf dem Schlitten und Hal hielt die lange Lenkstange fest.

Mercedes a szánkón ült, Hal pedig a hosszú gearbotet szorongatta.

Charles stolperte hinterher, seine Schritte waren unbeholfen und unsicher.
Károly botladozva hátulról lépett, léptei esetlenek és bizonytalanok voltak.
Thornton kniete neben Buck und tastete vorsichtig nach gebrochenen Knochen.
Thornton letérdelt Buck mellé, és gyengéden kitapogatta, hogy nincs-e eltört csontja.
Seine Hände waren rau, bewegten sich aber mit Freundlichkeit und Sorgfalt.
A kezei érdesek voltak, de kedvesen és gondosan mozogtak.
Bucks Körper wies Blutergüsse auf, wies jedoch keine bleibenden Verletzungen auf.
Buck teste zúzódásokkal volt tele, de maradandó sérülés nem látszott rajta.
Zurück blieben schrecklicher Hunger und nahezu völlige Schwäche.
Ami maradt, az a szörnyű éhség és a szinte teljes gyengeség volt.
Als dies klar wurde, war der Schlitten bereits weit flussabwärts gefahren.
Mire ez kitisztult, a szán már messzire lejjebb ment a folyón.
Mann und Hund sahen zu, wie der Schlitten langsam über das knackende Eis kroch.
Férfi és kutya nézték, ahogy a szán lassan kúszik a repedező jégen.
Dann sahen sie, wie der Schlitten in eine Mulde sank.
Aztán látták, hogy a szánkó belesüllyed egy mélyedésbe.
Die Gee-Stange flog in die Höhe, und Hal klammerte sich immer noch vergeblich daran fest.
A gearbota felrepült, Hal pedig hiába kapaszkodott bele.
Mercedes' Schrei erreichte sie über die kalte Ferne.
Mercedes sikolyát a hideg messzeségen át hallhatták.
Charles drehte sich um und trat zurück – aber er war zu spät.
Károly megfordult és hátralépett – de már túl késő volt.
Eine ganze Eisdecke brach nach und sie alle fielen hindurch.
Egy egész jégtakaró leomlott, és mindannyian átestek rajta.

Hunde, Schlitten und Menschen verschwanden im schwarzen Wasser darunter.
Kutyák, szánkók és emberek tűntek el a lenti fekete vízben.
An der Stelle, an der sie vorbeigekommen waren, war nur ein breites Loch im Eis zurückgeblieben.
Csak egy széles lyuk maradt a jégben ott, ahol elhaladtak.
Der Boden des Pfades war nach unten abgesunken – genau wie Thornton gewarnt hatte.
Az ösvény alja leszakadt – pontosan ahogy Thornton figyelmeztette.
Thornton und Buck sahen sich einen Moment lang schweigend an.
Thornton és Buck egymásra néztek, egy pillanatig hallgattak.
„Du armer Teufel", sagte Thornton leise und Buck leckte ihm die Hand.
– Szegény ördög! – mondta Thornton halkan, mire Buck megnyalta a kezét.

Aus Liebe zu einem Mann
Egy férfi szerelmére

John Thornton erfror in der Kälte des vergangenen Dezembers seine Füße.
John Thorntonnak megfagyott a lába az előző decemberi hidegben.
Seine Partner machten es ihm bequem und ließen ihn allein genesen.
Partnerei kényelembe helyezték, és magára hagyták a felépülést.
Sie fuhren den Fluss hinauf, um ein Floß mit Sägestämmen für Dawson zu holen.
Felmentek a folyón, hogy fűrészrönköt gyűjtsenek Dawsonnak.
Er humpelte noch leicht, als er Buck vor dem Tod rettete.
Még enyhén sántított, amikor megmentette Buckot a haláltól.
Aber bei anhaltend warmem Wetter verschwand sogar dieses Hinken.
De a meleg idő folytatódásával még ez a sántítás is eltűnt.
Buck ruhte sich an langen Frühlingstagen am Flussufer aus.
Buck a hosszú tavaszi napokon a folyóparton fekve pihent.
Er beobachtete das fließende Wasser und lauschte den Vögeln und Insekten.
Nézte a folyó vizet, és hallgatta a madarakat és rovarokat.
Langsam erlangte Buck unter Sonne und Himmel seine Kraft zurück.
Buck lassan visszanyerte erejét a nap és az ég alatt.
Nach einer Reise von dreitausend Meilen war eine Pause ein wunderbares Gefühl.
Csodálatosan éreztem magam pihenve háromezer mérföldes utazás után.
Buck wurde träge, als seine Wunden heilten und sein Körper an Gewicht zunahm.
Buck ellustult, ahogy a sebei begyógyultak és a teste kiteljesedett.

Seine Muskeln wurden fester und das Fleisch bedeckte wieder seine Knochen.
Izmai megfeszültek, és hús borította vissza csontjait.
Sie ruhten sich alle aus – Buck, Thornton, Skeet und Nig.
Mindannyian pihentek – Buck, Thornton, Skeet és Nig.
Sie warteten auf das Floß, das sie nach Dawson bringen sollte.
Várták a tutajt, amivel levitték őket Dawsonba.
Skeet war ein kleiner Irish Setter, der sich mit Buck anfreundete.
Skeet egy kis ír szetter volt, aki összebarátkozott Buckkal.
Buck war zu schwach und krank, um ihr bei ihrem ersten Treffen Widerstand zu leisten.
Buck túl gyenge és beteg volt ahhoz, hogy ellenálljon neki az első találkozásukkor.
Skeet hatte die Heilereigenschaft, die manche Hunde von Natur aus besitzen.
Skeetnek megvolt az a gyógyító tulajdonsága, ami egyes kutyákban természetes módon megvan.
Wie eine Katzenmutter leckte und reinigte sie Bucks offene Wunden.
Mint egy anyamacska, nyalogatta és tisztogatta Buck sebeit.
Jeden Morgen nach dem Frühstück wiederholte sie ihre sorgfältige Arbeit.
Reggeli után minden reggel megismételte gondos munkáját.
Buck erwartete ihre Hilfe ebenso sehr wie die von Thornton.
Buck ugyanúgy számított a segítségére, mint Thorntonéra.
Nig war auch freundlich, aber weniger offen und weniger liebevoll.
Nig is barátságos volt, de kevésbé nyitott és kevésbé szeretetteljes.
Nig war ein großer schwarzer Hund, halb Bluthund, halb Hirschhund.
Nig egy nagy fekete kutya volt, részben véreb, részben szarvaseb.
Er hatte lachende Augen und eine unendlich gute Seele.
Nevető szemek és végtelen jó természet lakozott a lelkében.

Zu Bucks Überraschung zeigte keiner der Hunde Eifersucht ihm gegenüber.
Buck meglepetésére egyik kutya sem mutatott féltékenységet iránta.
Sowohl Skeet als auch Nig erfuhren die Freundlichkeit von John Thornton.
Skeet és Nig is osztoztak John Thornton kedvességében.
Als Buck stärker wurde, verleiteten sie ihn zu albernen Hundespielen.
Ahogy Buck egyre erősebb lett, bolondos kutyajátékokba csábították.
Auch Thornton spielte oft mit ihnen und konnte ihrer Freude nicht widerstehen.
Thornton is gyakran játszott velük, képtelen volt ellenállni az örömüknek.
Auf diese spielerische Weise gelang Buck der Übergang von der Krankheit in ein neues Leben.
Ezzel a játékos módon Buck a betegségből egy új életbe lépett.
Endlich hatte er Liebe gefunden – wahre, brennende und leidenschaftliche Liebe.
A szerelem – az igaz, lángoló és szenvedélyes szerelem – végre az övé volt.
Auf Millers Anwesen hatte er diese Art von Liebe nie erlebt.
Soha nem ismert ilyen szeretetet Miller birtokán.
Mit den Söhnen des Richters hatte er Arbeit und Abenteuer geteilt.
A Bíró fiaival közös munkát és kalandot élt át.
Bei den Enkeln sah er steifen und prahlerischen Stolz.
Az unokáknál merev és kérkedő büszkeséget látott.
Mit Richter Miller selbst verband ihn eine respektvolle Freundschaft.
Magával Miller bíróval tiszteletteljes barátságot ápolt.
Doch mit Thornton kam eine Liebe, die Feuer, Wahnsinn und Anbetung war.
De a szerelem, ami tűz, őrület és imádat volt, Thorntonnal érkezett.

Dieser Mann hatte Bucks Leben gerettet, und das allein bedeutete sehr viel.
Ez az ember megmentette Buck életét, és már önmagában ez is sokat jelentett.
Aber darüber hinaus war John Thornton der ideale Meistertyp.
De mi több, John Thornton volt az ideális fajta mester.
Andere Männer kümmerten sich aus Pflichtgefühl oder geschäftlicher Notwendigkeit um Hunde.
Más férfiak kötelességből vagy üzleti szükségszerűségből gondoskodtak kutyákról.
John Thornton kümmerte sich um seine Hunde, als wären sie seine Kinder.
John Thornton úgy gondoskodott a kutyáiról, mintha a gyermekei lennének.
Er kümmerte sich um sie, weil er sie liebte und einfach nicht anders konnte.
Törődött velük, mert szerette őket, és egyszerűen nem tehetett mást.
John Thornton sah sogar weiter, als die meisten Menschen jemals sehen konnten.
John Thornton még messzebbre látott, mint a legtöbb férfi valaha is képes volt látni.
Er vergaß nie, sie freundlich zu grüßen oder ein aufmunterndes Wort zu sagen.
Soha nem felejtette el kedvesen üdvözölni őket, vagy egy bátorító szót szólni.
Er liebte es, mit den Hunden zusammenzusitzen und lange zu reden, oder, wie er sagte, „gasy".
Imádott leülni a kutyákkal hosszas beszélgetésekre, vagy ahogy ő mondta, „gázoskodni".
Er packte Bucks Kopf gern grob zwischen seinen starken Händen.
Szerette durván megragadni Buck fejét erős kezei között.
Dann lehnte er seinen Kopf an Bucks und schüttelte ihn sanft.
Aztán a fejét Buckéhoz hajtotta, és gyengéden megrázta.

Die ganze Zeit über beschimpfte er Buck mit unhöflichen Namen, die für ihn Liebe bedeuteten.
Mindeközben durva szavakkal illette Buckot, amik a szerelmet jelentették számára.
Buck bereiteten diese grobe Umarmung und diese Worte große Freude.
Buck számára az a durva ölelés és azok a szavak mély örömet okoztak.
Sein Herz schien bei jeder Bewegung vor Glück zu beben.
A szíve minden mozdulatnál felszabadultan remegett a boldogságtól.
Als er anschließend aufsprang, sah sein Mund aus, als würde er lachen.
Amikor utána felugrott, úgy nézett ki a szája, mintha nevetett volna.
Seine Augen leuchteten hell und seine Kehle zitterte vor unausgesprochener Freude.
Szeme ragyogott, torka pedig remegett a kimondatlan örömtől.
Sein Lächeln blieb in diesem Zustand der Ergriffenheit und glühenden Zuneigung stehen.
Mosolya mozdulatlanná dermedt az érzelmek és a ragyogó szeretet közepette.
Dann rief Thornton nachdenklich aus: „Gott! Er kann fast sprechen!"
Thornton ekkor elgondolkodva felkiáltott: „Istenem! Majdnem tud beszélni!"
Buck hatte eine seltsame Art, Liebe auszudrücken, die beinahe Schmerzen verursachte.
Bucknak furcsa, szinte fájdalmat okozó módja volt a szeretet kifejezésére.
Er umklammerte Thorntons Hand oft sehr fest mit seinen Zähnen.
Gyakran nagyon erősen szorította Thornton kezét a fogai közé.
Der Biss würde tiefe Spuren hinterlassen, die noch einige Zeit blieben.

A harapás mély nyomokat hagyott, amelyek egy ideig megmaradtak.
Buck glaubte, dass diese Eide Liebe waren, und Thornton wusste das auch.
Buck hitte, hogy ezek az eskük a szerelem jelei, és Thornton is tudta ezt.
Meistens zeigte sich Bucks Liebe in stiller, fast stummer Verehrung.
Buck szerelme leggyakrabban csendes, szinte néma imádatban nyilvánult meg.
Obwohl er sich freute, wenn man ihn berührte oder ansprach, suchte er nicht nach Aufmerksamkeit.
Bár izgatott volt, ha megérintették vagy beszéltek hozzá, nem kereste a figyelmet.
Skeet schob ihre Nase unter Thorntons Hand, bis er sie streichelte.
Skeet addig bökte az orrát Thornton keze alá, amíg az meg nem simogatta.
Nig kam leise herbei und legte seinen großen Kopf auf Thorntons Knie.
Nig csendesen odalépett, és nagy fejét Thornton térdére hajtotta.
Buck hingegen war zufrieden damit, aus respektvoller Distanz zu lieben.
Buck ezzel szemben megelégedett azzal, hogy tiszteletteljes távolságból szeressen.
Er lag stundenlang zu Thorntons Füßen, wachsam und aufmerksam beobachtend.
Órákon át feküdt Thornton lábánál, éber és feszült figyelő tekintettel.
Buck studierte jedes Detail des Gesichts seines Herrn und jede kleinste Bewegung.
Buck gazdája arcának minden részletét, a legkisebb mozdulatát is alaposan szemügyre vette.
Oder er blieb weiter weg liegen und betrachtete schweigend die Gestalt des Mannes.
Vagy távolabb feküdt, csendben tanulmányozva a férfi alakját.

Buck beobachtete jede kleine Bewegung, jede Veränderung seiner Haltung oder Geste.
Buck minden apró mozdulatot, minden testtartás- vagy gesztusváltást figyelt.
Diese Verbindung war so stark, dass sie Thorntons Blick oft auf sich zog.
Olyan erős volt ez a kapcsolat, hogy gyakran magára vonta Thornton tekintetét.
Er begegnete Bucks Blick ohne Worte, Liebe schimmerte deutlich hindurch.
Szótlanul nézett Buck szemébe, a szerelem tisztán ragyogott benne.
Nach seiner Rettung ließ Buck Thornton lange Zeit nicht aus den Augen.
Miután megmentették, Buck sokáig nem tévesztette szem elől Thorntont.
Immer wenn Thornton das Zelt verließ, folgte Buck ihm dicht auf den Fersen.
Valahányszor Thornton elhagyta a sátrat, Buck szorosan követte kifelé.
All die strengen Herren im Nordland hatten Buck Angst gemacht, zu vertrauen.
Észak minden kemény ura miatt Buck félt bízni bennük.
Er befürchtete, dass kein Mann länger als kurze Zeit sein Herr bleiben könnte.
Attól félt, hogy senki sem maradhat az ura egy rövid időnél tovább.
Er befürchtete, dass John Thornton wie Perrault und François verschwinden würde.
Attól félt, hogy John Thornton úgy fog eltűnni, mint Perrault és François.
Sogar nachts quälte die Angst, ihn zu verlieren, Buck mit unruhigem Schlaf.
Még éjszaka is kísértette Buck nyugtalan álmát az elvesztésétől való félelem.
Als Buck aufwachte, kroch er in die Kälte hinaus und ging zum Zelt.

Amikor Buck felébredt, kimászott a hidegbe, és elment a sátorhoz.
Er lauschte aufmerksam auf das leise Geräusch des Atmens in seinem Inneren.
Figyelmesen hallgatózott, hallja-e belülről a halk légzést.
Trotz Bucks tiefer Liebe zu John Thornton blieb die Wildnis am Leben.
Buck John Thornton iránti mély szeretete ellenére a vadon életben maradt.
Dieser im Norden erwachte primitive Instinkt ist nicht verschwunden.
Az északon felébredt primitív ösztön nem tűnt el.
Liebe brachte Hingabe, Treue und die warme Verbundenheit des Kaminfeuers.
A szerelem odaadást, hűséget és a tűz melletti meleg köteléket hozott magával.
Aber Buck behielt auch seine wilden Instinkte, scharf und stets wachsam.
De Buck megőrizte vad ösztöneit is, melyek élesek és örökké éberek voltak.
Er war nicht nur ein gezähmtes Haustier aus den sanften Ländern der Zivilisation.
Nem csupán egy megszelídített háziállat volt a civilizáció puha földjeiről.
Buck war ein wildes Wesen, das hereingekommen war, um an Thorntons Feuer zu sitzen.
Buck vad teremtmény volt, aki Thornton tüzéhez jött leülni.
Er sah aus wie ein Südlandhund, aber in ihm lebte Wildheit.
Úgy nézett ki, mint egy délvidéki kutya, de vadság lakozott benne.
Seine Liebe zu Thornton war zu groß, um zuzulassen, dass er den Mann bestohlen hätte.
Túl nagy volt a szerelme Thornton iránt ahhoz, hogy megengedje magának a lopást.
Aber in jedem anderen Lager würde er dreist und ohne Pause stehlen.
De bármely más táborban bátran és szünet nélkül lopott volna.

Er war beim Stehlen so geschickt, dass ihn niemand erwischen oder beschuldigen konnte.
Olyan ravasz volt a lopásban, hogy senki sem tudta elkapni vagy megvádolni.

Sein Gesicht und sein Körper waren mit Narben aus vielen vergangenen Kämpfen übersät.
Arcát és testét számos korábbi harc hegei borították.

Buck kämpfte immer noch erbittert, aber jetzt kämpfte er mit mehr List.
Buck továbbra is hevesen küzdött, de most már ravaszabb módon.

Skeet und Nig waren zu sanft, um zu kämpfen, und sie gehörten Thornton.
Skeet és Nig túl gyengédek voltak ahhoz, hogy harcoljanak, és ők Thorntonéi voltak.

Aber jeder fremde Hund, egal wie stark oder mutig, wich zurück.
De minden idegen kutya, bármilyen erős vagy bátor is, megadta magát.

Ansonsten kämpfte der Hund gegen Buck und um sein Leben.
Különben a kutya Buckkal küzdött; az életéért küzdött.

Buck kannte keine Gnade, wenn er sich entschied, gegen einen anderen Hund zu kämpfen.
Buck nem volt irgalmas, miután úgy döntött, hogy egy másik kutyával harcol.

Er hatte das Gesetz der Keule und des Reißzahns im Nordland gut gelernt.
Jól elsajátította az északi fánk és agyar szabályát.

Er gab nie einen Vorteil auf und wich nie einer Schlacht aus.
Soha nem adott fel előnyt, és soha nem hátrált meg a csatában.

Er hatte Spitz und die wildesten Post- und Polizeihunde studiert.
Tanulmányozta a spitzeket és a legvadabb posta- és rendőrkutyákat.

Er wusste genau, dass es im wilden Kampf keinen Mittelweg gab.

Világosan tudta, hogy a vad harcban nincs középút.
Er musste herrschen oder beherrscht werden; Gnade zu zeigen, hieße, Schwäche zu zeigen.
Uralkodnia kellett, vagy őt uralták; az irgalom kimutatása gyengeséget jelentett.
In der rauen und brutalen Welt des Überlebens kannte man keine Gnade.
A kegyelem ismeretlen volt a túlélés nyers és brutális világában.
Gnade zu zeigen wurde als Angst angesehen und Angst führte schnell zum Tod.
Az irgalmasság kimutatása félelemnek számított, a félelem pedig gyorsan halálhoz vezetett.
Das alte Gesetz war einfach: töten oder getötet werden, essen oder gefressen werden.
A régi törvény egyszerű volt: ölj vagy megölnek, egyél vagy megesznek.
Dieses Gesetz stammte aus längst vergangenen Zeiten und Buck befolgte es vollständig.
Ez a törvény az idők mélyéről származik, és Buck teljes mértékben követte.
Buck war älter als sein Alter und die Anzahl seiner Atemzüge.
Buck idősebb volt a koránál és a lélegzetvételek számánál.
Er verband die ferne Vergangenheit klar mit der Gegenwart.
Világosan összekapcsolta a régmúlt időket a jelennel.
Die tiefen Rhythmen der Zeitalter bewegten sich durch ihn wie die Gezeiten.
A korok mély ritmusai úgy kavarogtak benne, mint az árapály.
Die Zeit pulsierte in seinem Blut so sicher, wie die Jahreszeiten die Erde bewegen.
Az idő olyan biztosan lüktetett a vérében, mint ahogy az évszakok mozgatták a földet.
Er saß mit starker Brust und weißen Reißzähnen an Thorntons Feuer.
Thornton tüzénél ült, erős mellkassal és fehér agyarral.

Sein langes Fell wehte, aber hinter ihm beobachteten ihn die Geister wilder Hunde.
Hosszú bundája lengedezett, de mögötte vadkutyák szellemei figyelték.
Halbwölfe und Vollwölfe regten sich in seinem Herzen und seinen Sinnen.
Fél farkasok és teli farkasok kavarogtak a szívében és az érzékeiben.
Sie probierten sein Fleisch und tranken dasselbe Wasser wie er.
Megkóstolták a húsát, és ugyanabból a vízből ittak, mint ő.
Sie schnupperten neben ihm den Wind und lauschten dem Wald.
Mellette szimatolták a szelet, és hallgatták az erdőt.
Sie flüsterten die Bedeutung der wilden Geräusche in der Dunkelheit.
A vad hangok jelentését suttogták a sötétben.
Sie prägten seine Stimmungen und leiteten jede seiner stillen Reaktionen.
Formálták a hangulatait és irányították minden csendes reakcióját.
Sie lagen bei ihm, während er schlief, und wurden Teil seiner tiefen Träume.
Vele feküdtek, miközben aludt, és mély álmainak részévé váltak.
Sie träumten mit ihm, über ihn hinaus und bildeten seinen Geist.
Vele álmodtak, rajta túl, és alkották meg a lelkét.
Die Geister der Wildnis riefen so stark, dass Buck sich hingezogen fühlte.
A vadon szellemei olyan erősen szóltak, hogy Buck úgy érezte, vonszolják.
Mit jedem Tag wurden die Menschheit und ihre Ansprüche in Bucks Herzen schwächer.
Az emberiség és annak igényei napról napra gyengültek Buck szívében.

Tief im Wald würde ein seltsamer und aufregender Ruf erklingen.
Mélyen az erdőben egy furcsa és izgalmas hívás fog felhangzani.
Jedes Mal, wenn er den Ruf hörte, verspürte Buck einen Drang, dem er nicht widerstehen konnte.
Valahányszor meghallotta a hívást, Buck egy ellenállhatatlan késztetést érzett.
Er wollte sich vom Feuer und den ausgetretenen menschlichen Pfaden abwenden.
Elfordult a tűztől és a kitaposott emberi ösvényektől.
Er wollte in den Wald eintauchen und weitergehen, ohne zu wissen, warum.
Be akart vetődni az erdőbe, előrement anélkül, hogy tudta volna, miért.
Er hinterfragte diese Anziehungskraft nicht, denn der Ruf war tief und kraftvoll.
Nem kérdőjelezte meg ezt a vonzást, mert a hívás mély és erőteljes volt.
Oft erreichte er den grünen Schatten und die weiche, unberührte Erde
Gyakran elérte a zöld árnyékot és a puha, érintetlen földet
Doch dann zog ihn die große Liebe zu John Thornton zurück zum Feuer.
De aztán a John Thornton iránti erős szerelem visszarántotta a tűzhöz.
Nur John Thornton hatte Bucks wildes Herz wirklich in seiner Gewalt.
Csak John Thornton tartotta igazán a markában Buck vad szívét.
Der Rest der Menschheit hatte für Buck keinen bleibenden Wert oder keine bleibende Bedeutung.
Az emberiség többi részének nem volt maradandó értéke vagy jelentése Buck számára.
Fremde könnten ihn loben oder ihm mit freundlichen Händen über das Fell streicheln.

Az idegenek dicsérhetik, vagy barátságosan simogathatják a bundáját.

Buck blieb ungerührt und ging vor lauter Zuneigung davon.

Buck mozdulatlan maradt, és elsétált a túl sok szeretettől.

Hans und Pete kamen mit dem lange erwarteten Floß

Hans és Pete megérkeztek a régóta várt tutajjal

Buck ignorierte sie, bis er erfuhr, dass sie sich in der Nähe von Thornton befanden.

Buck nem törődött velük, amíg meg nem tudta, hogy Thornton közelében vannak.

Danach tolerierte er sie, zeigte ihnen jedoch nie seine volle Zuneigung.

Ezután tolerálta őket, de soha nem mutatott teljes melegséget irántuk.

Er nahm Essen oder Freundlichkeiten von ihnen an, als täte er ihnen einen Gefallen.

Úgy fogadott el tőlük ételt vagy kedvességet, mintha szívességet tenne nekik.

Sie waren wie Thornton – einfach, ehrlich und klar im Denken.

Olyanok voltak, mint Thornton – egyszerűek, őszinték és világosan gondolkodtak.

Gemeinsam reisten sie zu Dawsons Sägewerk und dem großen Wirbel

Mindannyian együtt utaztak Dawson fűrészmalmához és a nagy örvényhez

Auf ihrer Reise lernten sie Bucks Wesen tiefgründig kennen.

Útjuk során mélyen megértették Buck természetét.

Sie versuchten nicht, sich näherzukommen, wie es Skeet und Nig getan hatten.

Nem próbáltak meg közeledni egymáshoz, ahogy Skeet és Nig tették.

Doch Bucks Liebe zu John Thornton wurde mit der Zeit immer stärker.

De Buck John Thornton iránti szeretete az idő múlásával csak mélyült.

Nur Thornton könnte Buck im Sommer eine Last auf die Schultern laden.
Csak Thornton tudott hátizsákot tenni Buck hátára nyáron.
Was auch immer Thornton befahl, Buck war bereit, es uneingeschränkt zu tun.
Amit Thornton parancsolt, Buck hajlandó volt maradéktalanul teljesíteni.
Eines Tages, nachdem sie Dawson in Richtung der Quellgewässer des Tanana verlassen hatten,
Egy nap, miután elhagyták Dawsont a Tanana forrásvidéke felé,
die Gruppe saß auf einer Klippe, die dreihundert Fuß bis zum nackten Fels abfiel.
A csoport egy sziklán ült, amely egy méterrel a csupasz alapkőzetig ért.
John Thornton saß nahe der Kante und Buck ruhte sich neben ihm aus.
John Thornton a szélén ült, Buck pedig mellette pihent.
Thornton hatte plötzlich eine Idee und rief die Männer auf sich aufmerksam.
Thorntonnak hirtelen ötlete támadt, és felhívta a férfiak figyelmét.
Er deutete über den Abgrund und gab Buck einen einzigen Befehl.
Átmutatott a szakadékon, és egyetlen parancsot adott Bucknak.
„Spring, Buck!", sagte er und schwang seinen Arm über den Abgrund.
„Ugorj, Buck!" – mondta, és kinyújtotta a karját a szakadék fölé.
Einen Moment später musste er Buck packen, der sofort lossprang, um zu gehorchen.
Egy pillanat múlva el kellett kapnia Buckot, aki ugrott, hogy engedelmeskedjen.
Hans und Pete eilten nach vorne und zogen beide in Sicherheit.

Hans és Pete előrerohantak, és mindkettőjüket biztonságba húzták.

Nachdem alles vorbei war und sie wieder zu Atem gekommen waren, ergriff Pete das Wort.

Miután minden véget ért, és kapkodták a levegőt, Pete megszólalt.

„Die Liebe ist unheimlich", sagte er, erschüttert von der wilden Hingabe des Hundes.

– Kísérteties ez a szerelem – mondta, megrendítve a kutya heves odaadásától.

Thornton schüttelte den Kopf und antwortete mit ruhiger Ernsthaftigkeit.

Thornton megrázta a fejét, és nyugodt komolysággal válaszolt.

„Nein, die Liebe ist großartig", sagte er, „aber auch schrecklich."

– Nem, a szerelem csodálatos – mondta –, de szörnyű is.

„Manchmal, das muss ich zugeben, macht mir diese Art von Liebe Angst."

„Be kell vallanom, hogy néha félelemmel tölt el az ilyen szerelem."

Pete nickte und sagte: „Ich möchte nicht der Mann sein, der dich berührt."

Pete bólintott, és azt mondta: „Nem szeretnék én lenni az az ember, aki hozzád ér."

Er sah Buck beim Sprechen ernst und voller Respekt an.

Miközben beszélt, komolyan és tisztelettelesen nézett Buckra.

„Py Jingo!", sagte Hans schnell. „Ich auch nicht, nein, Sir."

– Py Jingo! – mondta Hans gyorsan. – Én sem, uram.

Noch vor Jahresende wurden Petes Befürchtungen in Circle City wahr.

Még az év vége előtt Pete félelmei beigazolódtak Circle Cityben.

Ein grausamer Mann namens Black Burton hat in der Bar eine Schlägerei angezettelt.

Egy Black Burton nevű kegyetlen férfi verekedést szított a bárban.

Er war wütend und bösartig und ging auf einen Neuling los.
Dühös és rosszindulatú volt, és egy új zsenge lábúnak rontott.
John Thornton schritt ein, ruhig und gutmütig wie immer.
John Thornton lépett közbe, nyugodtan és jóindulatúan, mint mindig.
Buck lag mit gesenktem Kopf in einer Ecke und beobachtete Thornton aufmerksam.
Buck egy sarokban feküdt, lehajtott fejjel, és Thorntont figyelte.
Burton schlug plötzlich zu und sein Schlag ließ Thornton herumwirbeln.
Burton hirtelen lecsapott, az ütése megpörgette Thorntont.
Nur die Stangenreling verhinderte, dass er hart auf den Boden stürzte.
Csak a korlát korlátja akadályozta meg, hogy a földre zuhanjon.
Die Beobachter hörten ein Geräusch, das weder Bellen noch Jaulen war
A megfigyelők egy hangot hallottak, ami nem ugatás vagy vonyítás volt
Ein tiefes Brüllen kam von Buck, als er auf den Mann zustürzte.
Mély ordítás hallatszott Buckból, miközben a férfi felé indult.
Burton riss seinen Arm hoch und rettete nur knapp sein eigenes Leben.
Burton felemelte a karját, és alig mentette meg az életét.
Buck prallte gegen ihn und warf ihn flach auf den Boden.
Buck nekiütközött, és a férfi a földre zuhant.
Buck biss tief in den Arm des Mannes und stürzte sich dann auf die Kehle.
Buck mélyen beleharapott a férfi karjába, majd a torkára vetette magát.
Burton konnte den Angriff nur teilweise blocken und sein Hals wurde aufgerissen.
Burton csak részben tudott blokkolni, és a nyaka szétszakadt.
Männer stürmten mit erhobenen Knüppeln herein und vertrieben Buck von dem blutenden Mann.

Férfiak rohantak be, felemelt buzogányokkal, és leterítették Buckot a vérző férfiról.
Ein Chirurg arbeitete schnell, um den Blutausfluss zu stoppen.
Egy sebész gyorsan dolgozott, hogy elállítsa a vérzést.
Buck ging auf und ab und knurrte, während er immer wieder versuchte anzugreifen.
Buck fel-alá járkált és morgott, újra meg újra támadni próbálva.
Nur schwingende Knüppel hielten ihn davon ab, Burton zu erreichen.
Csak a lendítő botok tartották vissza attól, hogy elérje Burtont.
Eine Bergarbeiterversammlung wurde einberufen und noch vor Ort abgehalten.
Bányászgyűlést hívtak össze és tartottak meg ott helyben.
Sie waren sich einig, dass Buck provoziert worden war, und stimmten für seine Freilassung.
Egyetértettek abban, hogy Buckot provokálták, és megszavazták szabadon bocsátását.
Doch Bucks wilder Name hallte nun durch jedes Lager in Alaska.
De Buck vad neve mostanra Alaszka minden táborában visszhangzott.
Später im Herbst rettete Buck Thornton erneut auf eine neue Art und Weise.
Később, azon az őszön, Buck új módon mentette meg Thorntont.
Die drei Männer steuerten ein langes Boot durch wilde Stromschnellen.
A három férfi egy hosszú csónakot irányított lefelé a zuhatagokon.
Thornton steuerte das Boot und rief Anweisungen zur Küste.
Thornton a csónakot kormányozta, és a partvonal felé kiabált.
Hans und Pete rannten an Land und hielten sich an einem Seil fest, das sie von Baum zu Baum führte.

Hans és Pete a szárazföldön futottak, egy kötelet tartva fától fáig.

Buck hielt am Ufer Schritt und behielt seinen Herrn immer im Auge.

Buck lépést tartott a parton, mindig a gazdáját figyelve.

An einer ungünstigen Stelle ragten Felsen aus dem schnellen Wasser hervor.

Egyik kellemetlen helyen sziklák álltak ki a sebes víz alól.

Hans ließ das Seil los und Thornton steuerte das Boot weit.

Hans elengedte a kötelet, Thornton pedig szélesre kormányozta a csónakot.

Hans sprintete, um das Boot an den gefährlichen Felsen vorbei wieder zu erreichen.

Hans rohanva próbálta utolérni a csónakot a veszélyes sziklák között.

Das Boot passierte den Felsvorsprung, geriet jedoch in eine stärkere Strömung.

A hajó átjutott a sziklaperemen, de az áramlat egy erősebb szakaszába ütközött.

Hans griff zu schnell nach dem Seil und brachte das Boot aus dem Gleichgewicht.

Hans túl gyorsan megragadta a kötelet, és kibillentette az egyensúlyából a csónakot.

Das Boot kenterte und prallte mit dem Hinterteil nach oben gegen das Ufer.

A csónak felborult, és alulról felfelé a partnak csapódott.

Thornton wurde hinausgeworfen und in den wildesten Teil des Wassers geschwemmt.

Thorntont kidobták, és a víz legvadabb részébe sodorták.

Kein Schwimmer hätte in diesen tödlichen, reißenden Gewässern überleben können.

Egyetlen úszó sem élhette volna túl azokban a halálos, száguldó vizekben.

Buck sprang sofort hinein und jagte seinen Herrn den Fluss hinunter.

Buck azonnal közbelépett, és üldözőbe vette gazdáját a folyó mentén.

Nach dreihundert Metern erreichte er endlich Thornton.
Háromszáz yard után végre elérte Thorntont.
Thornton packte Buck am Schwanz und Buck drehte sich zum Ufer um.
Thornton megragadta Buck farkát, és Buck a part felé fordult.
Er schwamm mit voller Kraft und kämpfte gegen den wilden Sog des Wassers an.
Teljes erőből úszott, küzdve a víz vad sodrásával.
Sie bewegten sich schneller flussabwärts, als sie das Ufer erreichen konnten.
Gyorsabban haladtak lefelé a folyón, mint ahogy elérték a partot.
Vor ihnen toste der Fluss immer lauter und stürzte in tödliche Stromschnellen.
Előttük a folyó hangosabban zúgott, ahogy halálos zuhatagokba zuhant.
Felsen schnitten durch das Wasser wie die Zähne eines riesigen Kamms.
A sziklák úgy hasítottak a vízbe, mint egy hatalmas fésű fogai.
Die Anziehungskraft des Wassers in der Nähe des Tropfens war wild und unausweichlich.
A csepp közelében lévő víz vonzása vad és elkerülhetetlen volt.
Thornton wusste, dass sie das Ufer nie rechtzeitig erreichen würden.
Thornton tudta, hogy soha nem érhetnek partra időben.
Er schrammte über einen Felsen, zerschmetterte einen zweiten,
Átsúrolt egy sziklát, áttört egy másikon,
Und dann prallte er gegen einen dritten Felsen, den er mit beiden Händen festhielt.
Aztán egy harmadik sziklának csapódott, és mindkét kezével megragadta.
Er ließ Buck los und übertönte das Gebrüll: „Los, Buck! Los!"
Elengedte Buckot, és túlkiabálta a bömbölést: „Rajt, Buck! Rajt!"

Buck konnte sich nicht über Wasser halten und wurde von der Strömung mitgerissen.
Buck nem tudott a felszínen maradni, és az áramlat elsodorta.
Er kämpfte hart und versuchte, sich umzudrehen, kam aber überhaupt nicht voran.
Keményen küzdött, küszködött a megfordulással, de sehogy sem jutott előre.
Dann hörte er, wie Thornton den Befehl über das Tosen des Flusses hinweg wiederholte.
Aztán hallotta, ahogy Thornton megismétli a parancsot a folyó morajlása felett.
Buck erhob sich aus dem Wasser und hob den Kopf, als wolle er einen letzten Blick werfen.
Buck kiágaskodott a vízből, és felemelte a fejét, mintha utoljára pillantana rá.
dann drehte er sich um und gehorchte und schwamm entschlossen auf das Ufer zu.
majd megfordult, engedelmeskedett és elszántan a part felé úszott.
Pete und Hans zogen ihn im letzten Moment an Land.
Pete és Hans az utolsó lehetséges pillanatban húzták partra.
Sie wussten, dass Thornton sich nur noch wenige Minuten am Felsen festklammern konnte.
Tudták, hogy Thornton már csak percekig kapaszkodhat a sziklába.
Sie rannten das Ufer hinauf zu einer Stelle weit oberhalb der Stelle, an der er hing.
Felrohantak a parton egy helyre, messze afelett, ahol felakasztották.
Sie befestigten die Bootsleine sorgfältig an Bucks Hals und Schultern.
Gondosan Buck nyakához és vállához kötötték a csónak zsinórját.
Das Seil saß eng, war aber locker genug zum Atmen und für Bewegung.
A kötél feszes volt, de elég laza a légzéshez és a mozgáshoz.

Dann warfen sie ihn erneut in den reißenden, tödlichen Fluss.
Aztán ismét beledobták a sebesen hömpölygő, halálos folyóba.
Buck schwamm mutig, verpasste jedoch seinen Winkel in die Kraft des Stroms.
Buck merészen úszott, de elhibázta a megfelelő szöget az áramlat erejével szemben.
Er sah zu spät, dass er an Thornton vorbeiziehen würde.
Túl későn vette észre, hogy el fog sodródni Thornton mellett.
Hans riss das Seil fest, als wäre Buck ein kenterndes Boot.
Hans megrántotta a kötelet, mintha Buck egy felboruló csónak lenne.
Die Strömung zog ihn nach unten und er verschwand unter der Oberfläche.
Az áramlat magával rántotta, és eltűnt a felszín alatt.
Sein Körper schlug gegen das Ufer, bevor Hans und Pete ihn herauszogen.
Teste a partnak csapódott, mielőtt Hans és Pete kihúzták volna.
Er war halb ertrunken und sie haben das Wasser aus ihm herausgeprügelt.
Félig megfulladt, és kiöntötték belőle a vizet.
Buck stand auf, taumelte und brach erneut auf dem Boden zusammen.
Buck felállt, megtántorodott, majd ismét a földre rogyott.
Dann hörten sie Thorntons Stimme, die schwach vom Wind getragen wurde.
Aztán meghallották Thornton hangját, melyet halkan vitt a szél.
Obwohl die Worte undeutlich waren, wussten sie, dass er dem Tode nahe war.
Bár a szavak nem voltak világosak, tudták, hogy a halál szélén áll.
Der Klang von Thorntons Stimme traf Buck wie ein elektrischer Schlag.
Thornton hangja úgy érte Buckot, mint egy elektromos lökés.

Er sprang auf, rannte das Ufer hinauf und kehrte zum Startpunkt zurück.

Felugrott és felrohant a parton, visszatérve az indítóálláshoz.

Wieder banden sie Buck das Seil fest und wieder betrat er den Bach.

Újra Buckhoz kötötték a kötelet, és ő ismét belépett a patakba.

Diesmal schwamm er direkt und entschlossen in das rauschende Wasser.

Ezúttal egyenesen és határozottan úszott a sebesen áramló vízbe.

Hans ließ das Seil langsam los, während Pete darauf achtete, dass es sich nicht verhedderte.

Hans egyenletesen engedte ki a kötelet, miközben Pete ügyelt arra, hogy ne gubancolódjon össze.

Buck schwamm schnell, bis er direkt über Thornton auf einer Linie lag.

Buck keményen úszott, amíg közvetlenül Thornton felett nem egy vonalban nem volt.

Dann drehte er sich um und raste wie ein Zug mit voller Geschwindigkeit nach unten.

Aztán megfordult, és úgy száguldott lefelé, mint egy teljes sebességgel száguldó vonat.

Thornton sah ihn kommen, machte sich bereit und schlang die Arme um seinen Hals.

Thornton meglátta közeledni, felkészült, és átkarolta a nyakát.

Hans band das Seil fest um einen Baum, als beide unter Wasser gezogen wurden.

Hans erősen körbekötötte a kötelet egy fán, miközben mindkettőjüket aláhúzták.

Sie stürzten unter Wasser und zerschellten an Felsen und Flusstrümmern.

Víz alatt zuhantak, szikláknak és folyami törmeléknek csapódva.

In einem Moment war Buck oben, im nächsten erhob sich Thornton keuchend.

Az egyik pillanatban Buck még felült, a következőben Thornton zihálva emelkedett fel.

Zerschlagen und erstickend steuerten sie auf das Ufer zu und waren in Sicherheit.
Összeverődve és fuldokolva a part felé vették az irányt, biztonságba menekülve.

Thornton erlangte sein Bewusstsein wieder und lag quer über einem Treibholzbaumstamm.
Thornton egy sodródási rönkön fekve tért magához.

Hans und Pete haben hart gearbeitet, um ihm Atem und Leben zurückzugeben.
Hans és Pete keményen dolgoztatták, hogy visszaadja a lélegzetét és az életerejét.

Sein erster Gedanke galt Buck, der regungslos und schlaff dalag.
Első gondolata Buck volt, aki mozdulatlanul és ernyedten feküdt.

Nig heulte über Bucks Körper und Skeet leckte sanft sein Gesicht.
Nig Buck teste fölött üvöltött, Skeet pedig gyengéden megnyalta az arcát.

Thornton, wund und verletzt, untersuchte Buck mit vorsichtigen Händen.
Thornton, sebesülten és zúzódásokkal, óvatos kézzel vizsgálgatta Buckot.

Er stellte fest, dass der Hund drei Rippen gebrochen hatte, jedoch keine tödlichen Wunden aufwies.
Három eltört bordát talált, de a kutyán nem voltak halálos sérülések.

„Damit ist die Sache geklärt", sagte Thornton. „Wir zelten hier." Und das taten sie.
– Ez eldöntötte a dolgot – mondta Thornton. – Itt táborozunk. És így is tettek.

Sie blieben, bis Bucks Rippen verheilt waren und er wieder laufen konnte.
Addig maradtak, amíg Buck bordái be nem gyógyultak, és újra járni tudott.

In diesem Winter vollbrachte Buck eine Leistung, die seinen Ruhm noch weiter steigerte.
Azon a télen Buck egy olyan hőstettre tett szert, amely tovább növelte hírnevét.
Es war weniger heroisch als Thornton zu retten, aber genauso beeindruckend.
Kevésbé volt hősies, mint Thornton megmentése, de ugyanolyan lenyűgöző.
In Dawson benötigten die Partner Vorräte für eine weite Reise.
Dawsonban a partnereknek ellátmányra volt szükségük egy hosszú útra.
Sie wollten nach Osten reisen, in unberührte Wildnisgebiete.
Keletre akartak utazni, érintetlen vadonba.
Bucks Tat im Eldorado Saloon machte diese Reise möglich.
Buck Eldorado Saloonban tett üzlete tette lehetővé ezt az utat.
Es begann damit, dass Männer bei einem Drink mit ihren Hunden prahlten.
Azzal kezdődött, hogy a férfiak iszogatás közben a kutyáikkal hencegtek.
Bucks Ruhm machte ihn zur Zielscheibe von Herausforderungen und Zweifeln.
Buck hírneve kihívások és kétségek célpontjává tette.
Thornton blieb stolz und ruhig und verteidigte Bucks Namen standhaft.
Thornton büszkén és nyugodtan, határozottan kiállt Buck nevének védelmében.
Ein Mann sagte, sein Hund könne problemlos zweihundertsechsunddreißig kg ziehen.
Egy férfi azt mondta, hogy a kutyája könnyedén elhúzhat ötszáz fontot.
Ein anderer sagte sechshundert und ein dritter prahlte mit siebenhundert.
Egy másik hatszázat mondott, egy harmadik pedig hétszázzal dicsekedett.

„Pfft!", sagte John Thornton, „Buck kann einen fünfhundert kg schweren Schlitten ziehen."

– Pfúj! – mondta John Thornton. – Buck el tud húzni egy ezer kilós szánt is.

Matthewson, ein Bonanza-König, beugte sich vor und forderte ihn heraus.

Matthewson, egy Bonanza King, előrehajolt és kihívást jelentett neki.

„Glauben Sie, er kann so viel Gewicht in Bewegung setzen?"

„Szerinted ekkora súlyt tud mozgatni?"

„Und Sie glauben, er kann das Gewicht volle hundert Meter weit ziehen?"

„És azt hiszed, hogy képes elhúzni a súlyt száz méteren keresztül?"

Thornton antwortete kühl: „Ja. Buck ist Hund genug, um das zu tun."

Thornton hűvösen válaszolt: „Igen. Buck elég kutya ahhoz, hogy megcsinálja."

„Er wird tausend Pfund in Bewegung setzen und es hundert Meter weit ziehen."

„Ezer fontot mozgat meg, és száz métert is elhúz."

Matthewson lächelte langsam und stellte sicher, dass alle Männer seine Worte hörten.

Matthewson lassan elmosolyodott, és megbizonyosodott róla, hogy mindenki hallja a szavait.

„Ich habe tausend Dollar, die sagen, dass er es nicht kann. Da ist es."

„Van egy ezer dollárom, ami azt jelenti, hogy nem teheti meg. Itt van."

Er knallte einen Sack Goldstaub von der Größe einer Wurst auf die Theke.

Egy kolbásznyi nagyságú aranyporos zsákot vágott a bárpultra.

Niemand sagte ein Wort. Die Stille um sie herum wurde drückend und angespannt.

Senki sem szólt egy szót sem. A csend egyre súlyosabbá és feszültté vált körülöttük.

Thorntons Bluff – wenn es denn einer war – war ernst genommen worden.

Thornton blöffjét – ha egyáltalán blöffnek számított – komolyan vették.

Er spürte, wie ihm die Hitze im Gesicht aufstieg und das Blut in seine Wangen schoss.

Érezte, hogy forróság száll az arcába, ahogy a vér az arcába ömlik.

In diesem Moment war seine Zunge seiner Vernunft voraus.

A nyelve abban a pillanatban megelőzte az eszét.

Er wusste wirklich nicht, ob Buck fünfhundert kg bewegen konnte.

Tényleg nem tudta, hogy Buck képes-e ezer kilót megmozgatni.

Eine halbe Tonne! Allein die Größe ließ ihm das Herz schwer werden.

Fél tonna! Már a mérete is nehézzé tette a szívét.

Er hatte Vertrauen in Bucks Stärke und hielt ihn für fähig.

Bízott Buck erejében, és képesnek tartotta rá.

Doch einer solchen Herausforderung war er noch nie begegnet, nicht auf diese Art und Weise.

De még soha nem nézett szembe ilyen kihívással, nem ehhez hasonlóval.

Ein Dutzend Männer beobachteten ihn still und warteten darauf, was er tun würde.

Egy tucat férfi figyelte csendben, várva, mit fog tenni.

Er hatte das Geld nicht – Hans und Pete auch nicht.

Nem volt rá pénze – Hansnak és Pete-nek sem.

„Ich habe draußen einen Schlitten", sagte Matthewson kalt und direkt.

– Van kint egy szánkóm – mondta Matthewson hidegen és határozottan.

„Es ist mit zwanzig Säcken zu je fünfzig Pfund beladen, alles Mehl.

„Húsz zsákkal van megrakva, mindegyik ötven font, mind liszt."

Lassen Sie sich also jetzt nicht von einem fehlenden Schlitten als Ausrede ausreden", fügte er hinzu.
Szóval ne egy eltűnt szánkó legyen most a kifogásod" – tette hozzá.

Thornton stand still da. Er wusste nicht, was er sagen sollte.
Thornton némán állt. Nem tudta, mit mondjon.

Er blickte sich die Gesichter an, ohne sie deutlich zu erkennen.
Körülnézett az arcokon anélkül, hogy tisztán látta volna őket.

Er sah aus wie ein Mann, der in Gedanken erstarrt war und versuchte, neu zu starten.
Úgy nézett ki, mint aki gondolataiba merülve próbál újrakezdeni.

Dann sah er Jim O'Brien, einen Freund aus der Mastodon-Zeit.
Aztán meglátta Jim O'Brient, a Mastodon-kori barátját.

Dieses vertraute Gesicht gab ihm Mut, von dem er nicht wusste, dass er ihn hatte.
Az ismerős arc olyan bátorságot adott neki, amiről nem is tudott.

Er drehte sich um und fragte mit leiser Stimme: „Können Sie mir tausend leihen?"
Megfordult, és halkan megkérdezte: „Tudnál kölcsönadni nekem ezrest?"

„Sicher", sagte O'Brien und ließ bereits einen schweren Sack neben dem Gold fallen.
– Persze – mondta O'Brien, és máris elejtett egy nehéz zsákot az arany mellett.

„Aber ehrlich gesagt, John, ich glaube nicht, dass das Biest das tun kann."
„De őszintén szólva, John, nem hiszem, hogy a szörnyeteg képes lenne erre."

Alle im Eldorado Saloon strömten nach draußen, um sich die Veranstaltung anzusehen.

Az Eldorado Szalonban mindenki kiszaladt, hogy lássa az eseményt.
Sie ließen Tische und Getränke zurück und sogar die Spiele wurden unterbrochen.
Elhagyták az asztalokat és az italokat, sőt, még a játékokat is szüneteltették.
Dealer und Spieler kamen, um das Ende der kühnen Wette mitzuerleben.
Osztók és szerencsejátékosok gyűltek össze, hogy tanúi legyenek a merész fogadás végének.
Hunderte versammelten sich auf der vereisten Straße um den Schlitten.
Több százan gyűltek össze a szánkó körül a jeges, nyílt utcán.
Matthewsons Schlitten stand mit einer vollen Ladung Mehlsäcke da.
Matthewson szánja tele volt liszteszsákokkal.
Der Schlitten stand stundenlang bei Minustemperaturen.
A szán órák óta állt mínuszokban.
Die Kufen des Schlittens waren fest am festgetretenen Schnee festgefroren.
A szánkó talpai szorosan odafagytak a letaposott hóhoz.
Die Männer wetteten zwei zu eins, dass Buck den Schlitten nicht bewegen könne.
A férfiak kétszeres oddsot tettek arra, hogy Buck nem tudja megmozdítani a szánt.
Es kam zu einem Streit darüber, was „ausbrechen" eigentlich bedeutet.
Vita alakult ki arról, hogy mit is jelent valójában a „kitörés".
O'Brien sagte, Thornton solle die festgefrorene Basis des Schlittens lösen.
O'Brien azt mondta Thorntonnak, hogy lazítsa meg a szánkó befagyott talpát.
Buck könnte dann aus einem soliden, bewegungslosen Start „ausbrechen".
Buck ezután „kitörhetett" egy szilárd, mozdulatlan kezdetből.
Matthewson argumentierte, dass der Hund auch die Läufer befreien müsse.

Matthewson azzal érvelt, hogy a kutyának a futókat is ki kell szabadítania.
Die Männer, die von der Wette gehört hatten, stimmten Matthewsons Ansicht zu.
A férfiak, akik hallották a fogadást, egyetértettek Matthewson nézetével.
Mit dieser Entscheidung stiegen die Chancen auf drei zu eins gegen Buck.
Ezzel a döntéssel az esélyek három az egyhez ugrottak Buck ellen.
Niemand trat vor, um die wachsende Drei-zu-eins-Chance auf sich zu nehmen.
Senki sem lépett elő, hogy elfogadja a növekvő háromszoros esélyt.
Kein einziger Mann glaubte, dass Buck diese große Leistung vollbringen könnte.
Egyetlen ember sem hitte, hogy Buck képes lenne erre a nagy tettre.
Thornton war zu der Wette gedrängt worden, obwohl er voller Zweifel war.
Thorntont sietve, kétségek gyötörték, sürgették a fogadást.
Nun blickte er auf den Schlitten und das zehnköpfige Hundegespann daneben.
Most a szánt és a mellette lévő tízkutyás fogatot nézte.
Als ich die Realität der Aufgabe sah, erschien sie noch unmöglicher.
A feladat valóságának láttán az még lehetetlenebbnek tűnt.
Matthewson war in diesem Moment voller Stolz und Selbstvertrauen.
Matthewson abban a pillanatban tele volt büszkeséggel és magabiztossággal.
„Drei zu eins!", rief er. „Ich wette noch tausend, Thornton!"
– Három az egyhez! – kiáltotta. – Fogadok még ezerbe, Thornton!
Was sagst du dazu?", fügte er laut genug hinzu, dass es alle hören konnten.

– Mit mondasz? – tette hozzá elég hangosan ahhoz, hogy mindenki hallja.

Thorntons Gesicht zeigte seine Zweifel, aber sein Geist war aufgeblüht.

Thornton arcán látszottak a kétségek, de a lelkesedés már javult.

Dieser Kampfgeist ignorierte alle Widrigkeiten und fürchtete sich überhaupt nicht.

Ez a harci szellem figyelmen kívül hagyta az esélyeket, és semmitől sem félt.

Er forderte Hans und Pete auf, ihr gesamtes Bargeld auf den Tisch zu bringen.

Felhívta Hanst és Pete-et, hogy hozzák össze az összes pénzüket.

Ihnen blieb nicht mehr viel übrig – insgesamt nur zweihundert Dollar.

Kevés pénzük maradt – összesen csak kétszáz dollár.

Diese kleine Summe war ihr gesamtes Vermögen in schweren Zeiten.

Ez a kis összeg jelentette a teljes vagyonukat a nehéz időkben.

Dennoch setzten sie ihr gesamtes Vermögen auf Matthewsons Wette.

Mégis, az összes vagyonukat Matthewson fogadására tették fel.

Das zehnköpfige Hundegespann wurde abgekoppelt und vom Schlitten wegbewegt.

A tíz kutyából álló csapatot leválasztották a szánról, és elhúztak a szánkótól.

Buck wurde in die Zügel genommen und trug sein vertrautes Geschirr.

Buckot a gyeplőbe helyezték, és a hátán viselte a megszokott hámját.

Er hatte die Energie der Menge aufgefangen und die Spannung gespürt.

Érezte a tömeg energiáját és a feszültséget.

Irgendwie wusste er, dass er etwas für John Thornton tun musste.

Valahogy tudta, hogy tennie kell valamit John Thorntonért.
Die Leute murmelten voller Bewunderung über die stolze Gestalt des Hundes.
Az emberek csodálattal mormogtak a kutya büszke alakjára.
Er war schlank und stark und hatte kein einziges Gramm Fleisch zu viel.
Sovány és erős volt, egyetlen grammnyi felesleges hús nélkül.
Sein Gesamtgewicht von hundertfünfzig Pfund bestand nur aus Kraft und Ausdauer.
Százötven fontnyi teljes súlya csupa erő és kitartás volt.
Bucks Fell glänzte wie Seide und strotzte vor Gesundheit und Kraft.
Buck bundája selyemként csillogott, egészségtől és erőtől átitatva.
Das Fell an seinem Hals und seinen Schultern schien sich aufzurichten und zu sträuben.
A nyakán és a vállán a szőr mintha felpúposodott volna és felborzolódott volna.
Seine Mähne bewegte sich leicht, jedes Haar war voller Energie.
Sörénye kissé megmozdult, minden egyes szőrszála életre kelt hatalmas energiájától.
Seine breite Brust und seine starken Beine passten zu seinem schweren, robusten Körperbau.
Széles mellkasa és erős lábai tökéletesen illettek nehézkes, szívós testalkatához.
Unter seinem Mantel spannten sich Muskeln, straff und fest wie geschmiedetes Eisen.
Izmai hullámoztak a kabátja alatt, feszesek és szilárdak, mint a megkötött vas.
Männer berührten ihn und schworen, er sei gebaut wie eine Stahlmaschine.
A férfiak megérintették, és megesküdtek, hogy úgy van felépítve, mint egy acélszerkezet.
Die Quoten sanken leicht auf zwei zu eins gegen den großen Hund.

Az esélyek kissé csökkentek, kettő az egyhez a nagy kutya ellen.

Ein Mann von den Skookum Benches drängte sich stotternd nach vorne.

Egy férfi a Skookum padokról dadogva előretolta magát.

„Gut, Sir! Ich biete achthundert für ihn – vor der Prüfung, Sir!"

„Rendben van, uram! Nyolcszázat ajánlok érte... a próba előtt, uram!"

„Achthundert, so wie er jetzt dasteht!", beharrte der Mann.

„Nyolcszáz, ahogy most áll!" – erősködött a férfi.

Thornton trat vor, lächelte und schüttelte ruhig den Kopf.

Thornton előrelépett, elmosolyodott, és nyugodtan megrázta a fejét.

Matthewson schritt schnell mit warnender Stimme und einem Stirnrunzeln ein.

Matthewson gyorsan közbelépett figyelmeztető hangon és összevont szemöldökkel.

„Sie müssen Abstand von ihm halten", sagte er. „Geben Sie ihm Raum."

„El kell távolodnod tőle" – mondta. „Adj neki teret."

Die Menge verstummte; nur die Spieler boten noch zwei zu eins.

A tömeg elcsendesedett; csak a szerencsejátékosok ajánlottak még mindig kettőt az egyhez.

Alle bewunderten Bucks Körperbau, aber die Last schien zu groß.

Mindenki csodálta Buck testalkatát, de a rakomány túl nagynak tűnt.

Zwanzig Säcke Mehl – jeder fünfzig Pfund schwer – schienen viel zu viel.

Húsz zsák liszt – egyenként ötven font súlyú – túl soknak tűnt.

Niemand war bereit, seinen Geldbeutel zu öffnen und sein Geld zu riskieren.

Senki sem volt hajlandó kinyitni az erszényét és kockáztatni a pénzét.

Thornton kniete neben Buck und nahm seinen Kopf in beide Hände.
Thornton letérdelt Buck mellé, és két kezébe fogta a fejét.
Er drückte seine Wange an Bucks und sprach in sein Ohr.
Arcát Buck arcához nyomta, és a fülébe suttogott.
Es gab jetzt kein spielerisches Schütteln oder geflüsterte liebevolle Beleidigungen.
Most nem volt játékos rázogatás vagy suttogott szerelmes sértések.
Er murmelte nur leise: „So sehr du mich liebst, Buck."
Csak halkan mormolta: „Amennyire szeretsz, Buck."
Buck stieß ein leises Winseln aus, seine Begierde konnte er kaum zurückhalten.
Buck halkan nyüszített, alig fékezte a lelkesedését.
Die Zuschauer beobachteten neugierig, wie Spannung in der Luft lag.
A nézők kíváncsian figyelték, ahogy a feszültség betöltötte a levegőt.
Der Moment fühlte sich fast unwirklich an, wie etwas jenseits der Vernunft.
A pillanat szinte valószerűtlennek tűnt, mint valami értelmetlen dolog.
Als Thornton aufstand, nahm Buck sanft seine Hand zwischen die Kiefer.
Amikor Thornton felállt, Buck gyengéden megfogta a kezét.
Er drückte mit den Zähnen nach unten und ließ dann langsam und sanft los.
Fogaival lenyomta, majd lassan és gyengéden elengedte.
Es war eine stille Antwort der Liebe, nicht ausgesprochen, aber verstanden.
A szeretet néma válasza volt, nem kimondva, hanem megértve.
Thornton trat weit von dem Hund zurück und gab das Signal.
Thornton jó messzire hátrébb lépett a kutyától, és megadta a jelet.

„Jetzt, Buck", sagte er und Buck antwortete mit konzentrierter Ruhe.

– Na, Buck – mondta, mire Buck nyugodtan válaszolt.

Buck spannte die Leinen und lockerte sie dann um einige Zentimeter.

Buck meghúzta a szíjakat, majd néhány centivel meglazította őket.

Dies war die Methode, die er gelernt hatte; seine Art, den Schlitten zu zerbrechen.

Ezt a módszert tanulta meg; így törte össze a szánt.

„Mensch!", rief Thornton mit scharfer Stimme in der schweren Stille.

– Hűha! – kiáltotta Thornton éles hangon a nehéz csendben.

Buck drehte sich nach rechts und stürzte sich mit seinem gesamten Gewicht nach vorn.

Buck jobbra fordult, és teljes súlyával előrelendült.

Das Spiel verschwand und Bucks gesamte Masse traf die straffen Leinen.

A lazaság eltűnt, és Buck teljes súlyával a feszes sínre csapódott.

Der Schlitten zitterte und die Kufen machten ein knackendes, knisterndes Geräusch.

A szán remegett, a talpak pedig ropogós, ropogó hangot adtak ki.

„Haw!", befahl Thornton und änderte erneut Bucks Richtung.

– Haw! – parancsolta Thornton, ismét Buck irányát váltva.

Buck wiederholte die Bewegung und zog diesmal scharf nach links.

Buck megismételte a mozdulatot, ezúttal élesen balra húzódott.

Das Knacken des Schlittens wurde lauter, die Kufen knackten und verschoben sich.

A szán hangosabban recsegett, a talpak recsegtek és mozdultak.

Die schwere Last rutschte leicht seitwärts über den gefrorenen Schnee.

A nehéz teher kissé oldalra csúszott a fagyott havon.
Der Schlitten hatte sich aus der Umklammerung des eisigen Pfades gelöst!
A szánkó kiszabadult a jeges ösvény szorításából!
Die Männer hielten den Atem an, ohne zu merken, dass sie nicht einmal atmeten.
A férfiak visszatartották a lélegzetüket, nem is sejtették, hogy nem lélegznek.
„Jetzt ZIEHEN!", rief Thornton durch die eisige Stille.
„Most HÚZZATOK!" – kiáltotta Thornton a dermedt csendben.
Thorntons Befehl klang scharf wie ein Peitschenknall.
Thornton parancsa élesen harsant, mint egy ostor csattanása.
Buck stürzte sich mit einem heftigen und heftigen Ausfallschritt nach vorne.
Buck egy vad és rázkódással előrevetette magát.
Sein ganzer Körper war aufgrund der enormen Belastung angespannt und verkrampft.
Az egész teste megfeszült és összerándult a hatalmas nyomástól.
Unter seinem Fell spannten sich Muskeln wie lebendig werdende Schlangen.
Izmai úgy hullámoztak a bundája alatt, mint életre kelő kígyók.
Seine breite Brust war tief, der Kopf nach vorne zum Schlitten gestreckt.
Hatalmas mellkasa alacsonyan volt, feje előrenyújtva a szánkó felé.
Seine Pfoten bewegten sich blitzschnell und seine Krallen zerschnitten den gefrorenen Boden.
Mancsai villámként mozogtak, karmaikkal hasították a fagyott földet.
Er kämpfte um jeden Zentimeter Bodenhaftung und hinterließ tiefe Rillen.
Mély barázdákat vágott a talaj, miközben minden négyzetcentiméternyi tapadásért küzdött.

Der Schlitten schaukelte, zitterte und begann eine langsame, unruhige Bewegung.
A szánkó ringatózott, remegett, és lassú, nyugtalan mozgásba kezdett.
Ein Fuß rutschte aus und ein Mann in der Menge stöhnte laut auf.
Megcsúszott az egyik lába, és egy férfi a tömegben hangosan felnyögött.
Dann machte der Schlitten mit einer ruckartigen, heftigen Bewegung einen Satz nach vorne.
Aztán a szánkó rángatózó, durva mozdulattal előrelendült.
Es hörte nicht wieder auf – noch einen halben Zoll ... einen Zoll ... zwei Zoll mehr.
Nem állt meg újra – fél hüvelyk... egy hüvelyk... még öt hüvelyk.
Die Stöße wurden kleiner, als der Schlitten an Geschwindigkeit zunahm.
A rándulások egyre kisebbek lettek, ahogy a szánkó sebességet kezdett gyűjteni.
Bald zog Buck mit sanfter, gleichmäßiger Rollkraft.
Buck hamarosan sima, egyenletes, guruló erővel húzott.
Die Männer schnappten nach Luft und erinnerten sich schließlich wieder daran zu atmen.
A férfiak felnyögtek, és végre eszébe jutott újra levegőt venni.
Sie hatten nicht bemerkt, dass ihnen vor Ehrfurcht der Atem stockte.
Nem vették észre, hogy a lélegzetük elállt a félelemtől.
Thornton rannte hinterher und rief kurze, fröhliche Befehle.
Thornton mögöttük futott, rövid, vidám parancsokat kiabálva.
Vor uns lag ein Stapel Brennholz, der die Entfernung markierte.
Előttük egy tűzifahalom jelezte a távolságot.
Als Buck sich dem Haufen näherte, wurde der Jubel immer lauter.
Ahogy Buck közeledett a halomhoz, az éljenzés egyre hangosabb lett.

Der Jubel schwoll zu einem Brüllen an, als Buck den Endpunkt passierte.
Az éljenzés üvöltéssé erősödött, ahogy Buck elhaladt a végpont mellett.
Männer sprangen auf und schrien, sogar Matthewson grinste.
A férfiak ugráltak és kiabáltak, még Matthewson is elvigyorodott.
Hüte flogen durch die Luft, Fäustlinge wurden gedankenlos und ziellos herumgeworfen.
Kalapok repültek a levegőbe, kesztyűk dobálóztak gondolkodás és céltalanul.
Männer packten einander und schüttelten sich die Hände, ohne zu wissen, wer es war.
A férfiak megragadták egymást, és kezet fogtak egymással, anélkül, hogy tudták volna, kivel.
Die ganze Menge war in wilder, freudiger Stimmung.
Az egész tömeg vad, örömteli ünneplésben zümmögött.
Thornton fiel mit zitternden Händen neben Buck auf die Knie.
Thornton remegő kézzel rogyott térdre Buck mellett.
Er drückte seinen Kopf an Bucks und schüttelte ihn sanft hin und her.
Fejét Buck fejéhez nyomta, és gyengéden előre-hátra rázta.
Diejenigen, die näher kamen, hörten, wie er den Hund mit stiller Liebe verfluchte.
Akik közeledtek, hallották, ahogy csendes szeretettel átkozza a kutyát.
Er beschimpfte Buck lange – leise, herzlich und emotional.
Hosszan káromkodott Buckkal – halkan, melegen, érzelmesen.
„Gut, Sir! Gut, Sir!", rief der König der Skookum-Bank hastig.
– Jó, uram! Jó, uram! – kiáltotta sietve a Skookum pad királya.
„Ich gebe Ihnen tausend – nein, zwölfhundert – für diesen Hund, Sir!"
„Ezret... nem, ezerkétszázat... adok azért a kutyáért, uram!"

Thornton stand langsam auf, seine Augen glänzten vor Emotionen.
Thornton lassan feltápászkodott, szeme csillogott az érzelmektől.
Tränen strömten ihm ohne jede Scham über die Wangen.
Könnyek patakokban folytak az arcán, minden szégyenkezés nélkül.
„Sir", sagte er zum König der Skookum-Bank, ruhig und bestimmt
– Uram – mondta a Skookum pad királyának szilárdan és határozottan.
„Nein, Sir. Sie können zur Hölle fahren, Sir. Das ist meine endgültige Antwort."
„Nem, uram. Mehet a pokolba, uram. Ez a végső válaszom."
Buck packte Thorntons Hand sanft mit seinen starken Kiefern.
Buck erős állkapcsával gyengéden megragadta Thornton kezét.
Thornton schüttelte ihn spielerisch, ihre Bindung war so tief wie eh und je.
Thornton játékosan megrázta, a köztük lévő kötelék továbbra is mély volt.
Die Menge, bewegt von diesem Moment, trat schweigend zurück.
A pillanatnyi meghatottságtól meghatott tömeg csendben hátrált.
Von da an wagte es niemand mehr, diese heilige Zuneigung zu unterbrechen.
Attól kezdve senki sem merte félbeszakítani ezt a szent szeretetet.

Der Klang des Rufs
A hívás hangja

Buck hatte in fünf Minuten Sechzehnhundert Dollar verdient.
Buck öt perc alatt tizenhatszáz dollárt keresett.
Mit dem Geld konnte John Thornton einen Teil seiner Schulden begleichen.
A pénz lehetővé tette John Thornton számára, hogy kifizesse adósságainak egy részét.
Mit dem restlichen Geld machte er sich mit seinen Partnern auf den Weg nach Osten.
A maradék pénzzel keletre indult a társaival.
Sie suchten nach einer sagenumwobenen verlorenen Mine, die so alt ist wie das Land selbst.
Egy legendás elveszett bányát kerestek, amely olyan régi, mint maga az ország.
Viele Männer hatten nach der Mine gesucht, aber nur wenige hatten sie je gefunden.
Sokan keresték a bányát, de kevesen találták meg.
Während der gefährlichen Suche waren nicht wenige Männer verschwunden.
A veszélyes küldetés során jó néhány ember tűnt el.
Diese verlorene Mine war sowohl in Geheimnisse als auch in eine alte Tragödie gehüllt.
Ez az elveszett bánya rejtélybe és régi tragédiába burkolózott.
Niemand wusste, wer der erste Mann war, der die Mine entdeckt hatte.
Senki sem tudta, ki volt az első ember, aki megtalálta a bányát.
In den ältesten Geschichten wird niemand namentlich erwähnt.
A legrégebbi történetek senkit sem említenek név szerint.
Dort hatte immer eine alte, baufällige Hütte gestanden.
Mindig is állt ott egy régi, romos kunyhó.
Sterbende Männer hatten geschworen, dass sich neben dieser alten Hütte eine Mine befand.

A haldoklók megesküdtek, hogy egy bánya van a régi kunyhó mellett.
Sie bewiesen ihre Geschichten mit Gold, wie es nirgendwo sonst zu finden ist.
Olyan arannyal bizonyították történetüket, amilyet sehol máshol nem találtak.
Keine lebende Seele hatte den Schatz von diesem Ort jemals geplündert.
Élő lélek sem zsákmányolta még soha a kincset arról a helyről.
Die Toten waren tot, und Tote erzählen keine Geschichten.
A halottak halottak voltak, és a halottak nem mesélnek.
Also machten sich Thornton und seine Freunde auf den Weg in den Osten.
Thornton és barátai tehát kelet felé vették az irányt.
Pete und Hans kamen mit Buck und sechs starken Hunden.
Pete és Hans csatlakoztak, magukkal hozva Buckot és hat erős kutyát.
Sie begaben sich auf einen unbekannten Weg, an dem andere gescheitert waren.
Ismeretlen ösvényen indultak el, ahol mások kudarcot vallottak.
Sie rodelten siebzig Meilen den zugefrorenen Yukon River hinauf.
Hetven mérföldet szánkóztak felfelé a befagyott Yukon folyón.
Sie bogen links ab und folgten dem Pfad bis zum Stewart.
Balra fordultak, és követték az ösvényt a Stewart-folyóba.
Sie passierten Mayo und McQuestion und drängten weiter.
Elhagyták a Mayo és a McQuestion folyót, és egyre messzebbre nyomultak.
Der Stewart schrumpfte zu einem Strom, der sich durch zerklüftete Gipfel schlängelte.
A Stewart folyóvá zsugorodott, csipkézett csúcsok között kanyarogva.
Diese scharfen Gipfel markierten das Rückgrat des Kontinents.
Ezek az éles csúcsok jelölték a kontinens gerincét.

John Thornton verlangte wenig von den Menschen oder der Wildnis.
John Thornton keveset követelt az emberektől vagy a vad földtől.
Er fürchtete nichts in der Natur und begegnete der Wildnis mit Leichtigkeit.
Semmitől sem félt a természetben, és könnyedén szembenézett a vadonnal.
Nur mit Salz und einem Gewehr konnte er reisen, wohin er wollte.
Csak sóval és egy puskával utazhatott, ahová csak akart.
Wie die Eingeborenen jagte er auf seiner Reise nach Nahrung.
A bennszülöttekhez hasonlóan ő is vadászott élelemre, miközben utazott.
Wenn er nichts fing, machte er weiter und vertraute auf sein Glück.
Ha nem fogott semmit, folytatta útját, bízva a szerencsében.
Auf dieser langen Reise war Fleisch die Hauptnahrungsquelle.
Ezen a hosszú úton a hús volt a fő táplálékuk.
Der Schlitten enthielt Werkzeuge und Munition, jedoch keinen strengen Zeitplan.
A szán szerszámokat és lőszert tartalmazott, de nem volt szigorú menetrend.
Buck liebte dieses Herumwandern, die endlose Jagd und das Fischen.
Buck imádta ezt a vándorlást; a végtelen vadászatot és horgászatot.
Wochenlang waren sie Tag für Tag unterwegs.
Heteken át utaztak nap mint nap.
Manchmal schlugen sie Lager auf und blieben wochenlang dort.
Máskor tábort vertek, és hetekig mozdulatlanul maradtak.
Die Hunde ruhten sich aus, während die Männer im gefrorenen Dreck gruben.
A kutyák pihentek, miközben a férfiak a fagyott földben ástak.

Sie erwärmten Pfannen über dem Feuer und suchten nach verborgenem Gold.
Tűz felett melegítették a serpenyőket, és rejtett aranyat kerestek.
An manchen Tagen hungerten sie, an anderen feierten sie Feste.
Voltak napok, amikor éheztek, és voltak napok, amikor lakomákat rendeztek.
Ihre Mahlzeiten hingen vom Wild und vom Jagdglück ab.
Étkezésük a vadtól és a vadászat szerencséjétől függött.
Als der Sommer kam, trugen Männer und Hunde schwere Lasten auf ihren Rücken.
Amikor eljött a nyár, a férfiak és a kutyák rakományt pakoltak a hátukra.
Sie fuhren mit dem Floß über blaue Seen, die in Bergwäldern versteckt waren.
Hegyi erdőkben megbúvó kék tavakon eveztek át.
Sie segelten in schmalen Booten auf Flüssen, die noch nie von Menschen kartiert worden waren.
Karcsú csónakokkal vitorláztak olyan folyókon, amelyeket ember még soha nem térképezett fel.
Diese Boote wurden aus Bäumen gebaut, die sie in der Wildnis gesägt haben.
Azokat a hajókat a vadonban kivágott fákból építették.

Die Monate vergingen und sie schlängelten sich durch die wilden, unbekannten Länder.
Teltek a hónapok, ők pedig vad, ismeretlen vidékeken bolyongtak.
Es waren keine Männer dort, doch alte Spuren deuteten darauf hin, dass Männer dort gewesen waren.
Nem voltak ott férfiak, de a régi nyomok arra utaltak, hogy voltak ott férfiak.
Wenn die verlorene Hütte echt war, dann waren einst andere hier entlang gekommen.
Ha az Elveszett Kunyhó valóságos volt, akkor mások is jártak már erre.

Sie überquerten hohe Pässe bei Schneestürmen, sogar im Sommer.
Magas hágókon keltek át hóviharokban, még nyáron is.
Sie zitterten unter der Mitternachtssonne auf kahlen Berghängen.
Vacogtak az éjféli nap alatt a kopár hegyoldalakon.
Zwischen der Baumgrenze und den Schneefeldern stiegen sie langsam auf.
A fasor és a hómezők között lassan kapaszkodtak felfelé.
In warmen Tälern schlugen sie nach Schwärmen aus Mücken und Fliegen.
Meleg völgyekben szúnyog- és legyfelhőket csapkodtak.
Sie pflückten süße Beeren in der Nähe von Gletschern in voller Sommerblüte.
Teljes nyári virágzásban édes bogyókat szedtek a gleccserek közelében.
Die Blumen, die sie fanden, waren genauso schön wie die im Süden.
A virágok, amiket találtak, ugyanolyan szépek voltak, mint a Délvidéken.
Im Herbst erreichten sie eine einsame Region voller stiller Seen.
Azon az őszön egy magányos vidékre értek, tele csendes tavakkal.
Das Land war traurig und leer, einst voller Vögel und Tiere.
A föld szomorú és üres volt, valaha madaraktól és állatoktól élt.
Jetzt gab es kein Leben mehr, nur noch den Wind und das Eis, das sich in Pfützen bildete.
Most már nem volt élet, csak a szél és a tócsákban képződő jég.
Mit einem sanften, traurigen Geräusch schlugen die Wellen gegen die leeren Ufer.
A hullámok halk, gyászos hanggal csapkodták az üres partokat.

Ein weiterer Winter kam und sie folgten erneut schwachen, alten Spuren.
Újabb tél jött, és ismét halvány, régi ösvényeket követtek.
Dies waren die Spuren von Männern, die schon lange vor ihnen gesucht hatten.
Ezek azoknak a férfiaknak a nyomai voltak, akik már jóval előttük kerestek.
Einmal fanden sie einen Pfad, der tief in den dunklen Wald hineinreichte.
Egyszer csak találtak egy ösvényt, ami mélyen a sötét erdőbe vezetett.
Es war ein alter Pfad und sie hatten das Gefühl, dass die verlorene Hütte ganz in der Nähe war.
Régi ösvény volt, és úgy érezték, hogy az elveszett kunyhó a közelben van.
Doch die Spur führte nirgendwo hin und verlor sich im dichten Wald.
De az ösvény sehová sem vezetett, és beleveszett a sűrű erdőbe.
Wer auch immer die Spur angelegt hat und warum, das wusste niemand.
Ki tette meg az ösvényt, és miért, senki sem tudta.
Später fanden sie das Wrack einer Hütte, versteckt zwischen den Bäumen.
Később megtalálták a fák között megbúvó kunyhó roncsait.
Verrottende Decken lagen verstreut dort, wo einst jemand geschlafen hatte.
Rohadó takarók hevertek szanaszét ott, ahol valaha valaki aludt.
John Thornton fand darin ein Steinschlossgewehr mit langem Lauf.
John Thornton egy hosszú csövű kovás puskát talált elásva a belsejében.
Er wusste, dass es sich um eine Waffe von Hudson Bay aus den frühen Handelstagen handelte.
Tudta, hogy ez egy Hudson Bay-i fegyver, még a kereskedés korai napjaiból.

Damals wurden solche Gewehre gegen Stapel von Biberfellen eingetauscht.
Azokban az időkben az ilyen fegyvereket hódbőrkötegekért adták el.
Das war alles – von dem Mann, der die Hütte gebaut hatte, gab es keine Spur mehr.
Ennyi volt az egész – semmi nyoma sem maradt annak az embernek, aki a kunyhót építette.

Der Frühling kam wieder und sie fanden keine Spur von der verlorenen Hütte.
Újra eljött a tavasz, és az Elveszett Kunyhónak semmi jelét nem találták.
Stattdessen fanden sie ein breites Tal mit einem seichten Bach.
Ehelyett egy széles völgyet találtak sekély patakkal.
Gold lag wie glatte, gelbe Butter auf dem Pfannenboden.
Az arany sima, sárga vajként feküdt a serpenyők alján.
Sie hielten dort an und suchten nicht weiter nach der Hütte.
Megálltak ott, és nem keresték tovább a kunyhót.
Jeden Tag arbeiteten sie und fanden Tausende in Goldstaub.
Minden nap dolgoztak, és ezreket találtak aranyporban.
Sie packten das Gold in Säcke aus Elchhaut, jeder Fünfzig Pfund schwer.
Ötven font súlyú jávorszarvasbőr zsákokba csomagolták az aranyat.
Die Säcke waren wie Brennholz vor ihrer kleinen Hütte gestapelt.
A zsákok tűzifaként hevertek egymásra halmozva a kis kunyhójuk előtt.
Sie arbeiteten wie Giganten und die Tage vergingen wie im Flug.
Óriásokként dolgoztak, a napok pedig gyorsan teltek, mint az álom.
Sie häuften Schätze an, während die endlosen Tage schnell vorbeizogen.
Kincset halmoztak fel, ahogy a végtelen napok gyorsan teltek.

Außer ab und zu Fleisch zu schleppen, gab es für die Hunde nicht viel zu tun.
A kutyáknak nem sok dolguk akadt, azon kívül, hogy néha-néha húst cipeltek.
Thornton jagte und tötete das Wild, und Buck lag am Feuer.
Thornton vadászott és ejtette a vadat, Buck pedig a tűz mellett feküdt.
Er verbrachte viele Stunden schweigend, versunken in Gedanken und Erinnerungen.
Hosszú órákat töltött csendben, elveszve a gondolataiban és az emlékeiben.
Das Bild des haarigen Mannes kam Buck immer häufiger in den Sinn.
A szőrös férfi képe egyre gyakrabban jelent meg Buck elméjében.
Jetzt, wo es kaum noch Arbeit gab, träumte Buck, während er ins Feuer blinzelte.
Most, hogy kevés volt a munka, Buck a tűzbe pislogva álmodozott.
In diesen Träumen wanderte Buck mit dem Mann in eine andere Welt.
Ezekben az álmokban Buck a férfival bolyongott egy másik világban.
Angst schien das stärkste Gefühl in dieser fernen Welt zu sein.
A félelem tűnt a legerősebb érzésnek abban a távoli világban.
Buck sah, wie der haarige Mann mit gesenktem Kopf schlief.
Buck látta, hogy a szőrös férfi lehajtott fejjel alszik.
Seine Hände waren gefaltet und sein Schlaf war unruhig und unterbrochen.
Kezei összekulcsolva voltak, álma nyugtalan és megszakadt volt.
Er wachte immer ruckartig auf und starrte ängstlich in die Dunkelheit.
Riadtan ébredt, és félelemmel bámult a sötétbe.

Dann warf er mehr Holz ins Feuer, um die Flamme hell zu halten.
Aztán még fát tett a tűzre, hogy a láng élénk maradjon.
Manchmal spazierten sie an einem Strand entlang, der an einem grauen, endlosen Meer entlangführte.
Néha a szürke, végtelen tenger partján sétáltak.
Der haarige Mann sammelte Schalentiere und aß sie im Gehen.
A szőrös férfi kagylókat szedett és evett belőlük menet közben.
Seine Augen suchten immer nach verborgenen Gefahren in den Schatten.
Szeme mindig a homályban rejlő veszélyeket kereste.
Seine Beine waren immer bereit, beim ersten Anzeichen einer Bedrohung loszusprinten.
A lábai mindig készen álltak, hogy az első fenyegetésre sprintelni tudjanak.
Sie schlichen still und vorsichtig Seite an Seite durch den Wald.
Némán és óvatosan, egymás mellett lopakodtak át az erdőn.
Buck folgte ihm auf den Fersen und beide blieben wachsam.
Buck a nyomában követte, és mindketten éberek maradtak.
Ihre Ohren zuckten und bewegten sich, ihre Nasen schnüffelten in der Luft.
Fülük rángatózott és mozgott, orruk a levegőt szimatolta.
Der Mann konnte den Wald genauso gut hören und riechen wie Buck.
A férfi ugyanolyan élesen hallotta és szagolta az erdőt, mint Buck.
Der haarige Mann schwang sich mit plötzlicher Geschwindigkeit durch die Bäume.
A szőrös férfi hirtelen sebességgel átlendült a fák között.
Er sprang von Ast zu Ast, ohne jemals den Halt zu verlieren.
Ágról ágra ugrált, soha nem tévedett el a szorításából.
Er bewegte sich über dem Boden genauso schnell wie auf ihm.
Ugyanolyan gyorsan mozgott a föld felett, mint rajta.

Buck erinnerte sich an lange Nächte, in denen er unter den Bäumen Wache hielt.
Buck emlékezett a fák alatt töltött hosszú éjszakákra, miközben virrasztott.
Der Mann schlief auf seiner Stange in den Zweigen und klammerte sich fest.
A férfi az ágakon aludt, szorosan kapaszkodva.
Diese Vision des haarigen Mannes war eng mit dem tiefen Ruf verbunden.
A szőrös férfiról alkotott vízió szorosan kötődött a mély híváshoz.
Der Ruf klang noch immer mit eindringlicher Kraft durch den Wald.
A hívás még mindig kísérteties erővel hallatszott az erdőn keresztül.
Der Anruf erfüllte Buck mit Sehnsucht und einem rastlosen Gefühl der Freude.
A hívás vágyakozással és nyugtalan örömmel töltötte el Buckot.
Er spürte seltsame Triebe und Regungen, die er nicht benennen konnte.
Furcsa késztetéseket és izgalmakat érzett, amiket nem tudott megnevezni.
Manchmal folgte er dem Ruf tief in die Stille des Waldes.
Néha követte a hívást a csendes erdő mélyére.
Er suchte nach dem Ruf und bellte dabei leise oder scharf.
Kereste a hívást, menet közben halkan vagy élesen ugatott.
Er roch am Moos und der schwarzen Erde, wo die Gräser wuchsen.
Megszagolgatta a mohát és a fekete földet, ahol a fű nőtt.
Er schnaubte entzückt über den reichen Geruch der tiefen Erde.
Gyönyörrel felhorkant a mély föld gazdag illatától.
Er hockte stundenlang hinter pilzbefallenen Baumstämmen.
Órákig kuporgott gombával borított fatörzsek mögött.
Er blieb still und lauschte mit großen Augen jedem noch so kleinen Geräusch.

Mozdulatlanul állt, tágra nyílt szemekkel figyelve minden apró neszre.
Vielleicht hoffte er, das Wesen, das den Ruf auslöste, zu überraschen.
Talán abban reménykedett, hogy meglepi azt, ami a hívást kezdeményezte.
Er wusste nicht, warum er so handelte – er tat es einfach.
Nem tudta, miért viselkedett így – egyszerűen csak tudta.
Die Triebe kamen aus der Tiefe, jenseits von Denken und Vernunft.
A késztetések mélyről fakadtak, a gondolaton és az észszerűségen túlról.
Unwiderstehliche Triebe überkamen Buck ohne Vorwarnung oder Grund.
Ellenállhatatlan késztetések vették hatalmába Buckot minden előzetes figyelmeztetés és ok nélkül.
Manchmal döste er träge im Lager in der Mittagshitze.
Időnként lustán szundikált a táborban a déli hőségben.
Plötzlich hob er den Kopf und stellte aufmerksam die Ohren auf.
Hírtelen felemelte a fejét, és fülei éberen hegyezték a levegőt.
Dann sprang er auf und stürmte ohne Pause in die Wildnis.
Aztán felugrott, és megállás nélkül berohant a vadonba.
Er rannte stundenlang durch Waldwege und offene Flächen.
Órákon át futott erdei ösvényeken és nyílt tereken.
Er liebte es, trockenen Bachläufen zu folgen und Vögel in den Bäumen zu beobachten.
Szerette a kiszáradt patakmedreket követni és a fákon ülő madarakat kémlelni.
Er könnte den ganzen Tag versteckt liegen und den Rebhühnern beim Herumstolzieren zusehen.
Egész nap rejtőzködhetett volna, és nézhette volna a ficánkoló foglyokat.
Sie trommelten und marschierten, ohne Bucks Anwesenheit zu bemerken.
Doboltak és meneteltek, mit sem sejtve Buck jelenlétéről.

Doch am meisten liebte er das Laufen in der Sommerdämmerung.
De amit a legjobban szeretett, az a nyári alkonyatkor való futás volt.
Das schwache Licht und die schläfrigen Waldgeräusche erfüllten ihn mit Freude.
A halvány fény és az álmos erdei hangok örömmel töltötték el.
Er las die Zeichen des Waldes so deutlich, wie ein Mann ein Buch liest.
Olyan tisztán olvasta az erdei jeleket, mint ahogy egy ember egy könyvet.
Und er suchte immer nach dem seltsamen Ding, das ihn rief.
És mindig kereste azt a különös dolgot, ami hívta.
Dieser Ruf hörte nie auf – er erreichte ihn im Wachzustand und im Schlaf.
A hívás soha nem szűnt meg – elérte őt ébren vagy alva.

Eines Nachts erwachte er mit einem Ruck, die Augen waren scharf und die Ohren gespitzt.
Egyik éjjel riadtan ébredt, éles szemekkel és felemelt fülekkel.
Seine Nasenlöcher zuckten, während seine Mähne in Wellen sträubte.
Orrlyukai megrándultak, miközben sörénye hullámokban állt.
Aus der Tiefe des Waldes ertönte erneut der alte Ruf.
Az erdő mélyéről ismét felhangzott a hang, a régi hívás.
Diesmal war der Ton klar und deutlich zu hören, ein langes, eindringliches, vertrautes Heulen.
Ezúttal a hang tisztán csengett, egy hosszú, kísérteties, ismerős üvöltés.
Es klang wie der Schrei eines Huskys, aber mit einem seltsamen und wilden Ton.
Olyan volt, mint egy husky kiáltása, de furcsa és vad hangvételű.
Buck erkannte das Geräusch sofort – er hatte das genaue Geräusch vor langer Zeit gehört.
Buck azonnal felismerte a hangot – régen már hallotta pontosan ugyanazt a hangot.

Er sprang durch das Lager und verschwand schnell im Wald.
Átugrott a táboron, és gyorsan eltűnt az erdőben.
Als er sich dem Geräusch näherte, wurde er langsamer und bewegte sich vorsichtig.
Ahogy közeledett a hanghoz, lelassított és óvatosan mozgott.
Bald erreichte er eine Lichtung zwischen dichten Kiefern.
Hamarosan egy tisztásra ért sűrű fenyőfák között.
Dort saß aufrecht auf seinen Hinterbeinen ein großer, schlanker Timberwolf.
Ott, egyenesen a guggoló lábaira ereszkedve, egy magas, sovány, fafarkas ült.
Die Nase des Wolfes zeigte zum Himmel und hallte noch immer den Ruf wider.
A farkas orra az ég felé meredt, még mindig a kiáltást visszhangozva.
Buck hatte keinen Laut von sich gegeben, doch der Wolf blieb stehen und lauschte.
Buck nem adott ki hangot, a farkas mégis megállt és hallgatózott.
Der Wolf spürte etwas, spannte sich an und suchte die Dunkelheit ab.
A farkas megérzett valamit, megfeszült, és a sötétséget kutatta.
Buck schlich ins Blickfeld, mit gebeugtem Körper und ruhigen Füßen auf dem Boden.
Buck bekúszott a látómezőbe, alacsony testtel, mozdulatlan lábbal a földön.
Sein Schwanz war gerade, sein Körper vor Anspannung zusammengerollt.
Farka egyenes volt, teste feszülten gömbölyödött.
Er zeigte sowohl eine bedrohliche als auch eine Art raue Freundschaft.
Fenyegetést és egyfajta durva barátságot is mutatott.
Es war die vorsichtige Begrüßung, die wilde Tiere einander entgegenbrachten.
Ez volt a vadállatok által megszokott óvatos üdvözlés.
Aber der Wolf drehte sich um und floh, sobald er Buck sah.

De a farkas megfordult és elmenekült, amint meglátta Buckot.
Buck nahm die Verfolgung auf und sprang wild um sich, begierig darauf, es einzuholen.
Buck üldözőbe vette, vadul ugrálva, alig várva, hogy utolérje.
Er folgte dem Wolf in einen trockenen Bach, der durch einen Holzstau blockiert war.
Követte a farkast egy kiszáradt patakhoz, amelyet egy fatorlódás zárt el.
In die Enge getrieben, wirbelte der Wolf herum und blieb stehen.
A sarokba szorított farkas megpördült, és megállt a helyén.
Der Wolf knurrte und schnappte wie ein gefangener Husky im Kampf.
A farkas vicsorgott és csattant, mint egy verekedésben csapdába esett husky.
Die Zähne des Wolfes klickten schnell, sein Körper strotzte vor wilder Wut.
A farkas fogai gyorsan kattantak, teste vad dühtől izzott.
Buck griff nicht an, sondern umkreiste den Wolf mit vorsichtiger Freundlichkeit.
Buck nem támadott, hanem óvatos barátságossággal kerülte meg a farkast.
Durch langsame, harmlose Bewegungen versuchte er, seine Flucht zu verhindern.
Lassú, ártalmatlan mozdulatokkal próbálta megakadályozni a menekülést.
Der Wolf war vorsichtig und verängstigt – Buck war dreimal so schwer wie er.
A farkas óvatos és félős volt – Buck háromszor is túlerőben volt nála.
Der Kopf des Wolfes reichte kaum bis zu Bucks massiver Schulter.
A farkas feje alig ért fel Buck hatalmas válláig.
Der Wolf hielt Ausschau nach einer Lücke, rannte los und die Jagd begann von neuem.
A farkas egy rést keresve elszaladt, és az üldözés újra kezdődött.

Buck drängte ihn mehrere Male in die Enge und der Tanz wiederholte sich.
Buck többször is sarokba szorította, és a tánc megismétlődött.
Der Wolf war dünn und schwach, sonst hätte Buck ihn nicht fangen können.
A farkas sovány és gyenge volt, különben Buck nem kaphatta volna el.
Jedes Mal, wenn Buck näher kam, wirbelte der Wolf herum und sah ihn voller Angst an.
Valahányszor Buck közelebb ért, a farkas megpördült és félelemmel telve nézett rá.
Dann rannte er bei der ersten Gelegenheit erneut in den Wald.
Aztán az első adandó alkalommal ismét berontott az erdőbe.
Aber Buck gab nicht auf und schließlich fasste der Wolf Vertrauen zu ihm.
De Buck nem adta fel, és végül a farkas megbízott benne.
Er schnüffelte an Bucks Nase und die beiden wurden verspielt und aufmerksam.
Megszagolta Buck orrát, mire a két férfi játékossá és éberté vált.
Sie spielten wie wilde Tiere, wild und doch schüchtern in ihrer Freude.
Úgy játszottak, mint a vadállatok, vadak, mégis félénkek az örömükben.
Nach einer Weile trabte der Wolf zielstrebig und ruhig davon.
Egy idő múlva a farkas nyugodt céltudatosan elügetett.
Er machte Buck deutlich, dass er beabsichtigte, verfolgt zu werden.
Világosan megmutatta Bucknak, hogy követni akarja.
Sie rannten Seite an Seite durch die Dämmerung.
Egymás mellett futottak az alkonyati homályban.
Sie folgten dem Bachbett hinauf in die felsige Schlucht.
A patak medrét követve felértek a sziklás szurdokba.
Sie überquerten eine kalte Wasserscheide, wo der Bach entsprungen war.

Átkeltek egy hideg szakadékon, ahol a patak elkezdődött.
Am gegenüberliegenden Hang fanden sie ausgedehnte Wälder und viele Bäche.
A túlsó lejtőn széles erdőre és számos patakra bukkantak.
Durch dieses weite Land rannten sie stundenlang ohne Pause.
Órákon át rohantak megállás nélkül ezen a hatalmas földön.
Die Sonne stieg höher, die Luft wurde wärmer, aber sie rannten weiter.
A nap magasabbra emelkedett, a levegő melegedett, de ők tovább futottak.
Buck war voller Freude – er wusste, dass er seiner Berufung folgte.
Buckot öröm töltötte el – tudta, hogy válaszol a hívására.
Er rannte neben seinem Waldbruder her, näher an die Quelle des Rufs.
Erdőtestvére mellett futott, közelebb a hívás forrásához.
Alte Gefühle kehrten zurück, stark und schwer zu ignorieren.
Régi érzések tértek vissza, erősen és nehezen figyelmen kívül hagyva őket.
Dies waren die Wahrheiten hinter den Erinnerungen aus seinen Träumen.
Ezek voltak az álmaiban rejlő emlékek mögött rejlő igazságok.
All dies hatte er schon einmal in einer fernen, schattenhaften Welt getan.
Mindezt már megtette korábban egy távoli és árnyékos világban.
Jetzt tat er es wieder und rannte wild herum, während der Himmel über ihm frei war.
Most megint ezt tette, vadul rohant a szabad ég alatt.
Sie hielten an einem Bach an, um aus dem kalten, fließenden Wasser zu trinken.
Megálltak egy pataknál, hogy igyanak a hideg, folyó vízből.
Während er trank, erinnerte sich Buck plötzlich an John Thornton.
Miközben ivott, Bucknak hirtelen eszébe jutott John Thornton.

Er saß schweigend da, hin- und hergerissen zwischen der Anziehungskraft der Loyalität und der Berufung.
Csendben ült le, a hűség és az elhívás vonzása tépte szét.
Der Wolf trabte weiter, kam aber zurück, um Buck anzutreiben.
A farkas továbbügetett, de visszatért, hogy ösztökélje Buckot.
Er rümpfte die Nase und versuchte, ihn mit sanften Gesten zu beruhigen.
Megszagolta az orrát, és halk mozdulatokkal próbálta rávenni.
Aber Buck drehte sich um und machte sich auf den Rückweg.
De Buck megfordult, és elindult visszafelé, amerről jött.
Der Wolf lief lange Zeit neben ihm her und winselte leise.
A farkas sokáig futott mellette, halkan nyüszítve.
Dann setzte er sich hin, hob die Nase und stieß ein langes Heulen aus.
Aztán leült, felhúzta az orrát, és hosszan felüvöltött.
Es war ein trauriger Schrei, der leiser wurde, als Buck wegging.
Gyászos kiáltás volt, amely elhalkult, ahogy Buck elsétált.
Buck lauschte, als der Schrei langsam in der Stille des Waldes verklang.
Buck hallgatta, ahogy a sírás hangja lassan elhalványul az erdő csendjében.
John Thornton aß gerade zu Abend, als Buck ins Lager stürmte.
John Thornton éppen vacsorázott, amikor Buck berontott a táborba.
Buck sprang wild auf ihn zu, leckte, biss und warf ihn um.
Buck vadul ráugrott, nyalogatta, harapdálta és fel-le gördítette.
Er warf ihn um, kletterte darauf und küsste sein Gesicht.
Fellökte, ráugrott, és megcsókolta az arcát.
Thornton nannte dies liebevoll „den allgemeinen Narren spielen".
Thornton szeretettel „az általános hülye megjátszásának" nevezte ezt.

Die ganze Zeit verfluchte er Buck sanft und schüttelte ihn hin und her.
Közben gyengéden átkozta Buckot, és előre-hátra rázogatta.
Zwei ganze Tage und Nächte lang verließ Buck das Lager kein einziges Mal.
Két teljes napon és két éjszakán át Buck egyszer sem hagyta el a tábort.
Er blieb in Thorntons Nähe und ließ ihn nie aus den Augen.
Thornton közelében maradt, és soha nem tévesztette szem elől.
Er folgte ihm bei der Arbeit und beobachtete ihn beim Essen.
Követte őt munka közben, és figyelte evés közben.
Er begleitete Thornton abends in seine Decken und jeden Morgen wieder heraus.
Éjszaka látta Thorntont a takaróiba bújni, reggelente pedig kiment.
Doch bald kehrte der Ruf des Waldes zurück, lauter als je zuvor.
De hamarosan visszatért az erdő hívása, hangosabban, mint valaha.
Buck wurde wieder unruhig, aufgewühlt von Gedanken an den wilden Wolf.
Buck ismét nyugtalanná vált, a vad farkas gondolatai kavargatták.
Er erinnerte sich an das offene Land und daran, wie sie Seite an Seite gelaufen waren.
Emlékezett a nyílt terepre és az egymás mellett futásra.
Er begann erneut, allein und wachsam in den Wald zu wandern.
Újra elindult az erdőbe, egyedül és éberen.
Aber der wilde Bruder kam nicht zurück und das Heulen war nicht zu hören.
De a vad testvér nem tért vissza, és az üvöltés sem hallatszott.
Buck begann, draußen zu schlafen und blieb tagelang weg.
Buck kint kezdett aludni, napokig is távol maradt.

Einmal überquerte er die hohe Wasserscheide, wo der Bach entsprungen war.
Miután átkelt a magas vízválasztón, ahol a patak elkezdődött.
Er betrat das Land des dunklen Waldes und der breiten, fließenden Ströme.
Sötét erdők és széles patakok földjére lépett.
Eine Woche lang streifte er umher und suchte nach Spuren seines wilden Bruders.
Egy hétig barangolt, a vad testvér nyomait keresve.
Er tötete sein eigenes Fleisch und reiste mit langen, unermüdlichen Schritten.
Saját maga ölte meg a zsákmányát, és hosszú, fáradhatatlan léptekkel haladt.
Er fischte in einem breiten Fluss, der bis ins Meer reichte, nach Lachs.
Lazacra halászott egy széles folyóban, amely a tengerig ért.
Dort kämpfte er gegen einen von Insekten verrückt gewordenen Schwarzbären und tötete ihn.
Ott harcolt és megölt egy bogaraktól megőrjített fekete medvét.
Der Bär war beim Angeln und rannte blind durch die Bäume.
A medve horgászott, és vakon szaladgált a fák között.
Der Kampf war erbittert und weckte Bucks tiefen Kampfgeist.
A csata ádáz volt, felébresztve Buck mély harci szellemét.
Als Buck zwei Tage später zurückkam, fand er Vielfraße an seiner Beute vor.
Két nappal később Buck visszatért, és rozsomákokat talált a zsákmányánál.
Ein Dutzend von ihnen stritten sich lautstark und wütend um das Fleisch.
Egy tucatnyian veszekedtek hangos dühvel a húson.
Buck griff an und zerstreute sie wie Blätter im Wind.
Buck rohamra kelt, és szétszórta őket, mint a faleveleket a szélben.

Zwei Wölfe blieben zurück – still, leblos und für immer regungslos.
Két farkas maradt hátra – csendben, élettelenül és örökre mozdulatlanul.
Der Blutdurst wurde stärker denn je.
A vér utáni szomjúság erősebb lett, mint valaha.
Buck war ein Jäger, ein Killer, der sich von Lebewesen ernährte.
Buck vadász volt, gyilkos, élőlényekkel táplálkozott.
Er überlebte allein und verließ sich auf seine Kraft und seine scharfen Sinne.
Egyedül élte túl, erejére és éles érzékeire támaszkodva.
Er gedieh in der Wildnis, wo nur die Zähesten überleben konnten.
A vadonban élt, ahol csak a legkeményebbek élhettek.
Daraus erwuchs ein großer Stolz, der Bucks ganzes Wesen erfüllte.
Ettől nagy büszkeség támadt, és Buck egész lényét betöltötte.
Sein Stolz war in jedem seiner Schritte und in der Anspannung jedes einzelnen Muskels zu erkennen.
Büszkesége minden lépésében, minden izma hullámzásában megmutatkozott.
Sein Stolz war so deutlich wie seine Sprache und spiegelte sich in seiner Haltung wider.
Büszkesége olyan nyilvánvaló volt, mint a szavak, ami a viselkedésén látszott.
Sogar sein dickes Fell sah majestätischer aus und glänzte heller.
Még vastag bundája is fenségesebbnek tűnt és fényesebben csillogott.
Man hätte Buck mit einem riesigen Timberwolf verwechseln können.
Buckot akár egy óriási erdei farkasnak is nézhették volna.
Außer dem Braun an seiner Schnauze und den Flecken über seinen Augen.
Kivéve a barna foltokat az orrán és a szeme felett.

Und der weiße Fellstreifen, der mitten auf seiner Brust verlief.
És a fehér szőrcsík, ami a mellkasa közepén végigfutott.
Er war sogar größer als der größte Wolf dieser wilden Rasse.
Még a vad fajta legnagyobb farkasánál is nagyobb volt.
Sein Vater, ein Bernhardiner, verlieh ihm Größe und einen schweren Körperbau.
Apja, egy bernáthegyi, nagy és masszív testalkatú lányt adott neki.
Seine Mutter, eine Schäferin, formte diesen Körper zu einer wolfsähnlichen Gestalt.
Az anyja, egy pásztor, farkas alakúra formálta ezt a testet.
Er hatte die lange Schnauze eines Wolfes, war allerdings schwerer und breiter.
Hosszú, farkasorrú volt, bár nehezebb és szélesebb.
Sein Kopf war der eines Wolfes, aber von massiver, majestätischer Gestalt.
A feje farkasra hasonlított, de hatalmas, fenséges méretekben épült fel.
Bucks List war die List des Wolfes und der Wildnis.
Buck ravaszsága a farkasok és a vadon ravaszsága volt.
Seine Intelligenz hat er sowohl vom Deutschen Schäferhund als auch vom Bernhardiner.
Intelligenciáját mind a németjuhásztól, mind a bernáthegyitől kapta.
All dies und harte Erfahrungen machten ihn zu einer furchterregenden Kreatur.
Mindez, a kemény tapasztalatokkal együtt, félelmetes teremtménnyé tette.
Er war so furchterregend wie jedes andere Tier, das in der Wildnis des Nordens umherstreifte.
Olyan félelmetes volt, mint bármelyik vadállat, amely az északi vadonban barangolt.
Buck ernährte sich ausschließlich von Fleisch und erreichte den Höhepunkt seiner Kraft.
Buck, aki kizárólag húson élt, ereje csúcsára ért.

Jede Faser seines Körpers strotzte vor Kraft und männlicher Stärke.
Minden porcikájában áradt az erő és a férfias erő.
Als Thornton seinen Rücken streichelte, funkelten seine Haare vor Energie.
Amikor Thornton megsimogatta a hátát, a szőrszálak energiától szikráztak.
Jedes Haar knisterte, aufgeladen durch die Berührung lebendigen Magnetismus.
Minden egyes hajszál roppant, az élő mágnesesség érintésével feltöltve.
Sein Körper und sein Gehirn waren auf die höchstmögliche Tonhöhe eingestellt.
Teste és agya a lehető legfinomabb hangmagasságra volt hangolva.
Jeder Nerv, jede Faser und jeder Muskel arbeitete in perfekter Harmonie.
Minden ideg, rost és izom tökéletes harmóniában működött.
Auf jedes Geräusch oder jeden Anblick, der eine Aktion erforderte, reagierte er sofort.
Bármilyen beavatkozást igénylő hangra vagy látványra azonnal reagált.
Wenn ein Husky zum Angriff ansetzte, konnte Buck doppelt so schnell springen.
Ha egy husky támadásba lendült volna, Buck kétszer olyan gyorsan tudott volna ugrani.
Er reagierte schneller, als andere es sehen oder hören konnten.
Gyorsabban reagált, mint ahogy mások láthatták vagy hallhatták volna.
Wahrnehmung, Entscheidung und Handlung erfolgten alle in einem fließenden Moment.
Az érzékelés, a döntés és a cselekvés mind egyetlen folyékony pillanatban történt.
Tatsächlich geschahen diese Handlungen getrennt voneinander, aber zu schnell, um es zu bemerken.

Valójában ezek a cselekedetek különállóak voltak, de túl gyorsak ahhoz, hogy észrevegyék.
Die Abstände zwischen diesen Akten waren so kurz, dass sie wie ein einziger Akt wirkten.
Olyan rövidek voltak a szünetek e két aktus között, hogy egyetlen egységnek tűntek.
Seine Muskeln und sein Körper waren wie straff gespannte Federn.
Izmai és lénye olyanok voltak, mint a szorosan összefonódó rugók.
Sein Körper strotzte vor Leben, wild und freudig in seiner Kraft.
Teste élettel teli volt, vadul és örömtelien telt erejével.
Manchmal hatte er das Gefühl, als würde die Kraft völlig aus ihm herausbrechen.
Időnként úgy érezte, mintha teljesen ki akarna törni belőle az erő.
„So einen Hund hat es noch nie gegeben", sagte Thornton eines ruhigen Tages.
– Soha nem volt még ilyen kutya a világon – mondta Thornton egy csendes napon.
Die Partner sahen zu, wie Buck stolz aus dem Lager schritt.
A társak figyelték, ahogy Buck büszkén vonul ki a táborból.
„Als er erschaffen wurde, veränderte er, was ein Hund sein kann", sagte Pete.
„Amikor megalkották, megváltoztatta azt, hogy milyen lehet egy kutya" – mondta Pete.
„Bei Gott! Das glaube ich auch", stimmte Hans schnell zu.
– Jézusomra! Én is így gondolom – helyeselt gyorsan Hans.
Sie sahen ihn abmarschieren, aber nicht die Veränderung, die danach kam.
Látták elvonulni, de a utána következő változást nem látták.
Sobald er den Wald betrat, verwandelte sich Buck völlig.
Amint Buck belépett az erdőbe, teljesen átváltozott.
Er marschierte nicht mehr, sondern bewegte sich wie ein wilder Geist zwischen den Bäumen.

Már nem menetelt, hanem vad szellemként mozgott a fák között.

Er wurde still, katzenpfotenartig, ein Flackern, das durch die Schatten huschte.

Elhallgatott, macskalábú lett, egy fénycsóva suhant át az árnyékokon.

Er nutzte die Deckung geschickt und kroch wie eine Schlange auf dem Bauch.

Ügyesen használta a fedezéket, kígyóként mászott a hasán.

Und wie eine Schlange konnte er lautlos nach vorne springen und zuschlagen.

És mint egy kígyó, előre tudott ugrani és csendben lecsapni.

Er könnte ein Schneehuhn direkt aus seinem versteckten Nest stehlen.

Ellophatott egy hófajdot egyenesen a rejtett fészkéből.

Er tötete schlafende Kaninchen, ohne ein einziges Geräusch zu machen.

Egyetlen hang nélkül ölte meg az alvó nyulakat.

Er konnte Streifenhörnchen mitten in der Luft fangen, wenn sie zu langsam flohen.

Elkaphatta a levegőben a lassan menekülő mókusokat.

Selbst Fische in Teichen konnten seinen plötzlichen Angriffen nicht entkommen.

Még a medencében lévő halak sem menekülhettek hirtelen csapásai elől.

Nicht einmal schlaue Biber, die Dämme reparierten, waren vor ihm sicher.

Még az okos hódok sem voltak biztonságban tőle, akik gátakat javítottak.

Er tötete, um Nahrung zu bekommen, nicht zum Spaß – aber seine eigene Beute gefiel ihm am besten.

Élelemért ölt, nem szórakozásból – de a saját zsákmányát szerette a legjobban.

Dennoch war bei manchen seiner stillen Jagden ein hintergründiger Humor spürbar.

Mégis, ravasz humor futott át néma vadászatainak némelyikén.

Er schlich sich dicht an Eichhörnchen heran, ließ sie aber dann entkommen.
Közel osont a mókusokhoz, csak hogy aztán hagyja őket elmenekülni.
Sie wollten in die Bäume fliehen und schnatterten voller Angst und Empörung.
Félelmükben és felháborodásukban csacsogva a fák közé menekültek.
Mit dem Herbst kamen immer mehr Elche.
Ahogy beköszöntött az ősz, a jávorszarvasok egyre nagyobb számban kezdtek megjelenni.
Sie zogen langsam in die tiefer gelegenen Täler, um dem Winter entgegenzukommen.
Lassan beköltöztek az alacsony völgyekbe, hogy várják a telet.
Buck hatte bereits ein junges, streunendes Kalb erlegt.
Buck már elejtett egy fiatal, kóbor borjút.
Doch er sehnte sich danach, einer größeren, gefährlicheren Beute gegenüberzutreten.
De vágyott arra, hogy nagyobb, veszélyesebb prédával nézzen szembe.
Eines Tages fand er an der Wasserscheide, an der Quelle des Baches, seine Chance.
Egy nap a vízválasztónál, a patak forrásánál, meglátta a lehetőséget.
Eine Herde von zwanzig Elchen war aus bewaldeten Gebieten herübergekommen.
Húsz jávorszarvasból álló csorda kelt át erdős vidékekről.
Unter ihnen war ein mächtiger Stier, der Anführer der Gruppe.
Köztük volt egy hatalmas bika; a csoport vezetője.
Der Bulle war über ein Meter achtzig Meter groß und sah grimmig und wild aus.
A bika több mint két méter magas volt, és vadnak, vadnak látszott.
Er warf sein breites Geweih hin und her, dessen vierzehn Enden sich nach außen verzweigten.
Széles agancsait meglóbálta, tizennégy ágból álló ágakat.

Die Spitzen dieser Geweihe hatten einen Durchmesser von sieben Fuß.
Az agancsok végei hét láb szélesre nyúltak.
Seine kleinen Augen brannten vor Wut, als er Buck in der Nähe entdeckte.
Apró szemei dühtől égtek, amikor meglátta Buckot a közelben.
Er stieß ein wütendes Brüllen aus und zitterte vor Wut und Schmerz.
Dühösen felordított, remegett a dühtől és a fájdalomtól.
Nahe seiner Flanke ragte eine gefiederte und scharfe Pfeilspitze hervor.
Egy tollas, hegyes nyílvég állt ki az oldala közelében.
Diese Wunde trug dazu bei, seine wilde, verbitterte Stimmung zu erklären.
Ez a seb segített megmagyarázni vad, keserű hangulatát.
Buck, geleitet von seinem uralten Jagdinstinkt, machte seinen Zug.
Buck, az ősi vadászösztön által vezérelve, megtette a lépést.
Sein Ziel war es, den Bullen vom Rest der Herde zu trennen.
Célja az volt, hogy elkülönítse a bikát a csorda többi részétől.
Dies war keine leichte Aufgabe – es erforderte Schnelligkeit und messerscharfe List.
Ez nem volt könnyű feladat – gyorsaságra és ravaszságra volt szükség hozzá.
Er bellte und tanzte in der Nähe des Stiers, gerade außerhalb seiner Reichweite.
Ugatott és táncolt a bika közelében, éppen csak lőtávon kívül.
Der Elch stürzte sich mit riesigen Hufen und tödlichem Geweih auf ihn.
A jávorszarvas hatalmas patákkal és halálos agancsokkal rontott előre.
Ein Schlag hätte Bucks Leben im Handumdrehen beenden können.
Egyetlen ütés egy szempillantás alatt véget vethetett volna Buck életének.

Der Stier konnte die Bedrohung nicht hinter sich lassen und wurde wütend.
Mivel nem tudta maga mögött hagyni a fenyegetést, a bika dühbe gurult.
Er stürmte wütend auf ihn zu, doch Buck entkam ihm jedes Mal.
Dühösen támadott, de Buck mindig elhúzódott.
Buck täuschte Schwäche vor und lockte ihn weiter von der Herde weg.
Buck gyengeséget színlelt, és ezzel távolabb csalogatta a csordától.
Doch die jungen Bullen wollten zurückstürmen, um den Anführer zu beschützen.
De a fiatal bikák visszarohantak, hogy megvédjék a vezetőt.
Sie zwangen Buck zum Rückzug und den Bullen, sich wieder der Gruppe anzuschließen.
Kényszerítették Buckot a visszavonulásra, a bikát pedig arra, hogy csatlakozzon újra a csoporthoz.
In der Wildnis herrscht eine tiefe und unaufhaltsame Geduld.
Van egyfajta türelem a vadonban, mély és megállíthatatlan.
Eine Spinne wartet unzählige Stunden bewegungslos in ihrem Netz.
Egy pók órákon át mozdulatlanul várakozik a hálójában.
Eine Schlange rollt sich ohne zu zucken zusammen und wartet, bis es Zeit ist.
Egy kígyó rángatózás nélkül tekeredik, és várja, míg eljön az ideje.
Ein Panther liegt auf der Lauer, bis der Moment gekommen ist.
Egy párduc lesben áll, míg el nem jön a pillanat.
Dies ist die Geduld von Raubtieren, die jagen, um zu überleben.
Ez a ragadozók türelme, akik a túlélésért vadásznak.
Dieselbe Geduld brannte in Buck, als er in seiner Nähe blieb.
Ugyanez a türelem égett Buckban is, miközben közel maradt.

Er blieb in der Nähe der Herde, verlangsamte ihren Marsch und schürte Angst.
A csorda közelében maradt, lelassítva annak menetét és félelmet keltve benne.
Er ärgerte die jungen Bullen und schikanierte die Mutterkühe.
Cukkolta a fiatal bikákat és zaklatta az anyateheneket.
Er trieb den verwundeten Stier in eine noch tiefere, hilflose Wut.
Még mélyebb, tehetetlen dühbe gurította a sebesült bikát.
Einen halben Tag lang zog sich der Kampf ohne Pause hin.
Fél napig elhúzódott a harc pihenés nélkül.
Buck griff aus jedem Winkel an, schnell und wild wie der Wind.
Buck minden szögből támadott, gyorsan és vadul, mint a szél.
Er hinderte den Stier daran, sich auszuruhen oder sich bei seiner Herde zu verstecken.
Megakadályozta, hogy a bika pihenjen vagy elbújjon a csordájával.
Buck zermürbte den Willen des Elchs schneller als seinen Körper.
Buck gyorsabban ölte le a jávorszarvas akaratát, mint a testét.
Der Tag verging und die Sonne sank tief am nordwestlichen Himmel.
A nap telt el, és a nap alacsonyan ereszkedett le az északnyugati égbolton.
Die jungen Bullen kehrten langsamer zurück, um ihrem Anführer zu helfen.
A fiatal bikák lassabban tértek vissza, hogy segítsenek vezetőjüknek.
Die Herbstnächte waren zurückgekehrt und die Dunkelheit dauerte nun sechs Stunden.
Visszatértek az őszi éjszakák, és a sötétség már hat órán át tartott.
Der Winter drängte sie bergab in sicherere, wärmere Täler.
A tél a biztonságosabb, melegebb völgyekbe taszította őket lefelé.

Aber sie konnten dem Jäger, der sie zurückhielt, immer noch nicht entkommen.
De még így sem tudtak elmenekülni a vadász elől, aki visszatartotta őket.
Es stand nur ein Leben auf dem Spiel – nicht das der Herde, sondern nur das ihres Anführers.
Csak egyetlen élet forgott kockán – nem a csordáé, csak a vezetőjüké.
Dadurch wurde die Bedrohung in weite Ferne gerückt und ihre dringende Sorge wurde aufgehoben.
Ez távolivá tette a fenyegetést, és nem a sürgető aggodalmukká.
Mit der Zeit akzeptierten sie diesen Preis und überließen Buck die Übernahme des alten Bullen.
Idővel elfogadták ezt az árat, és hagyták, hogy Buck elvigye az öreg bikát.
Als die Dämmerung hereinbrach, stand der alte Bulle mit gesenktem Kopf da.
Ahogy leszállt az alkonyat, az öreg bika lehajtott fejjel állt.
Er sah zu, wie die Herde, die er geführt hatte, im schwindenden Licht verschwand.
Nézte, ahogy a csorda, amelyet vezetett, eltűnik a halványuló fényben.
Es gab Kühe, die er gekannt hatte, Kälber, deren Vater er einst gewesen war.
Voltak tehenek, akiket ismert, borjak, akiknek egykor ő volt az apja.
Es gab jüngere Bullen, gegen die er in vergangenen Saisons gekämpft und die er beherrscht hatte.
Voltak fiatalabb bikák is, akikkel a múlt szezonokban harcolt és uralkodott.
Er konnte ihnen nicht folgen, denn vor ihm kauerte Buck wieder.
Nem követhette őket – mert Buck ismét leguggolt előtte.
Der gnadenlose Schrecken mit den Reißzähnen versperrte ihm jeden Weg.
A könyörtelen, agyaras rettegés minden útját elállta.

Der Bulle brachte mehr als drei Zentner geballte Kraft auf die Waage.
A bika több mint háromszáz fontnyi sűrű erőt nyomott.
Er hatte ein langes Leben geführt und in einer Welt voller Kämpfe hart gekämpft.
Hosszú életet élt és keményen küzdött egy küzdelmes világban.
Doch nun, am Ende, kam der Tod von einem Tier, das weit unter ihm stand.
Mégis, most, a végén a halál egy messze alatta lévő szörnyetegtől érkezett.
Bucks Kopf erreichte nicht einmal die riesigen, mit Knöcheln besetzten Knie des Bullen.
Buck feje még a bika hatalmas, bütykös térdéig sem ért fel.
Von diesem Moment an blieb Buck Tag und Nacht bei dem Bullen.
Attól a pillanattól kezdve Buck éjjel-nappal a bikával maradt.
Er gönnte ihm keine Ruhe, erlaubte ihm nie zu grasen oder zu trinken.
Soha nem hagyta pihenni, soha nem engedte legelni vagy inni.
Der Stier versuchte, junge Birkentriebe und Weidenblätter zu fressen.
A bika megpróbált fiatal nyírfahajtásokat és fűzfaleveleket enni.
Aber Buck verjagte ihn, immer wachsam und immer angreifend.
De Buck elűzte, mivel mindig éber és támadó volt.
Sogar an plätschernden Bächen blockte Buck jeden durstigen Versuch ab.
Még a csordogáló patakoknál is Buck minden szomjas kísérletet hárított.
Manchmal floh der Stier aus Verzweiflung mit voller Geschwindigkeit.
Néha kétségbeesésében a bika teljes sebességgel menekült.
Buck ließ ihn laufen und lief ruhig direkt hinter ihm her, nie weit entfernt.

Buck hagyta futni, nyugodtan lopakodott mögötte, soha nem messze.

Als der Elch innehielt, legte sich Buck hin, blieb aber bereit.

Amikor a jávorszarvas megállt, Buck lefeküdt, de készenlétben maradt.

Wenn der Bulle versuchte zu fressen oder zu trinken, schlug Buck mit voller Wut zu.

Ha a bika megpróbált enni vagy inni, Buck teljes dühvel csapott le rá.

Der große Kopf des Stiers sank tiefer unter sein gewaltiges Geweih.

A bika hatalmas feje egyre mélyebbre csuklott hatalmas agancsai alatt.

Sein Tempo verlangsamte sich, der Trab wurde schwerfällig, ein stolpernder Schritt.

A lépései lelassultak, az ügetés nehézkessé, botladozó járássá vált.

Er stand oft still mit hängenden Ohren und der Nase am Boden.

Gyakran mozdulatlanul állt, lelógó fülekkel és a földhöz szorított orral.

In diesen Momenten nahm sich Buck Zeit zum Trinken und Ausruhen.

Ezekben a pillanatokban Buck időt szakított az ivásra és a pihenésre.

Mit heraushängender Zunge und starrem Blick spürte Buck, wie sich das Land veränderte.

Kinyújtott nyelvvel, fürkésző tekintettel Buck érezte, hogy a táj változik.

Er spürte, wie sich etwas Neues durch den Wald und den Himmel bewegte.

Érezte, hogy valami új mozog az erdőn és az égen keresztül.

Mit der Rückkehr der Elche kehrten auch andere Wildtiere zurück.

Ahogy a jávorszarvasok visszatértek, úgy tették ezt a vadon más állatai is.

Das Land fühlte sich lebendig an, mit einer Präsenz, die man nicht sieht, aber deutlich wahrnimmt.
A föld élőnek és jelenvalónak érződött, láthatatlanul, mégis erősen ismertté.
Buck wusste dies weder am Geräusch, noch am Anblick oder am Geruch.
Buck nem hallás, látás vagy szag alapján tudta ezt.
Ein tieferes Gefühl sagte ihm, dass neue Kräfte im Gange waren.
Egy mélyebb érzés azt súgta neki, hogy új erők vannak mozgásban.
In den Wäldern und entlang der Bäche herrschte seltsames Leben.
Különös élet kavarogott az erdőkben és a patakok mentén.
Er beschloss, diesen Geist zu erforschen, nachdem die Jagd beendet war.
Elhatározta, hogy felfedezi ezt a szellemet, miután befejezte a vadászatot.
Am vierten Tag erlegte Buck endlich den Elch.
A negyedik napon Buck végre leterítette a jávorszarvast.
Er blieb einen ganzen Tag und eine ganze Nacht bei der Beute, fraß und ruhte sich aus.
Egy teljes napot és egy éjszakát töltött a zsákmány mellett, evett és pihent.
Er aß, schlief dann und aß dann wieder, bis er stark und satt war.
Evett, aztán aludt, majd újra evett, míg meg nem erősödött és jóllakott.
Als er fertig war, kehrte er zum Lager und nach Thornton zurück.
Amikor készen állt, visszafordult a tábor és Thornton felé.
Mit gleichmäßigem Tempo begann er die lange Heimreise.
Egyenletes tempóval indult meg a hosszú hazaútra.
Er rannte in seinem unermüdlichen Galopp Stunde um Stunde, ohne auch nur ein einziges Mal vom Weg abzukommen.
Fáradhatatlanul rohant, óránként, egyszer sem tévedve el.

Durch unbekannte Länder bewegte er sich schnurgerade wie eine Kompassnadel.
Ismeretlen vidékeken haladt, egyenesen, mint az iránytű tűje.
Sein Orientierungssinn ließ Mensch und Karte im Vergleich schwach erscheinen.
Tájékozódása miatt az ember és a térkép gyengének tűnt hozzá képest.
Während Buck rannte, spürte er die Bewegung in der Wildnis stärker.
Ahogy Buck futott, egyre erősebben érezte a vad tájon zajló nyüzsgést.
Es war eine neue Art zu leben, anders als in den ruhigen Sommermonaten.
Ez egy újfajta élet volt, ellentétben a nyugodt nyári hónapokkal.
Dieses Gefühl kam nicht länger als subtile oder entfernte Botschaft.
Ez az érzés már nem finom vagy távoli üzenetként érkezett.
Nun sprachen die Vögel von diesem Leben und Eichhörnchen plapperten darüber.
A madarak most erről az életről beszéltek, a mókusok pedig csacsogtak róla.
Sogar die Brise flüsterte Warnungen durch die stillen Bäume.
Még a szellő is figyelmeztetéseket suttogott a néma fák között.
Mehrmals blieb er stehen und schnupperte die frische Morgenluft.
Többször is megállt, és beleszippantott a friss reggeli levegőbe.
Dort las er eine Nachricht, die ihn schneller nach vorne springen ließ.
Egy üzenetet olvasott ott, amitől gyorsabban ugrott előre.
Ein starkes Gefühl der Gefahr erfüllte ihn, als wäre etwas schiefgelaufen.
Súlyos veszélyérzet töltötte el, mintha valami baj történt volna.
Er befürchtete, dass ein Unglück bevorstünde – oder bereits eingetreten war.

Attól félt, hogy katasztrófa közeleg – vagy már bekövetkezett.
Er überquerte den letzten Bergrücken und betrat das darunterliegende Tal.
Átkelt az utolsó gerincen, és beért az alatta lévő völgybe.
Er bewegte sich langsamer und war bei jedem Schritt aufmerksamer und vorsichtiger.
Lassabban, minden lépéssel éberebbé és óvatosabbá vált.
Drei Meilen weiter fand er eine frische Spur, die ihn erstarren ließ.
Három mérfölddel odébb egy friss ösvényre bukkant, amitől megmerevedett.
Die Haare in seinem Nacken stellten sich auf und sträubten sich vor Schreck.
A nyakán a szőr riadtan hullámzott és égnek állt.
Die Spur führte direkt zum Lager, wo Thornton wartete.
Az ösvény egyenesen a tábor felé vezetett, ahol Thornton várakozott.
Buck bewegte sich jetzt schneller, seine Schritte waren lautlos und schnell zugleich.
Buck most gyorsabban mozgott, léptei egyszerre voltak nesztelenek és gyorsak.
Seine Nerven lagen blank, als er Zeichen las, die andere übersehen würden.
Feszültek az idegei, miközben olyan jeleket olvasott, amelyeket mások nem fognak észrevenni.
Jedes Detail der Spur erzählte eine Geschichte – außer dem letzten Stück.
Az ösvény minden részlete egy történetet mesélt – kivéve az utolsó darabot.
Seine Nase erzählte ihm von dem Leben, das hier vorbeigezogen war.
Az orra árulkodott az itt eltelt életről.
Der Duft vermittelte ihm ein wechselndes Bild, als er dicht hinter ihm folgte.
Az illat változó képet festett róla, ahogy szorosan a nyomában követte.
Doch im Wald selbst war es still geworden, unnatürlich still.

De maga az erdő elcsendesedett; természetellenesen mozdulatlanná vált.
Die Vögel waren verschwunden, die Eichhörnchen hatten sich versteckt, waren still und ruhig.
A madarak eltűntek, a mókusok elrejtőztek, csendben és mozdulatlanul.
Er sah nur ein einziges Grauhörnchen, das flach auf einem toten Baum lag.
Csak egyetlen szürke mókust látott, egy kiszáradt fán feküdt.
Das Eichhörnchen fügte sich steif und reglos in den Wald ein.
A mókus beleolvadt a környezetébe, mereven és mozdulatlanul, mint egy erdő része.
Buck bewegte sich wie ein Schatten, lautlos und sicher durch die Bäume.
Buck árnyékként mozgott, csendben és magabiztosan a fák között.
Seine Nase zuckte zur Seite, als würde sie von einer unsichtbaren Hand gezogen.
Az orra oldalra rándult, mintha egy láthatatlan kéz húzta volna.
Er drehte sich um und folgte der neuen Spur tief in ein Dickicht hinein.
Megfordult, és követte az új illatot egy bozótos mélyére.
Dort fand er Nig tot daliegend, von einem Pfeil durchbohrt.
Ott találta Niget holtan fekve, nyílvesszővel átszúrva.
Der Schaft durchdrang seinen Körper, die Federn waren noch zu sehen.
A nyíl áthatolt a testén, a tollai még látszottak.
Nig hatte sich dorthin geschleppt, war jedoch gestorben, bevor er Hilfe erreichen konnte.
Nig vonszolta magát oda, de meghalt, mielőtt a segítséghez érkezhetett volna.
Hundert Meter weiter fand Buck einen weiteren Schlittenhund.
Száz méterrel odébb Buck egy másik szánhúzó kutyára bukkant.

Es war ein Hund, den Thornton in Dawson City gekauft hatte.
Egy kutya volt, amit Thornton vett még Dawson Cityben.
Der Hund befand sich in einem tödlichen Kampf und schlug heftig auf dem Weg um sich.
A kutya haláltusát vívva, keményen vergődött az ösvényen.
Buck ging um ihn herum, blieb nicht stehen und richtete den Blick nach vorne.
Buck elhaladt mellette, meg sem állva, maga elé szegezve tekintetét.
Aus Richtung des Lagers ertönte in der Ferne ein rhythmischer Gesang.
A tábor irányából távoli, ritmikus ének hallatszott.
Die Stimmen schwoll in einem seltsamen, unheimlichen Singsangton an und ab.
A hangok furcsa, hátborzongató, éneklő hangon emelkedtek és süllyedtek.
Buck kroch schweigend zum Rand der Lichtung.
Buck csendben kúszott előre a tisztás széléig.
Dort sah er Hans mit dem Gesicht nach unten liegen, von vielen Pfeilen durchbohrt.
Ott látta Hanst arccal lefelé feküdni, sok nyílvesszővel átszúrva.
Sein Körper sah aus wie der eines Stachelschweins und war mit gefiederten Schäften bestückt.
A teste egy tarajos sülre hasonlított, tollas nyilak borították.
Im selben Moment blickte Buck in Richtung der zerstörten Hütte.
Ugyanebben a pillanatban Buck a romos kunyhó felé nézett.
Bei diesem Anblick stellten sich ihm die Nacken- und Schulterhaare auf.
A látványtól meredeken állt a nyakán és a vállán a szőr.
Ein Sturm wilder Wut durchfuhr Bucks ganzen Körper.
Vad dühvihar söpört végig Buck egész testén.
Er knurrte laut, obwohl er nicht wusste, dass er es getan hatte.
Hangosan morgott, bár nem tudta, hogy így tett.

Der Klang war rau, erfüllt von furchterregender, wilder Wut.
A hang nyers volt, tele félelmetes, vad dühvel.
Zum letzten Mal in seinem Leben verlor Buck den Verstand und die Gefühle.
Buck életében utoljára elvesztette az érzelmei feletti uralmat.
Es war die Liebe zu John Thornton, die seine sorgfältige Kontrolle brach.
A John Thornton iránti szerelem törte meg gondos önuralmát.
Die Yeehats tanzten um die zerstörte Fichtenhütte.
A Yeehat család a romos lucfenyőkunyhó körül táncolt.
Dann ertönte ein Brüllen – und ein unbekanntes Tier stürmte auf sie zu.
Aztán egy üvöltés hallatszott – és egy ismeretlen fenevad rohant feléjük.
Es war Buck, eine aufbrausende Furie, ein lebendiger Sturm der Rache.
Buck volt az; mozgásban lévő düh; a bosszú eleven vihara.
Wahnsinnig vor Tötungsdrang stürzte er sich mitten unter sie.
Közéjük vetette magát, őrjöngve a gyilkolás vágyától.
Er sprang auf den ersten Mann, den Yeehat-Häuptling, und traf zielsicher.
Ráugrott az első emberre, a yeehat főnökre, és célt lőtt.
Seine Kehle war aufgerissen und Blut spritzte in einem Strom.
A torkát feltépték, és vére patakként ömlött belőle.
Buck blieb nicht stehen, sondern riss dem nächsten Mann mit einem Sprung die Kehle durch.
Buck nem állt meg, hanem egyetlen ugrással eltépte a következő férfi torkát.
Er war nicht aufzuhalten – er riss, schlug und machte nie eine Pause, um sich auszuruhen.
Megállíthatatlan volt – tépett, vagdalt, és soha nem állt meg pihenni.
Er schoss und sprang so schnell, dass ihre Pfeile ihn nicht treffen konnten.

Olyan gyorsan száguldott és ugrott, hogy a nyilaik nem érték el.
Die Yeehats waren in ihrer eigenen Panik und Verwirrung gefangen.
A Yeehat családot elfogta a pánik és a zavarodottság.
Ihre Pfeile verfehlten Buck und trafen stattdessen einander.
Nyilaik elvétették Buckot, és inkább egymást találták el.
Ein Jugendlicher warf einen Speer nach Buck und traf einen anderen Mann.
Az egyik fiatalember lándzsát dobott Buckra, és eltalált egy másik férfit.
Der Speer durchbohrte seine Brust und die Spitze durchbohrte seinen Rücken.
A lándzsa átfúródott a mellkasán, a hegye pedig a hátát ütötte ki.
Die Yeehats wurden von Panik erfasst und zogen sich umgehend zurück.
Rettegés söpört végig a Yeehatokon, és teljes visszavonulásba kezdtek.
Sie schrien vor dem bösen Geist und flohen in die Schatten des Waldes.
A Gonosz Szellemre kiáltottak, és az erdő árnyékába menekültek.
Buck war wirklich wie ein Dämon, als er die Yeehats jagte.
Buck valóban démonként üldözte a Yeehat családot.
Er raste hinter ihnen durch den Wald her und erlegte sie wie Rehe.
Utánuk rohant az erdőn át, és úgy terítette le őket, mint a szarvasokat.
Für die verängstigten Yeehats wurde es ein Tag des Schicksals und des Terrors.
A sors és a rettegés napja lett ez a megriadt Yeehat-ek számára.
Sie zerstreuten sich über das Land und flohen in alle Richtungen.
Szétszóródtak az országban, minden irányban messzire menekülve.

Eine ganze Woche verging, bevor sich die letzten Überlebenden in einem Tal trafen.
Egy teljes hét telt el, mire az utolsó túlélők egy völgyben találkoztak.
Erst dann zählten sie ihre Verluste und sprachen über das Geschehene.
Csak ezután számoltak be a veszteségeikről és beszéltek a történtekről.
Nachdem Buck die Jagd satt hatte, kehrte er zum zerstörten Lager zurück.
Buck, miután megunta az üldözést, visszatért a romos táborba.
Er fand Pete, noch in seine Decken gehüllt, getötet beim ersten Angriff.
Pete-et még mindig takarókban találta, az első támadásban holtan.
Spuren von Thorntons letztem Kampf waren im Dreck in der Nähe zu sehen.
Thornton utolsó küzdelmének nyomai látszottak a közeli földben.
Buck folgte jeder Spur und erschnüffelte jede Markierung bis zum letzten Punkt.
Buck minden nyomot követett, minden egyes jelet megszagolt a végső pontig.
Am Rand eines tiefen Teichs fand er den treuen Skeet, der still dalag.
Egy mély medence szélén megtalálta a hűséges Skeetet, amint mozdulatlanul fekve fekszik.
Skeets Kopf und Vorderpfoten lagen regungslos im Wasser, er lag tot da.
Skeet feje és mellső mancsai a vízben voltak, mozdulatlanul a halálban.
Der Teich war schlammig und durch das Abwasser aus den Schleusenkästen verunreinigt.
A medence sáros volt, és a zsilipekből lefolyó víz szennyezte.
Seine trübe Oberfläche verbarg, was darunter lag, aber Buck kannte die Wahrheit.

Felhős felszíne elrejtette, ami alatta rejlett, de Buck tudta az igazságot.

Er folgte Thorntons Spur bis in den Pool – doch die Spur führte nirgendwo anders hin.

Thornton szagát követte a medencében – de a szag sehova sem vezetett.

Es gab keinen Geruch, der hinausführte – nur die Stille des tiefen Wassers.

Semmilyen illat nem vezetett ki belőle – csak a mély víz csendje.

Den ganzen Tag blieb Buck in der Nähe des Teichs und ging voller Trauer im Lager auf und ab.

Buck egész nap a medence közelében maradt, bánatában felalá járkálva a táborban.

Er wanderte ruhelos umher oder saß regungslos da, in tiefe Gedanken versunken.

Nyugtalanul bolyongott, vagy mozdulatlanul ült, nehéz gondolatokba merülve.

Er kannte den Tod, das Ende des Lebens, das Verschwinden aller Bewegung.

Ismerte a halált; az élet végét; minden mozgás eltűnését.

Er verstand, dass John Thornton weg war und nie wieder zurückkehren würde.

Megértette, hogy John Thornton elment, és soha többé nem tért vissza.

Der Verlust hinterließ eine Leere in ihm, die wie Hunger pochte.

A veszteség űrt hagyott benne, ami lüktetett, mint az éhség.

Doch dieser Hunger konnte durch Essen nicht gestillt werden, egal, wie viel er aß.

De ez egy olyan éhség volt, amit az étel nem tudott csillapítani, bármennyit is evett.

Manchmal, wenn er die toten Yeehats ansah, ließ der Schmerz nach.

Időnként, ahogy a halott Yeehatekre nézett, a fájdalom alábbhagyott.

Und dann stieg ein seltsamer Stolz in ihm auf, wild und vollkommen.
És akkor furcsa büszkeség támadt benne, vad és teljes.
Er hatte den Menschen getötet, das höchste und gefährlichste Wild von allen.
Embert ölt, ami a legnemesebb és legveszélyesebb játék mind közül.
Er hatte unter Missachtung des alten Gesetzes von Keule und Reißzahn getötet.
A bunkó és agyar ősi törvényét megszegve ölt.
Buck schnüffelte neugierig und nachdenklich an ihren leblosen Körpern.
Buck kíváncsian és elgondolkodva szaglászott élettelen testükön.
Sie waren so leicht gestorben – viel leichter als ein Husky in einem Kampf.
Olyan könnyen haltak meg – sokkal könnyebben, mint egy husky egy verekedésben.
Ohne ihre Waffen waren sie weder wirklich stark noch stellten sie eine Bedrohung dar.
Fegyvereik nélkül nem éreztek igazi erőt vagy fenyegetést.
Buck würde sie nie wieder fürchten, es sei denn, sie wären bewaffnet.
Buck soha többé nem fog félni tőlük, hacsak nem lesznek felfegyverezve.
Nur wenn sie Keulen, Speere oder Pfeile trugen, war er vorsichtig.
Csak akkor óvakodott, ha bunkókat, lándzsákat vagy nyilakat vittek magukkal.

Die Nacht brach herein und ein Vollmond stieg hoch über die Baumwipfel.
Leszállt az éj, és a telihold magasan a fák teteje fölé emelkedett.
Das blasse Licht des Mondes tauchte das Land in einen sanften, geisterhaften Schein wie am Tag.

A hold halvány fénye lágy, kísérteties nappalhoz hasonló derengésbe fürdette a földet.
Als die Nacht hereinbrach, trauerte Buck noch immer am stillen Teich.
Ahogy egyre sötétedett, Buck még mindig gyászolta a csendes tó partját.
Dann bemerkte er eine andere Regung im Wald.
Aztán valami másfajta morajlásra lett figyelmes az erdőben.
Die Aufregung kam nicht von den Yeehats, sondern von etwas Älterem und Tieferem.
A morajlás nem a Yeehat családtól származott, hanem valami régebbitől és mélyebbtől.
Er stand auf, spitzte die Ohren und prüfte vorsichtig mit der Nase die Brise.
Felállt, fülét felemelve, orrával óvatosan simogatva a szellőt.
Aus der Ferne ertönte ein schwacher, scharfer Aufschrei, der die Stille durchbrach.
Messziről egy halk, éles sikoly hallatszott, ami megtörte a csendet.
Dann folgte dicht auf den ersten ein Chor ähnlicher Schreie.
Majd hasonló kiáltások kórusa követte szorosan az elsőt.
Das Geräusch kam näher und wurde mit jedem Augenblick lauter.
A hang közelebb ért, és minden egyes eltelt pillanattal erősödött.
Buck kannte diesen Schrei – er kam aus dieser anderen Welt in seiner Erinnerung.
Buck ismerte ezt a kiáltást – abból a másik világból jött, ami az emlékeiben élt.
Er ging in die Mitte des offenen Platzes und lauschte aufmerksam.
A nyílt tér közepére sétált, és figyelmesen hallgatózott.
Der Ruf ertönte vielstimmig und kraftvoller denn je.
A hívás felhangzott, sokhangúan és erőteljesebben, mint valaha.
Und jetzt war Buck mehr denn je bereit, seiner Berufung zu folgen.

És most, minden eddiginél jobban, Buck készen állt válaszolni a hívására.

John Thornton war tot und hatte keine Bindung mehr an die Menschheit.

John Thornton halott volt, és semmiféle kötelék nem maradt benne az emberhez.

Der Mensch und alle menschlichen Ansprüche waren verschwunden – er war endlich frei.

Az ember és minden emberi igény eltűnt – végre szabad volt.

Das Wolfsrudel jagte Fleisch, wie es einst die Yeehats getan hatten.

A farkasfalka úgy kergette a prédát, mint egykor a Yeehat-ek.

Sie waren Elchen aus den Waldgebieten gefolgt.

Jávorszarvasokat követtek le az erdős vidékekről.

Nun überquerten sie, wild und hungrig nach Beute, sein Tal.

Most, vadul és zsákmányra éhesen, átkeltek a völgyébe.

Sie kamen auf die mondbeschienene Lichtung und flossen wie silbernes Wasser.

Ezüstös vízként folytak ki a holdfényes tisztásra.

Buck stand regungslos in der Mitte und wartete auf sie.

Buck mozdulatlanul állt középen, és várta őket.

Seine ruhige, große Präsenz versetzte das Rudel in Erstaunen und ließ es kurz verstummen.

Nyugodt, nagy jelenléte egy pillanatra elnémította a falkát.

Dann sprang der kühnste Wolf ohne zu zögern direkt auf ihn zu.

Akkor a legbátrabb farkas habozás nélkül egyenesen ráugrott.

Buck schlug schnell zu und brach dem Wolf mit einem einzigen Schlag das Genick.

Buck gyorsan csapott le, és egyetlen csapással eltörte a farkas nyakát.

Er stand wieder regungslos da, während der sterbende Wolf sich hinter ihm wand.

Mozdulatlanul állt ismét, miközben a haldokló farkas megpördült mögötte.

Drei weitere Wölfe griffen schnell nacheinander an.

Még három farkas támadt gyorsan, egymás után.

Jeder von ihnen zog sich blutend zurück, die Kehle oder die Schultern waren aufgeschlitzt.
Mindegyikük vérzőn vonult vissza, felvágott torokkal vagy vállakkal.
Das reichte aus, um das ganze Rudel zu einem wilden Angriff zu provozieren.
Ez elég volt ahhoz, hogy az egész falka vad rohamra keljen.
Sie stürmten gemeinsam hinein, waren zu eifrig und zu dicht gedrängt, um einen guten Schlag zu erzielen.
Együtt rohantak be, túl lelkesen és zsúfoltan ahhoz, hogy jól csapjanak le.
Dank seiner Schnelligkeit und Geschicklichkeit war Buck in der Lage, dem Angriff immer einen Schritt voraus zu sein.
Buck sebessége és ügyessége lehetővé tette számára, hogy a támadás előtt maradjon.
Er drehte sich auf seinen Hinterbeinen und schnappte und schlug in alle Richtungen.
Hátsó lábain pördült, minden irányba csapkodott és csapkodott.
Für die Wölfe schien es, als ob seine Verteidigung nie geöffnet oder ins Wanken geraten wäre.
A farkasok számára úgy tűnt, mintha a védekezése soha nem nyílt volna ki, vagy megingott volna.
Er drehte sich um und schlug so schnell zu, dass sie nicht hinter ihn gelangen konnten.
Megfordult és olyan gyorsan lecsapott, hogy nem tudtak mögé kerülni.
Dennoch zwang ihn ihre Übermacht zum Nachgeben und Zurückweichen.
Mindazonáltal a létszámuk arra kényszerítette, hogy engedjen a helyzeten és visszavonuljon.
Er ging am Teich vorbei und hinunter in das steinige Bachbett.
Elhaladt a medence mellett, és leereszkedett a sziklás patakmederbe.
Dort stieß er auf eine steile Böschung aus Kies und Erde.
Ott egy meredek kavicsos és földes partra ütközött.

Er ist bei den alten Grabungen der Bergleute in einen Eckeinschnitt geraten.
A bányászok régi ásása közben egy sarokvágásba csúszott.
Jetzt war Buck von drei Seiten geschützt und stand nur noch dem vorderen Wolf gegenüber.
Buck, akit most három oldalról is védtek, csak az első farkassal nézett szembe.
Dort stand er in der Enge, bereit für die nächste Angriffswelle.
Ott állt távol, készen a következő támadási hullámra.
Buck blieb so hartnäckig standhaft, dass die Wölfe zurückwichen.
Buck olyan dühösen tartotta magát, hogy a farkasok visszahúzódtak.
Nach einer halben Stunde waren sie erschöpft und sichtlich besiegt.
Fél óra múlva kimerültek és láthatóan vereséget szenvedtek.
Ihre Zungen hingen heraus, ihre weißen Reißzähne glänzten im Mondlicht.
Nyelvük kilógott, fehér agyaraik csillogtak a holdfényben.
Einige Wölfe legten sich mit erhobenem Kopf hin und spitzten die Ohren in Richtung Buck.
Néhány farkas lefeküdt, felemelt fejjel, hegyezett fülekkel Buck felé.
Andere standen still, waren wachsam und beobachteten jede seiner Bewegungen.
Mások mozdulatlanul álltak, éberen figyelték minden mozdulatát.
Einige gingen zum Pool und schlürften kaltes Wasser.
Néhányan odamentek a medencéhez, és hideg vizet kortyolgattak.
Dann schlich ein großer, schlanker grauer Wolf sanft heran.
Aztán egy hosszú, sovány szürke farkas szelíden előrelopózott.
Buck erkannte ihn – es war der wilde Bruder von vorhin.
Buck felismerte – a korábbi vad testvér volt az.

Der graue Wolf winselte leise und Buck antwortete mit einem Winseln.
A szürke farkas halkan nyüszített, Buck pedig egy nyüszítéssel válaszolt.
Sie berührten ihre Nasen, leise und ohne Drohung oder Angst.
Csendesen, fenyegetés vagy félelem nélkül megérintették az orrukat.
Als nächstes kam ein älterer Wolf, hager und von vielen Kämpfen gezeichnet.
Utána egy idősebb farkas következett, sovány és a sok csata által sebhelyes.
Buck wollte knurren, hielt aber inne und schnüffelte an der Nase des alten Wolfes.
Buck vicsorogni kezdett, de megállt, és megszagolta az öreg farkas orrát.
Der Alte setzte sich, hob die Nase und heulte den Mond an.
Az öreg leült, felhúzta az orrát, és a holdra üvöltött.
Der Rest des Rudels setzte sich und stimmte in das langgezogene Heulen ein.
A falka többi tagja leült, és csatlakozott a hosszú üvöltéshez.
Und nun ertönte der Ruf an Buck, unmissverständlich und stark.
És most Buckhoz érkezett a hívás, félreérthetetlenül és erőteljesen.
Er setzte sich, hob den Kopf und heulte mit den anderen.
Leült, felemelte a fejét, és a többiekkel együtt üvöltött.
Als das Heulen aufhörte, trat Buck aus seinem felsigen Unterschlupf.
Amikor a vonyítás véget ért, Buck kilépett sziklás menedékéből.
Das Rudel umringte ihn und beschnüffelte ihn zugleich freundlich und vorsichtig.
A falka körülvette, kedvesen és óvatosan szaglászva.
Dann stießen die Anführer einen lauten Schrei aus und rannten in den Wald.
Aztán a vezetők felkiáltottak, és elrohantak az erdőbe.

Die anderen Wölfe folgten und jaulten im Chor, wild und schnell in der Nacht.
A többi farkas követte, kórusban ugatva, vadul és gyorsan az éjszakában.
Buck rannte mit ihnen, neben seinem wilden Bruder her, und heulte dabei.
Buck velük futott, vad testvére mellett, futás közben vonyítva.

Hier geht die Geschichte von Buck gut zu Ende.
Itt Buck története jól végződik.
In den folgenden Jahren bemerkten die Yeehats seltsame Wölfe.
Az elkövetkező években a Yeehat család furcsa farkasokra lett figyelmes.
Einige hatten braune Flecken auf Kopf und Schnauze und weiße Flecken auf der Brust.
Némelyiknek barna volt a fején és az orrán, fehér a mellkasán.
Doch noch mehr fürchteten sie sich vor einer geisterhaften Gestalt unter den Wölfen.
De még jobban féltek egy szellemalaktól a farkasok között.
Sie sprachen flüsternd vom Geisterhund, dem Anführer des Rudels.
Suttogva beszéltek a Szellemkutyáról, a falkavezérről.
Dieser Geisterhund war schlauer als der kühnste Yeehat-Jäger.
Ez a Szellemkutya ravaszabb volt, mint a legvakmerőbb Yeehat vadász.
Der Geisterhund stahl im tiefsten Winter aus Lagern und riss ihre Fallen auseinander.
A szellemkutya a tél mélyén táborokból lopkodott, és széttépte a csapdáikat.
Der Geisterhund tötete ihre Hunde und entkam ihren Pfeilen spurlos.
A szellemkutya megölte a kutyáikat, és nyomtalanul megszökött a nyilaik elől.
Sogar ihre tapfersten Krieger hatten Angst, diesem wilden Geist gegenüberzutreten.

Még a legbátrabb harcosaik is féltek szembenézni ezzel a vad szellemmel.

Nein, die Geschichte wird im Laufe der Jahre in der Wildnis immer düsterer.

Nem, a történet egyre sötétebbé válik, ahogy telnek az évek a vadonban.

Manche Jäger verschwinden und kehren nie in ihre entfernten Lager zurück.

Néhány vadász eltűnik, és soha nem tér vissza távoli táborába.

Andere werden mit aufgerissener Kehle erschlagen im Schnee gefunden.

Másokat feltépett torokkal, a hóban agyonverve találnak.

Um ihren Körper herum sind Spuren – größer als sie ein Wolf hinterlassen könnte.

Testük körül nyomok húzódnak – nagyobbak, mint amiket bármelyik farkas képes lenne hagyni.

Jeden Herbst folgen die Yeehats der Spur des Elchs.

Minden ősszel a Yeehat-ek a jávorszarvasok nyomát követik.

Aber ein Tal meiden sie, weil ihnen die Angst tief im Herzen eingegraben ist.

De egy völgyet elkerülnek, a félelem mélyen a szívükbe vésődik.

Man sagt, dass der böse Geist dieses Tal als seine Heimat ausgewählt hat.

Azt mondják, a völgyet a Gonosz Szellem választotta otthonául.

Und wenn die Geschichte erzählt wird, weinen einige Frauen am Feuer.

És amikor a történet elhangzik, néhány asszony sír a tűz mellett.

Aber im Sommer kommt ein Besucher in dieses ruhige, heilige Tal.

De nyáron egy látogató érkezik abba a csendes, szent völgybe.

Die Yeehats wissen nichts von ihm und können es auch nicht verstehen.

A Yeehat család nem tud róla, és nem is érthetnék.

Der Wolf ist großartig und mit einer Pracht überzogen wie kein anderer seiner Art.
A farkas hatalmas, dicsőséges bundában pompázó állat, semmihez sem fogható a fajtájából.
Er allein überquert den grünen Wald und betritt die Waldlichtung.
Egyedül kel át a zöld erdőn, és lép be az erdei tisztásra.
Dort sickert goldener Staub aus Elchhautsäcken in den Boden.
Ott a jávorszarvasbőr zsákokból aranyló por szivárog a talajba.
Gras und alte Blätter haben das Gelb vor der Sonne verborgen.
A fű és az öreg levelek eltakarták a sárgát a nap elől.
Hier steht der Wolf still, denkt nach und erinnert sich.
Itt a farkas csendben áll, gondolkodik és emlékezik.
Er heult einmal – lang und traurig – bevor er sich zum Gehen umdreht.
Egyszer felüvölt – hosszan és gyászosan –, mielőtt megfordul, hogy elmenjen.
Doch er ist nicht immer allein im Land der Kälte und des Schnees.
Mégsem mindig van egyedül a hideg és hó földjén.
Wenn lange Winternächte über die tiefer gelegenen Täler hereinbrechen.
Amikor hosszú téli éjszakák ereszkednek az alsó völgyekre.
Wenn die Wölfe dem Wild durch Mondlicht und Frost folgen.
Amikor a farkasok holdfényben és fagyban követik a vadat.
Dann rennt er mit großen, wilden Sprüngen an der Spitze des Rudels entlang.
Aztán a falka élén fut, magasra és vadul ugrálva.
Seine Gestalt überragt die anderen, aus seiner Kehle erklingt Gesang.
Alakja a többiek fölé magasodik, torka dalra fakad.
Es ist das Lied der jüngeren Welt, die Stimme des Rudels.
Ez a fiatalabb világ dala, a falka hangja.

Er singt, während er rennt – stark, frei und für immer wild.
Futás közben énekel – erős, szabad és örökké vad.

www.ingramcontent.com/pod-product-compliance
Lightning Source LLC
Chambersburg PA
CBHW010031040426
42333CB00048B/2792